t.

TRAUNER VERLAG
UNIVERSITÄT

Pencil Selling

Symbole zeichnen –
sekundenschnell und professionell

ALFONS STADLBAUER

Wichtige Punkte

1. Auflage 2010

Köglstraße 14, 4020 Linz, Österreich
Grafiken: Dr. Alfons Stadlbauer
Lektorat: Karin Schuhmann
Layout: Mag. Wolfgang Kraml
Gestaltung: Rita Wenger, Peter Mittermayr
Herstellung. Trauner DRUCK GmbH & Co KG, Linz
ISBN 978-3-85499-764-1

ALFONS STADLBAUER

Pencil Selling

Symbole zeichnen –
sekundenschnell und professionell

Inhaltsverzeichnis

Einleitung

Bilder im Kopf sind wie das Salz in der Suppe. Im Wesentlichen geht es immer darum, Informationen mit der richtigen Würze aufzubereiten, sodass sie dem Geschmack des Empfängers entsprechen. Ziel ist daher, Informationen verständlich und auf den Punkt gebracht zu vermitteln. Wenn das so einfach ist, wie es sich hier liest, warum ist es dann für viele Menschen so schwierig, Argumente in einem Verkaufsgespräch, Inhalte einer Präsentation oder Fachinformationen bei der Wissensvermittlung mit selbst erstellten Visualisierungen und Bildern darzustellen?

Eine mögliche Antwort könnte lauten: „Weil ich nicht zeichnen kann und Kreativität nicht unbedingt meine Stärke ist!“ Wenn diese oder eine ähnliche Antwort auch von Ihnen stammen könnte, dann ist dieses Buch das Richtige für Sie. Wenn Sie aber der Meinung sind, dass Sie zeichnen können, und Sie wollen Ihr persönliches visuelles Wörterbuch erweitern, dann profitieren auch Sie von diesem neuen Ratgeber.

Ich zeige Ihnen Schritt für Schritt, wie Sie sekundenschnell und professionell mit der Hand Symbole und Bilder zeichnen können. Egal, ob Sie ihre Visualisierungen auf einen Bierdeckel, einen Notizblock, am Flipchart oder an einem Whiteboard zeichnen oder sie mittels interaktivem Display eines Tablet-Laptops oder einer elektronischer Zeichenplatte direkt am Computer erstellen, die Anwendung dieser Zeichentechnik ist überall möglich! Verwenden Sie einfach Ihr bevorzugtes Medium oder kombinieren Sie unterschiedliche Medien mit einem professionellen Medienmix und präsentieren Sie Ihre Informationen bildhaft und überzeugend durch einfach zu verstehende Symbole und Abbildungen. Der Versuch, eine vollständige Liste von möglichen Anwendungsbereichen zu erstellen, kann nur zu einer unvollständigen Aufzählung führen. Daher finden Sie hier lediglich eine Auswahl von Einsatzmöglichkeiten: zuallererst im Verkauf von Produkten und Dienstleistungen.

Diesem Anwendungsbereich ist ein Großteil der folgenden Inhalte gewidmet. Von der inhaltlichen Gestaltung eines Verkaufsgesprächs bis zur bildhaften Gestaltung des Point of Sale, all das wird hier berücksichtigt.

Zeigen Sie, was Sie zu sagen haben!“ So lautet der erste Grundsatz von Pencil Selling. Durch eine visuelle Aufbereitung von Inhalten ist der Erfolg bei der Durchführung von Präsentationen, Vorträgen, Workshops – also bei jeder Form der Wissensvermittlung – sowie von Besprechungen und Moderationen gesichert. Alle diese beruflichen und schulischen Herausforderungen meistern Sie mit Visualisierungen einfach viel besser. Bilder machen Kompliziertes verständlicher, dienen als Informationsverstärker, Gedächtnisstütze oder Marketingelement oder auch als Werbemittel. Nützen Sie das enorme Potential der visuellen Kommunikation. Ein stimmungsvoll gezeichnetes Weinglas im Weinlokal, ansprechend visualisierte Produkte und Strukturen: Solche Bilder bewirken bei Menschen mehr als Preis- oder Produktlisten. Lassen Sie sich daher zeigen, wie Sie Ihre Angebote live, also während des Verkaufsgesprächs, sichtbar machen können und wie Sie damit erfolgreicher werden. Ich wünsche Ihnen dabei viel Freude und Erfolg.

Pencil Selling – mit dem Stift verkaufen

Die Methode Pencil Selling, was nichts anderes als mit dem Stift verkaufen bedeutet, klingt möglicherweise trivial, ist es aber nicht. Wenn es darum geht, konkrete, sich selbst erklärende Dinge zu verkaufen, ist eine zusätzliche bildhafte Darstellung zwar förderlich, um zum gewünschten Verkaufsabschluss zu kommen, oft aber nicht unbedingt notwendig.

Wie aber sieht das bei komplexen, für den Kunden auf den ersten Blick nicht greifbaren oder abstrakten Produkten und Dienstleistungen aus? Denken Sie dabei vor allem an Versicherungen, Banken, Geld- und Wertpapiergeschäfte, Beraterleistungen, technische Details oder auch an Produkteigenschaften. Hier lassen sich zwar Argumente formulieren, aber Sie können dem Kunden dabei kein Produkt in die Hand drücken. „Doch!“, sage ich! Mithilfe der Methode Pencil Selling können Sie Gesprächsinhalte in Sekundenschnelle auf unterschiedliche Art und Weise in Verkaufs- und Beratungssituationen wirksam visualisieren. Sie können Ihren Kunden Produkte und Lösungen anschaulich dargestellt, in Form einer Zeichnung oder einer Hardcopy mit auf den Weg geben.

Der Grundsatz „Zeigen Sie, was Sie zu sagen haben!“ spiegelt den Zweck der hier beschriebenen Methode wider. Mit selbst erstellten Visualisierungen lassen sich Menschen mehr begeistern und berühren als mit Hochglanzkatalogen und gestylten Produktschaubildern. Vor allem, wenn die bildhaften Darstellungen direkt vor den Augen des Kunden entstehen. Ihre Bewegungen während des Zeichenprozesses wecken die Aufmerksamkeit des Kunden und diese ist Voraussetzung für eine positive Vermittlung von Informationen. So entstehen bei ihren Kunden Klarheit und Übersicht. Wenn der Vortrag noch von einem lebhaften und dynamischen Zeichenstil unterstützt wird, ist der

Kunde nicht nur begeistert, sondern der Entscheidungsprozess wird dadurch auch merklich beschleunigt.

Warum ist das so und wie stellt sich die Situation aus heutiger Sicht dar?

Viele Verkäufer suchen in vorhandenen, gesättigten Märkten ständig nach Patentrezepten. Leider gibt es diese aber nicht. Durch den Methodeneinsatz von Pencil Selling können im Verkauf allerdings viele neue Dimensionen eröffnet werden. Damit werden Kunden nicht nur stärker in das Verkaufsgespräch involviert, sondern Leistungen und Produkte lassen sich besser und rascher positionieren. In vielen Geschäftsbereichen gibt es eine Kombination von anschaulichen Leistungen und nicht greifbaren. Je stärker eine Verlagerung zu den nicht unmittelbar greifbaren und nicht leicht verständlichen Leistungen erfolgt, desto wichtiger ist es für einen Verkäufer, seine Produkte in darstellbare Elemente zu kleiden. Auch dann, wenn der Preisverkauf ausgedient hat und ein klarer Leistungsverkauf einsetzen muss, wird es von Vorteil sein, wenn Sie als Verkäufer ihrem Kunden ein bedarfsgerechtes und abgestimmtes Angebot visuell darstellen können. Dadurch heben Sie sich von anderen Anbietern ab.

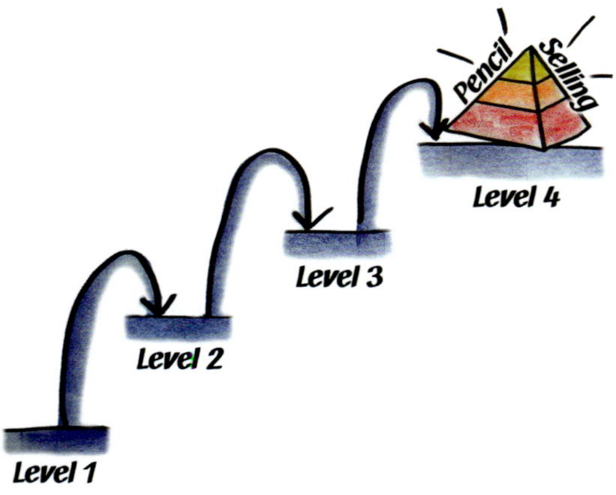

Wie kann man Verkaufsinhalte darstellen, die vorerst nicht greifbar sind und durch eine Visualisierung für einen Kunden erst greifbar gemacht werden sollen? Dabei soll der Kunde auch dann einen Wert feststellen können, wenn er die Leistung noch nicht genutzt hat. Damit dies einem Verkäufer wirkungsvoll gelingt, müssen zwei Punkte berücksichtigt werden: Erstens sollte ein Verkäufer sein eigenes Visualisierungssystem unter Berücksichtigung seiner bevorzugten Medien entwickeln. Zweitens ist Pencil Selling als Teil eines Gesamtkonzeptes zu verstehen, das die Einbeziehung einer vorhandenen Verkaufsdokumentation ermöglicht. Das folgende Modell zeigt ein beispielgebendes Konzept:

Level 1	Allgemeine Firmenbroschüren, Leitbild, Imagebroschüren, Geschäftsberichte	Kein Kundennutzen, eher generelle Darstellungen und allgemeine Informationen
Level 2	Produktdokumentationen	Produktvorteile und teilweise die Darstellung von Produktnutzen, diese sollen Kunden zum Kauf animieren
Level 3	Anwendungsdokumentationen, Dienstleistungs- und Leistungsdarstellungen	Der Kundennutzen ist ersichtlich, die Darstellungen allgemein gehalten und situativ nicht darstellbar
Level 4	Pencil Selling – Durch eine individuelle Nutzendarstellung erkennt der Kunde, wo und wie er am meisten profitieren kann.	Hier wird zielgruppenorientiert und situationsgerecht visualisiert. Dadurch werden Produkte und Dienstleistungen zu einem Wert und können gegenüber dem Wettbewerb differenziert werden.

Visuelle Darstellungen sind bei den Kunden heiß begehrt. In vielen Verkaufsgesprächen werden die Kunden zu Ihnen sagen „Darf ich mir diese Zeichnung mitnehmen?" oder „Können Sie mir bitte einen Ausdruck machen?" Wenn Kunden so oder ähnlich auf Pencil Selling reagieren, weiß ein Verkäufer, dass er mit seiner Methode erfolgreich war.

Mit einer verständlich dargestellten und reproduzierbaren Visualisierung kann sich ein Kunde auch in seinem unternehmerischen Entscheidungsfeld profilieren. Die Erfahrung zeigt, dass komplexe fachliche Inhalte dank der visuellen Unterstützung von Pencil Selling in einem zwei- bis vierfach kürzeren Zeitaufwand verständlich vermittelt werden können. Wie bereits erwähnt wird der Kunde dadurch verstärkt in das Verkaufsgespräch miteinbezogen. Es kommt sogar nicht selten vor, dass sich ein Kunde aktiv an der Visualisierung beteiligt. Jetzt kann von einer echten Partnerschaft gesprochen werden.

Bevor wir jetzt zu den zeichnerischen Details kommen, hier noch ein kurzer Auszug aus der täglichen Praxis eines Personalbereitstellers, der seinen Kunden während des Verkaufsgesprächs Vorteile und Nutzen visuell darstellt. Der hier eingesetzte Medienmix zeigt, dass das Verkaufen mit dem Stift auch in Verbindung mit elektronischen Medien kein Problem mehr darstellt und sehr faszinierend wirken kann.

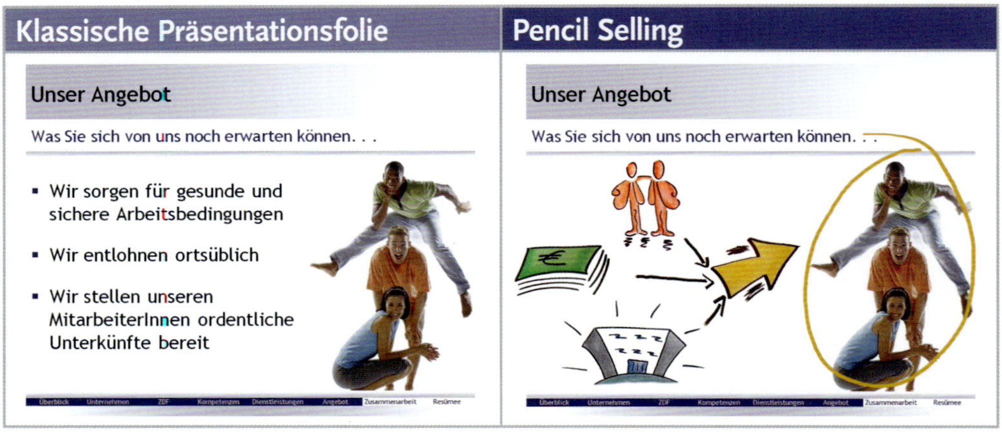

Früher waren Zahlen, Daten und Fakten als Verkaufsargumente im Vordergrund. Daran hat sich nicht viel geändert, mit Ausnahme der Darstellung. Schnell und einfach zu zeichnende Formen und Symbole fördern eine hohe Verständlichkeit von komplexen Inhalten und bewirken in weiterer Folge eine Steigerung der Anzahl der Geschäftsabschlüsse.

Herausforderung
Verfügbarkeitsanforderungen

Einteilung Tier Konzept		Tier 1	Tier 2	Tier 3	Tier 4
Verfügbarkeit	%	99,671	99,749	99,982	99,991
Betrachtungszeitraum	Jahre	1	2	5	5
Ausfälle über 4 h		1 , 2	2	2	1
Jährlicher IT Ausfall	h	28,8	22,0	1,6	0,8

Telecommunications Infrastructure Standard for Data Centers (TIA-942)

BITKOM

Einteilung BITKOM / BSI		A	B	C	D	E
Verfügbarkeit	%	99,178	99,726	99,989	99,998	100
Betrachtungszeitraum	Jahre	1	1	1	1	1
Jährlicher IT Ausfall	h	72	24	1	10 Min.	0 Min.

Einige Anwender von Pencil Selling erstellen sich selbst eine Symbolsammlung, die sie jederzeit mit dem Zeichenstift in eine laufende Verkaufspräsentation integrieren können. Einer dieser Anwender konnte damit die Wirkung seiner Verkaufsgespräche wesentlich steigern und schuf sich so in der Branche (im konkreten Fall geht es um den Bau von Rechenzentren) ein unverwechselbares Markenzeichen.

Vom Blatt Papier bis zum iPad – Pencil Selling ist überall möglich

Für die Anwendung von Pencil Selling steht Ihnen eine große Medienvielfalt zur Verfügung. Beginnend beim Post-it über die Serviette bis hin zum Blatt Papier. „Unprofessionell", meinen Sie? Aber ist es oft nicht so, dass die besten Geschäfte erst am Abend bei einem Glas Wein oder Prosecco abgeschlossen werden? Na dann prost, wenn Sie in dieser Atmosphäre mit ihrer professionellen Verkaufspräsentation beginnen wollen.

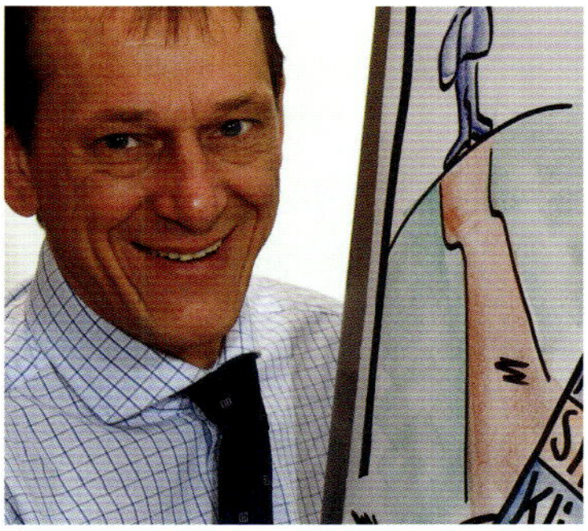

Naturgemäß anders sieht es bei Produktpräsentationen im Verkaufsraum oder bei Beratungen im Sitzungszimmer einer Bank aus. Beachten Sie auch hier die Vorzüge von bewährten Präsentationsmedien. Ein Flipchart oder eine Pinnwand sind immer noch sehr verlässliche Hilfsmittel zur Vermittlung von Informationen. Damit lassen sich die Grundsätze

- „Bewegung ist ein Garant für Aufmerksamkeit" und
- „Je großflächiger Sie visualisieren, desto wirkungsvoller ist das Ergebnis"

am einfachsten umsetzen. Vor allem dann, wenn mehrere Personen am Gespräch beteiligt sind.

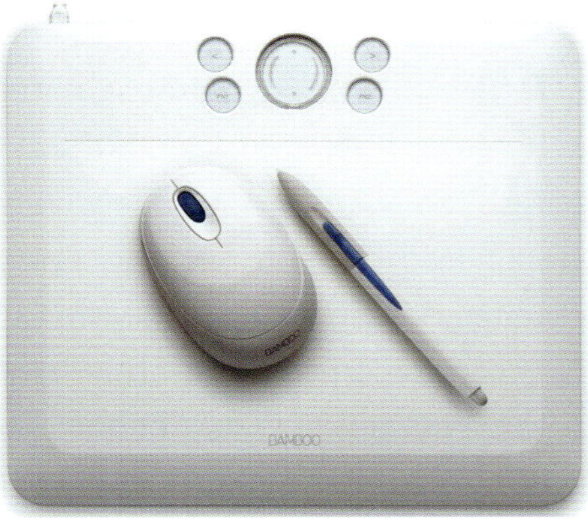

Der technische Fortschritt ermöglicht für Pencil Selling aber noch viele weitere Anwendungsmöglichkeiten. Die Verwendung einer Zeichenplatte in Verbindung mit einem Computer ist nur eine davon. Diese Variante erfordert zwar ein wenig Übung, bietet aber eine kostengünstige Möglichkeit, um professionell am Bildschirm oder mit-

tels Leinwand und Beamerprojektion zu visualisieren. Solche Zeichenplatten bieten zusätzlich den zeichnerischen Vorteil, dass die Strichbreite durch den Druck des Stiftes variiert werden kann. Ihr größter Nachteil besteht aber darin, dass sie durch oft zeitraubende Systemaufbauten und den erhöhten Bedarf an Hard- und Software (nur in Verbindung mit PC bzw. Laptop möglich und daher meist an Fix-Arbeitsplätze gebunden) kaum spontan einsetzbar sind. Der aktuelle Trend zu mobileren Systemen ist daher nicht mehr zu übersehen. Viele neue interaktive Stift-Displays (Pen-Displays), eine neue Generation von Tablet-Laptops und auch das iPad bereichern derzeit die Anwendungsvielfalt von Pencil Selling.

Bei Verkäufern derzeit sehr beliebt ist vor allem der Tablet-PC. Dieser wird durch das Führen eines Stifts auf dem Bildschirm bedient. Im Gegensatz zum Touchscreen ist der Bildschirm berührungsunempfindlich, das heißt, der Handballen kann beim Schreiben auf dem Bildschirm liegen, ohne die Erkennung der Stiftposition zu stören. Allerdings ist, anders als beim PDA, die

Bedienung ausschließlich mit einem passenden Spezialstift möglich, der dafür aber über Zusatzfunktionen verfügt. So werden die Stärke des Drucks und die Stiftneigung beim Schreiben erkannt, darüber hinaus gibt es noch frei programmierbare Tasten. Die eingesetzte Technik im Display entspricht jener von Grafiktabletts. Dies geht so weit, dass bei zahlreichen aktuellen Tablet-PCs

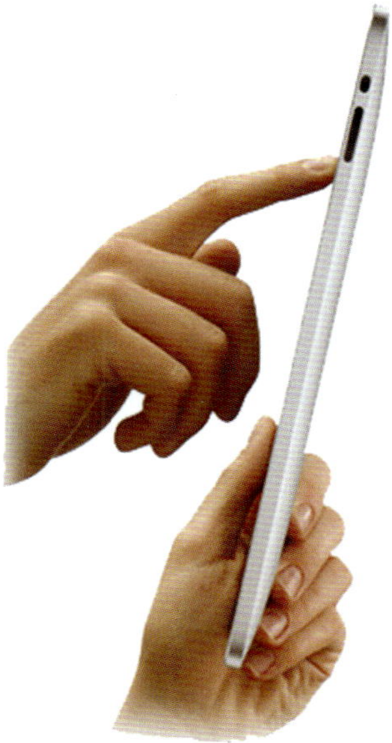

die Erkennungstechnologie von Wacom, einem Spezialisten für Grafiktabletts, integriert ist. Aus diesem Grund können alle Anwendungen, die für den Einsatz mit Grafiktabletts vorgesehen sind, auch mit Tablet-PCs verwendet werden. Einen weiteren, für Pencil Selling wirklich wertvollen Vorteil sehe ich in der Kombinationsmöglichkeit von vorhandenen digitalen Verkaufsdokumenten (z. B. PDF-Datei) oder elektronischen Verkaufspräsentationen (vor allem PowerPoint-Slides) mit der Zeichentechnik von Pencil Selling. So lassen sich Produktschaubilder mit Handvisualisierungen kombinieren und ergeben für den Kunden ein abgerundetes Erscheinungsbild. Beispiele dazu habe ich bereits oben angeführt.

Auch das iPad kann mit einem Zusatzstift und Apps für eine rasche und mobile Verwendung des elektronischen Pencil Sellings. Optisch schön gestaltet, einfach in der Anwendung, wird es das zeichnerisch geschulte Verkaufspersonal professionell unterstützen. Auch die Weitergabe der erstellten Visualisierungen per E-Mail erleichtert den Einsatz zusätzlich. Sie sehen, die Methode Pencil Selling ist nicht nur vielseitig verwendbar, sondern wird auch durch die Vielfalt der Medien positiv unterstützt.

Visuell kommunizieren

Der Begriff „Visuelle Kommunikation“ als eine der tragenden Säulen in der Vermittlung von Informationen beinhaltet viele wesentliche Faktoren. Diese sind inzwischen wohlbekannt, umso schwerer ist nachvollziehbar, warum gerade in der heutigen hochmodernen Zeit diese wichtigen Details unterschätzt oder außer Acht gelassen werden. Damit meine ich neben den bekannten Phrasen „Ein Bild sagt mehr als tausend Worte“ oder „Erzeugen Sie ein Bild im Kopf“ vor allem die Überzeugungskraft visueller Aussagen. Eines sollten wir uns von Beginn an vor Augen halten: „Die visuelle Sprache ist immer ehrlicher als die verbale Sprache.“ Ein Bild eines traurigen Kindes lässt sich auch durch sprachliche Argumente nicht in seiner Aussagekraft verändern. Es wird selbst durch rege Umdeutungsversuche keine positive Stimmung erzeugen können. Ebenso zeigt die oft gestellte Frage „Wo steht das geschrieben?“ die große Bedeutung des schriftlich Festgelegten auf. Ob geschrieben oder gezeichnet, eine Visualisierung besitzt immer eine höhere Glaubwürdigkeit. Wenn man das weiß, kann man mithilfe von bildhaften Darstellungen auf einfache Art und Weise Einstellungen, Standpunkte, Argumente oder Inhalte vermitteln. Ebenso lassen sich komplexe Themen verständlicher präsentieren oder Aussagen auf den Punkt bringen. Ein weiterer Grundsatz der visuellen Kommunikation lautet: „Schreiben Sie so wenig wie möglich und zeichnen Sie so viel wie notwendig!“ Dieses Statement nehme auch ich mir in diesem Buch zu Herzen und werde erklärende Theorien so kurz wie möglich halten. Diesbezüglich verweise ich gerne auf meine bisherigen Publikationen.

Die vier visuellen Bausteine

Lediglich vier Bausteine benötigen Sie, um schnell und professionell visualisieren zu können:

- Texte
- Farben
- Formen
- Bilder

Texte

Texte können Sie immer schreiben. Oft wird dies auch erforderlich sein, um eine klare und unmissverständliche Aussage treffen zu können. Aber Sie werden beim aufmerksamen Lesen und Durcharbeiten dieses Buches bemerken, dass Sie immer weniger Wörter bzw. Texte verwenden müssen, um Inhalte verständlich und einprägsam zu vermitteln. Denn ein wichtiges Ziel sollte sein, schneller zeichnen als schreiben zu können. Bilder haften bekannterweise viel besser im Gehirn und helfen uns dabei, Informationen zu rekonstruieren. Als Grundsatz für die Gestaltung von Texten gilt: Je abstrakter ein Inhalt, desto geeigneter ist die Wortsprache, je konkreter ein Sachverhalt, desto geeigneter ist die Bildsprache.

Farben

Farbe ist Information! Dieser weitere Grundsatz der visuellen Kommunikation zeigt die Wichtigkeit der Farbgestaltung auf. Farben zu verwenden kostet allerdings auch Zeit und setzt ein Hintergrundwissen über die Farbenpsychologie voraus. Werden Visualisierungen mit der richtig gewählten Farbe unterstützt, wird die Wirkung einer Aussage vielfach gesteigert. Gegenteiliges wirkt allerdings inkongruent. Das bedeutet, dass ein falsch gewählter Farbton einen Widerspruch in der Aussage erzeugt. Beispielsweise ein violett gezeichnetes Team. Oder eine rot und grün gefärbte Seite eines Apfels. Was bewirken diese Informationen bei Ihnen? Der Einsatz von richtig gewählten Farben zeugt von Professionalität und unterstützt eine erfolgreiche visuelle Kommunikation. Erörtern wir nun die wichtigsten Farbtöne und deren Bedeutung.

Rot ist die wärmste Farbe, die wir kennen, aber auch die dynamischste und aggressivste. Rot bedeutet für uns Leben. Wir verbinden diese Farbe mit der Liebe und mit der Flüssigkeit des Lebens, dem Blut. Rot regt psychisch und physisch an, fördert körperliche Arbeit und Bewegung. Rot ist Energie pur.

- **Positive Assoziationen** mit der Farbe Rot sind das Glück, die Liebe, Lebensfreude, Erotik, Energie, Aktivität, Dynamik, Wärme und das Feuer.
- **Negative Assoziationen** sind Emotionen wie beispielsweise Hass, Wut, Zorn und Aggressivität. Ebenso wie das Laute, die Unmoral, die Gefahr bis hin zum Verbotenen.

Braun sorgt in der Innenraumgestaltung für Gemütlichkeit. Je höher der Gelbanteil in der Farbe ist, desto beruhigender und ausgleichender ist die Wirkung.

- **Positive Assoziationen** zu Braun sind das Ursprüngliche, Unverfälschte, Erdige von rustikalen Materialien wie Holz, Leder oder ungebleichter Wolle.
- **Negative Assoziationen** betreffen Schuldhaftes, Schlechtes, Faulheit und Verfaultes.

Gelb bringt Sonne ins Gemüt und verscheucht trübe Stimmung. Die Farbe Gelb fördert die Konzentration, den Lerneifer und auch das Gespräch

- **Positive Assoziationen** mit der Farbe Gelb sind Optimismus, Lebensfreude, Heiterkeit, das Empfindsame, Erfrischung, Luxus und Reichtum.
- **Negative Assoziationen** mit Gelb sind Naivität, Neid, Eifersucht, Geiz, Egoismus, Gefühllosigkeit, Untreue, das Bittere, das Giftige, Unsicherheit und Warnung.

Orange fördert die Tatkraft und erzeugt eine heitere, gelöste Atmosphäre, wirkt stimulierend und strahlt Wärme und Gemütlichkeit aus. Sie symbolisiert Optimismus und Lebensfreude und wirkt aufbauend, kräftigend und positiv.

- **Positive Assoziationen** zu Orange sind Vergnügen, Geselligkeit, Genuss, Energie, Wandel, Aktivität, Wärme und die Fähigkeit, den Moment zu leben.
- **Negative Assoziationen** sind das Billige, die Aufdringlichkeit, Angeberei und das Laute.

Grün versetzt die Seele in positive Schwingungen, weckt Lust auf Neues, auf Entdeckungen und gilt als Quell der Kreativität. Sie ist die Farbe des Lebens, der Pflanzen und des Frühlings. Als Farbe der jährlichen Erneuerung und des Triumphs des Frühlings über den Winter symbolisiert sie die Hoffnung und die Unsterblichkeit.

- **Positive Assoziationen** mit der Farbe Grün sind Natur, Leben, Jugend, Lebendigkeit, Natürlichkeit, Frühling, Hoffnung und Zuversicht.
- **Negative Assoziationen** betreffen die Unreife, das Giftige, teilweise auch das Dämonische.

Blau symbolisiert die Weite des strahlenden Sommerhimmels. Es lässt auch an die unergründbaren Tiefen des Meeres, der Seen, Flüsse und Bäche sowie an die Wahrheit und Klarheit denken. Es wirkt still und entspannend.

- **Positive Assoziationen** sind Sympathie, Harmonie, Freundlichkeit, Freundschaft und auch Treue. Weitere gedankliche Verbindungen sind Entspannung, Stille, Klugheit, Konzentration und Wahrheit.
- **Negative Assoziationen** hingegen sind Kälte, Lüge sowie Trunkenheit.

Violett wirkt feierlich, macht passiv und wirkt beruhigend. Daher ist sie sowohl eine künstlerische als auch metaphysische Farbe. Sie ist auch die Farbe der Magie, kosmischen Energie, Inspiration und spirituellen Erfahrung.

- **Positive Assoziationen** sind Kraft, Erfolg, Idealismus, die Außergewöhnlichkeit, die Originalität, das Modische, Magie sowie Fantasie.
- **Negative Assoziationen** mit der Farbe Violett sind Eitelkeit, Unnatürlichkeit, Unsicherheit, Untreue, Unsachlichkeit und Zweideutigkeit.

Rosa ist die Farbe der Herzensliebe. Sie verbindet die Reinheit von Weiß mit der Kraft von Rot. Rosa besänftigt, macht empfänglich für die Stimmungen anderer Menschen und baut Aggressionen ab.

- **Positive Assoziationen** sind Zärtlichkeit, Liebe, Unschuld, Zuneigung, Harmonie, Charme und Höflichkeit. Diese Farbe ist buchstäblich süß.
- **Negative Assoziationen** sind Kitsch, das Mitleiderregende und Übervorsichtige.

Weiß verbinden wir Menschen mit purer Reinheit, Licht und strahlendem Schnee. Weiß stellt die Ausgewogenheit aller Farben dar und wirkt aufmunternd sowie friedlich.

- **Positive Assoziationen** betreffen die Unschuld, Sauberkeit, Weisheit, Leere und das Heilige.
- **Negative Assoziationen** gibt es in unserem Kulturkreis nicht.

Schwarz ist die dunkelste aller Farben. Eine schwarze Fläche wirkt kleiner als eine weiße Fläche gleicher Größe. Gleichzeitig wirken schwarze Objekte auch schwerer. Durch den starken Kontrast zur Umgebung wirkt Schwarz auch eckig und hart. Die Eigenarten der Farbe übertragen sich auf die mutmaßlichen Qualitäten des Objektes. Schwarze Gegenstände oder Flächen wirken deshalb beherrschend, im besten Fall elegant. Schwarze Kleidung wirkt abgrenzend und verleiht Würde.

- **Positive Assoziationen** sind Eleganz, Eros sowie Gewinn (schwarze Zahlen).
- **Negative Assoziationen** findet man in der Verbindung mit den Begriffen Unglück, Schmutz, Asche, Tod, Trauer, Nacht, Abgrund, Tiefe, Leere, Bosheit und Macht.

Was bei Farben noch erwähnenswert erscheint:

- Wichtiges oder Kontrastierendes sollte man durch einen Farbkontrast, beispielsweise einen Warm-Kalt-Kontrast, hervorheben.
- Um die Lesbarkeit von Texten zu optimieren, ist für einen guten Hell-Dunkel-Kontrast zwischen Text und Hintergrund zu sorgen.
- Kleine Flächen vertragen klare und reine (d. h. gesättigte) Farben gut, während es bei größeren Flächen ratsam ist, die Farben mit Weiß aufzuhellen. Je größer die Fläche ist, desto heller sollte also die Farbe sein.

Formen

Geometrische Formen spielen bei der Darstellung von Symbolen, Strukturen und Systemen eine wichtige Rolle. Daher wollen wir jetzt den Grundstein für ein visuelles Wörterbuch legen. Es sind lediglich sieben zu unterscheidende Grundformen, welche wir in weiterer Folge näher betrachten und deren Aussage und Wirkung wir uns bewusst machen werden. Denn jedes Symbol entspringt einer der geometrischen Formen

- Viereck,
- Dreieck,
- Kreis,
- Punkt,
- Spirale,
- Pfeil
- und Linie.

Geometrische Formen sind de facto die wichtigsten grafischen Elemente bei der Methode Pencil Selling. In weiterer Folge bauen wir Schritt für Schritt die genannten sieben Grundformen mit zusätzlichen Zeichenschritten aus, um unsere visuelle Sprachfähigkeit zu perfektionieren.

Durch eine sinnvolle Verwendung von Formen werden auch

- wichtige Informationen hervorgehoben,
- Zusammenhänge verdeutlicht,
- Querverweise zwischen mehreren Darstellungen hergestellt und
- aufeinander folgende Darstellungen miteinander verbunden.

Bilder

Der vierte und letzte visuelle Baustein sind vollständige Bilder und Darstellungen. Diese sind in der Regel ein Zusammenspiel von Textbausteinen, gezieltem Farbeinsatz und Formen. Das Endprodukt „Bild" ergibt sich dann, wenn die bereits visualisierten Einzelinformationen in einen logischen Zusammenhang gebracht werden. Dazu eignen sich besonders Pfeile, Landschaftsbilder (der Weg zum Ziel, alle in einem Boot, eine Landkarte, Wegweiser, Brücken über Schluchten etc.) sowie erweiterte Grundformen wie beispielsweise die Pyramide als eine der ausdruckstärksten Formen eines strukturierten Zusammenhangs.

Formen sekundenschnell zeichnen

Erinnern wir uns: „Jedes Symbol besteht im Prinzip aus einer der sieben geometrischen Formen Viereck, Dreieck, Kreis, Punkt, Spirale, Pfeil oder Linie." Um dem Anspruch „sekundenschnell" gerecht zu werden, ist es notwendig zu wissen, wie man einen Schreibstift zu führen hat. Dazu gibt es einfache Regeln:

- Breite Striche assoziieren Sicherheit und wirken plakativ, schmale Striche hingegen wirken unsicher.
- Je breiter eine Stiftkante ist, desto größer der Blattwiderstand, desto geringer die Schreib- bzw. Zeichengeschwindigkeit. Mit der richtigen Stifthaltung (flacher Winkel des Stiftes zum Papier) kann man aber mühelos und mit hoher Geschwindigkeit zeichnen. Das gilt in erster Linie für großflächige Medien wie Flipchart und Pinnwand.
- Je kleiner das verwendete Medium ist, desto weniger Details sollten Sie visualisieren. Beschränken Sie sich auf eine geometrische Grundform.
- Zeichnen können Viele, schnell zeichnen nur Wenige. Beachten Sie bei den in den folgenden Kapiteln dargestellten Formen und Symbolen die Strichfolge und Richtung.
- Grundsätzlich gilt: Jeder Strich von oben nach unten oder Striche zur eigene Person hin gezeichnet (Stand- bzw. Sitzposition) können am schnellsten visualisiert werden.
- Farbe ist Information und gleichzeitig eine Option. Wenn der Untertitel dieses Buches heißt „sekundenschnell und professionell" dann bedeutet Letzteres den Einsatz von Farben.
- Wenn es einmal sehr schnell gehen muss, verzichten Sie einfach auf einen aufwendigen Farbeinsatz oder beschränken sich auf die vier Grundfarben Rot, Gelb, Grün und Blau.

Das Viereck

Wir beginnen unsere Formensammlung mit der gängigsten geometrischen Grundform, dem Viereck. Ob als Rechteck, Quadrat, Parallelogramm, Trapez oder Raute gezeichnet, dieser Grundform begegnen wir in der von Menschen gemachten Welt sehr häufig. In der Natur hingegen findet man sie sehr selten. Zeichnen Sie die folgenden Abbildungen nach und achten Sie dabei auf die Zeichenfolge. Wiederholen Sie diese einfachen Formen und versuchen Sie von einem zum anderen Mal die Zeichengeschwindigkeit zu steigern, ohne dabei einen Qualitätsverlust entstehen zu lassen. Dynamisches Zeichnen bringt auch Ihre Gedanken in Schwung!

Symbole und Assoziationen mit der Grundform Viereck

- Statisch
- Vollständigkeit
- Ausgrenzung
- Beschränkung
- Begrenzung
- Barriere
- Schranke
- Balken
- Schild
- Ecken
- Kanten
- Stabilität
- Gruppe
- Besprechung
- Verhandlung
- Organisation
- Unternehmen
- Haus
- Büro
- Raum
- Wand
- Mauer
- Ziegelstein
- Spielfeld
- Fläche
- Würfel
- Fahne
- Aktionsraum
- Markt
- Produkt
- Paket
- Schachtel
- Ressource
- Gebäude
- Fenster
- Tor
- Tür
- Telefon
- Tasten
- Mobiltelefon
- Computer
- Laptop
- Notebook
- TV-Gerät
- Chip
- Schreibtisch
- Tabelle
- Kalender
- Briefmarke
- Schrank
- Tisch
- Sessel
- Bett
- Kiste
- Schatztruhe
- Schwimmbad
- Speicher
- Papier
- Dokument
- Diplom
- Vertrag
- Aktie
- Geldschein
- Tresor
- Buch
- Ordner
- Heft
- Broschüre
- Zeitung
- Spielkarte
- Tafel
- Flipchart
- Pinnwand
- Overhead
- Projektor
- Beamer
- Leinwand
- Plakat
- Spiegel
- Bild
- Rahmen
- Koffer
- Aktentasche

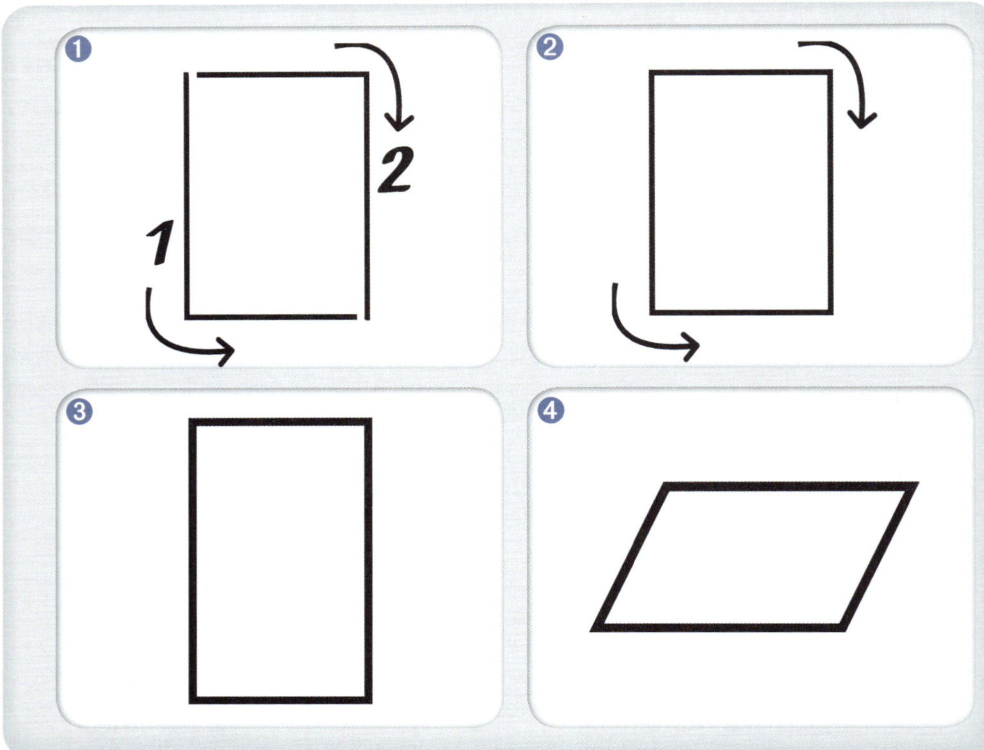
1
2
1
2
3
4

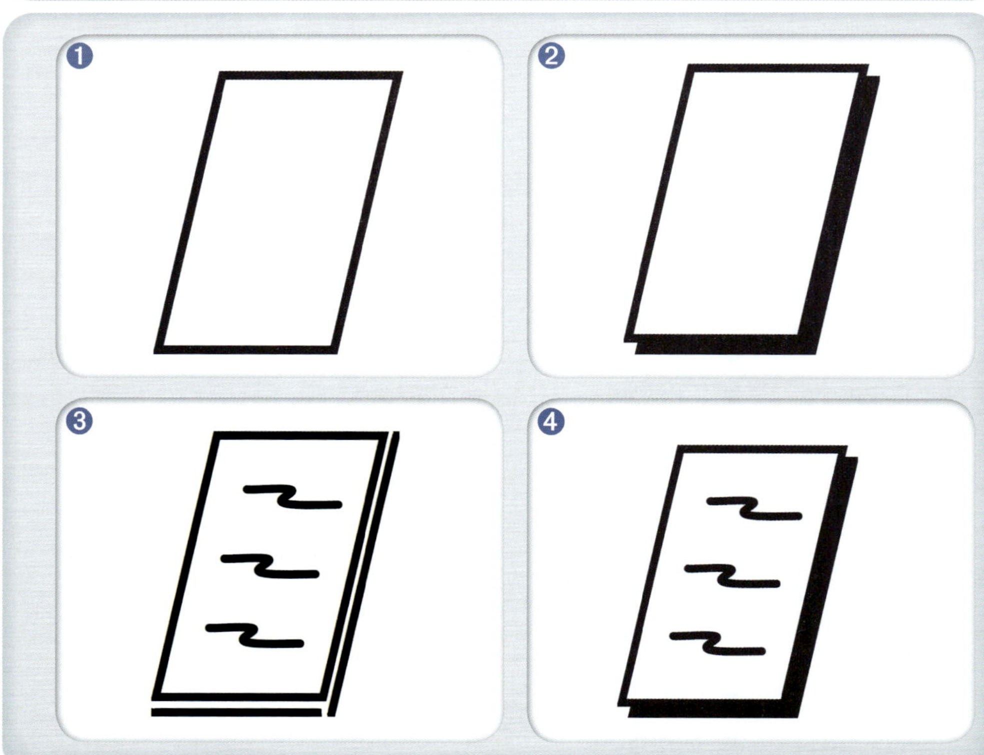
1
2
3
4

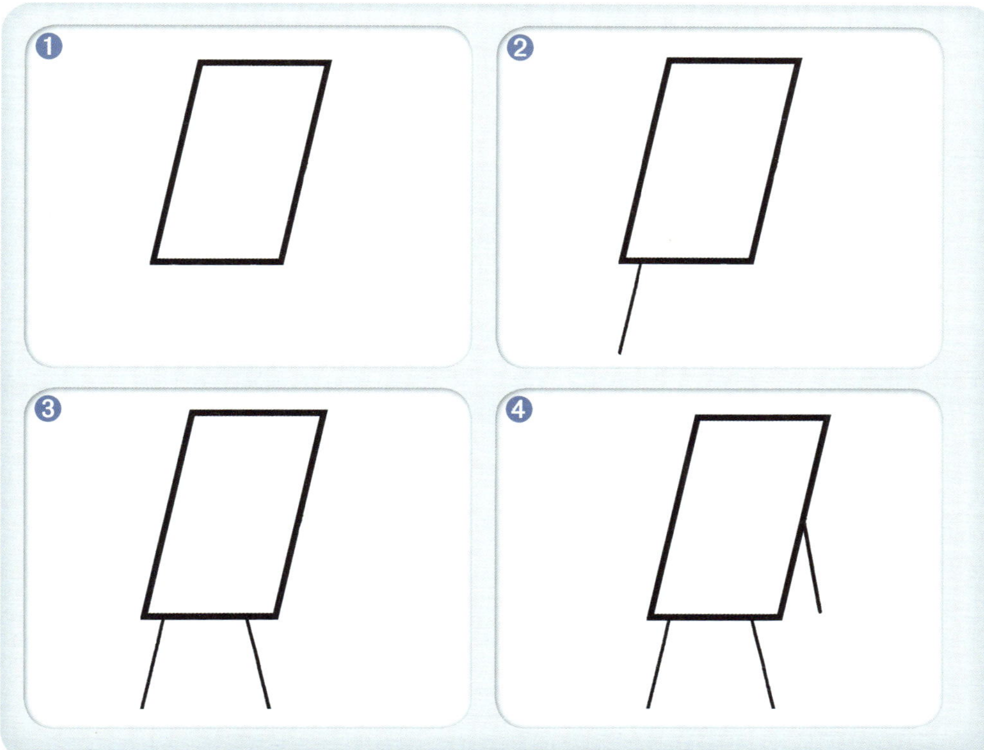
1
2
3
4

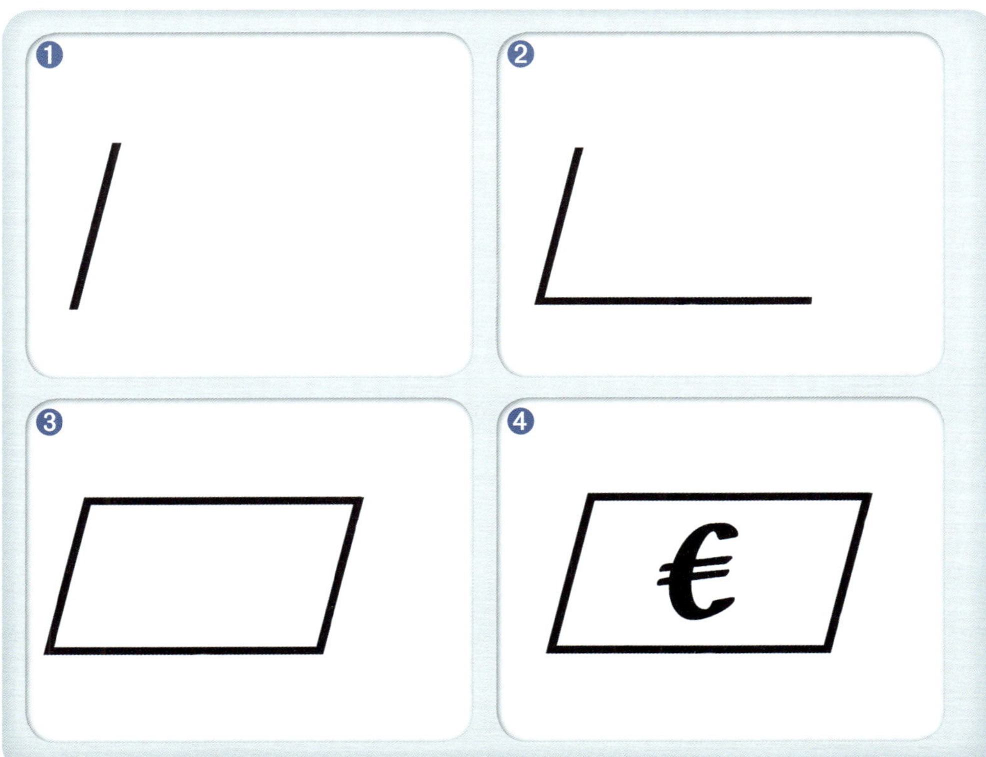
1
2
3
4
€

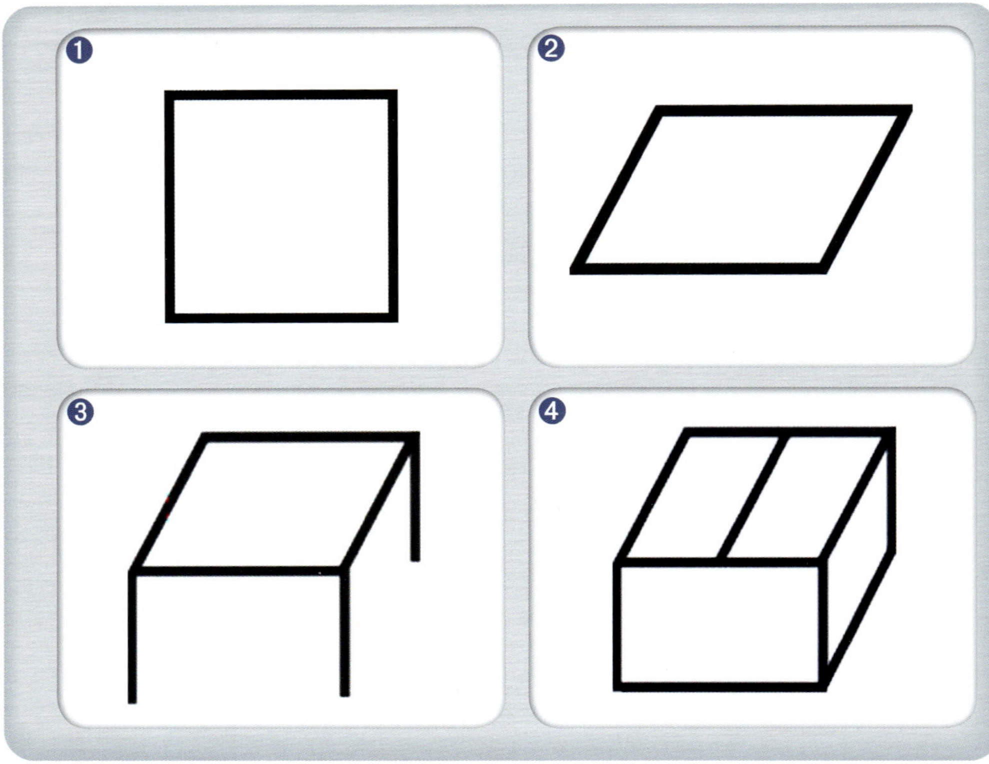
1
2
3
4

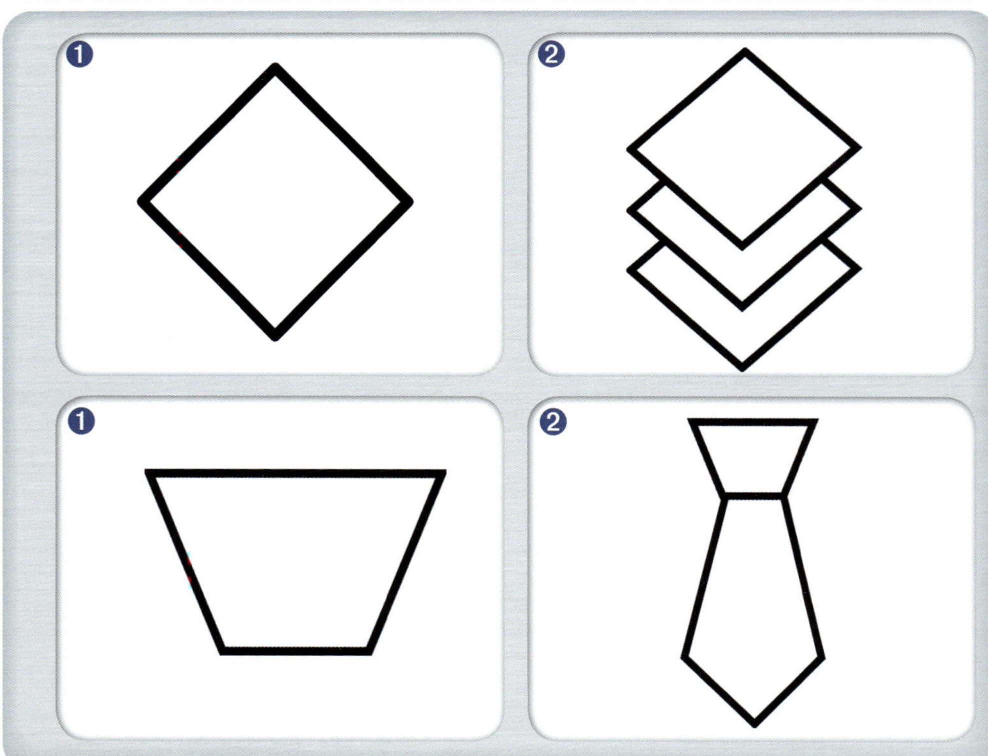
1
2
1
2

Das Dreieck

Das Dreieck vereint, wie wohl keine andere geometrische Form, vollkommene Gegensätze in sich. Das Dreieck als Symbol von Schutz (Dach) und der Gefahr (spitzer Zahn), als Männlichkeit und Weiblichkeit, als Stabilität (Segelschiff) und Unsicherheit (Surfbrett). Je nachdem ob ein Dreieck auf einer seiner Seiten stabil steht oder auf einer seiner Spitzen stehend umzufallen scheint, die Wirkung ist sehr unterschiedlich. In der Darstellung einer Pyramide findet die Dreiecksform ihre wohl bekannteste Verwendung und drückt mit ihr Stabilität und Tradition aus, wird aber auch gerne zur Illustration von Gruppierungen und Klassifikationen verwendet (Ernährungspyramide)

Symbole und Assoziationen mit dem Dreieck

- Berg
- Eisberg
- Spitze
- Herausforderung
- Begrenzung
- Anstrengung
- Hierarchie
- Top-down
- Gipfel des Erfolgs
- Mathematik
- Zirkel
- Pyramide
- Stabilität
- Instabilität
- Schutz
- Zelt
- Dach
- Wimpel
- Tannenbaum
- Segel
- Haifischflosse
- Zähne
- Gefahr
- Stachel
- Rampe
- Warndreieck
- Richtung
- Trichter
- Dreifaltigkeit
- Dreiecksbeziehung
- Konfliktmediation
- Gleichgewicht
- Waage
- Balance
- Schaukel
- Sanduhr
- Zauberhut
- Mystik
- Magie

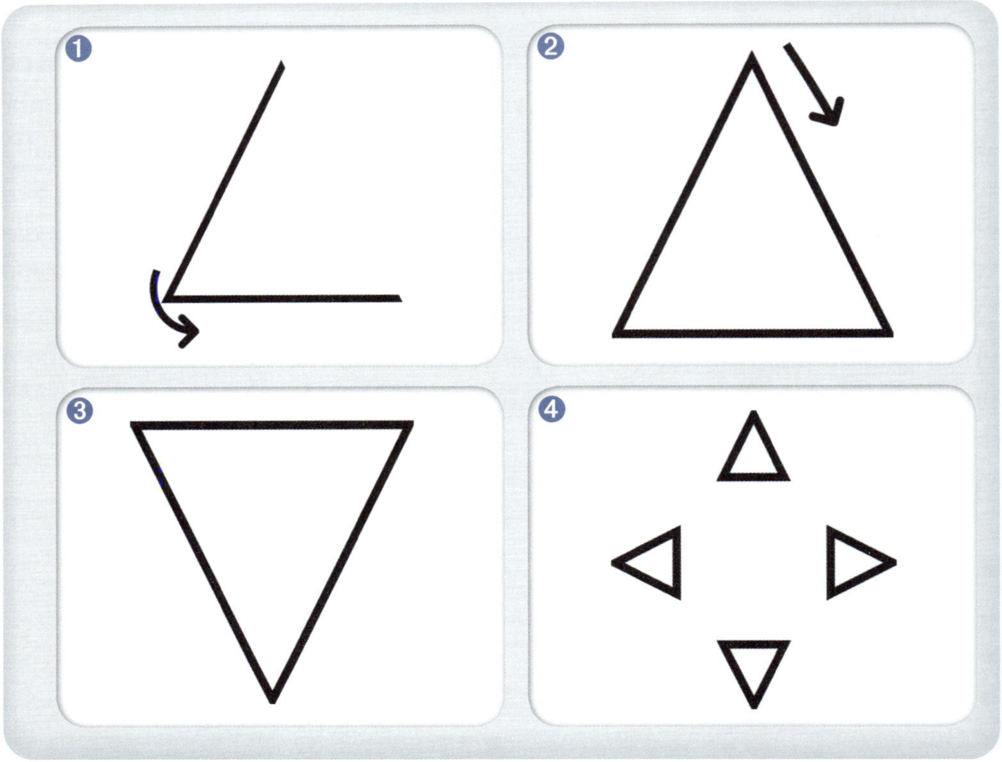
1
2
3
4

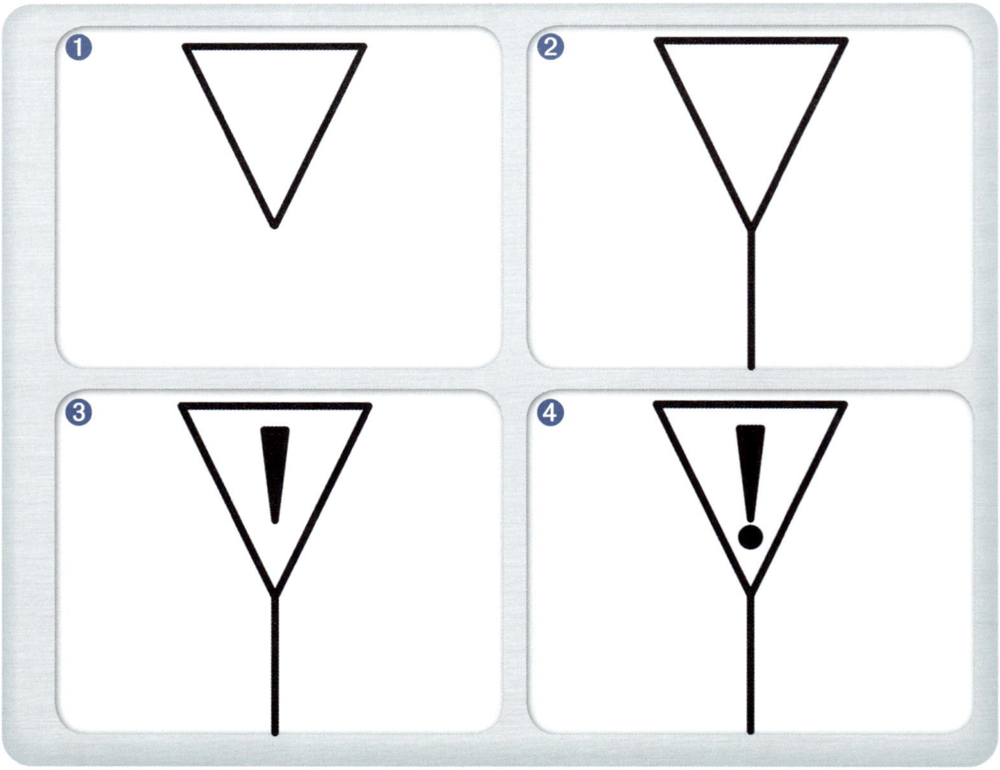
1
2
3
4

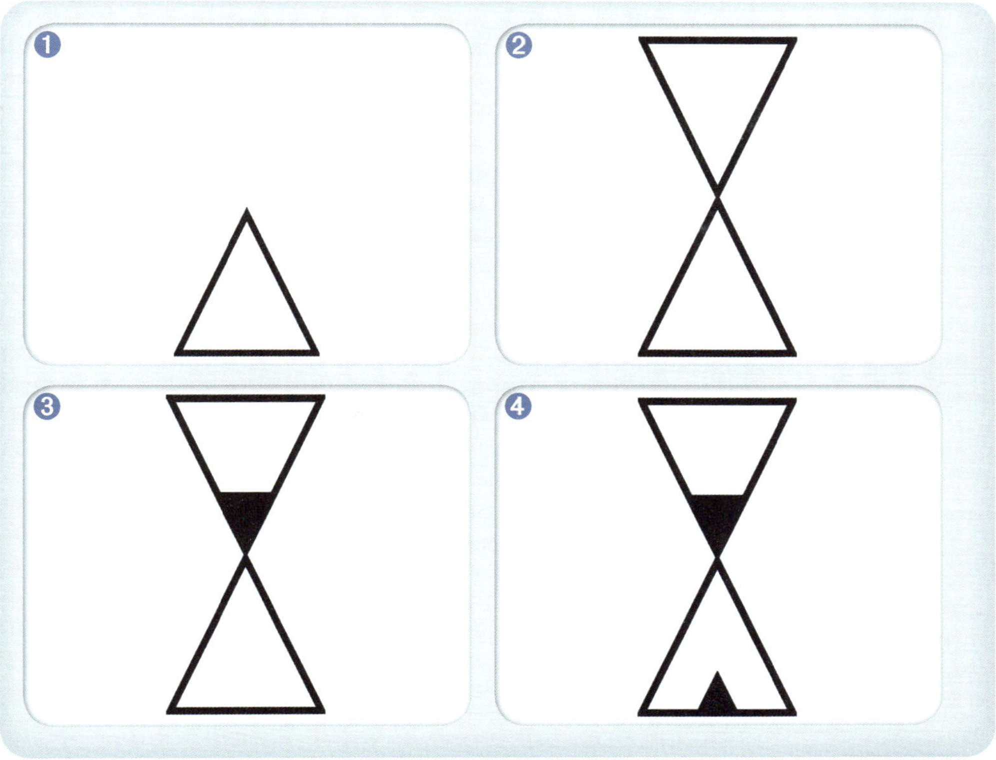
1
2
3
4

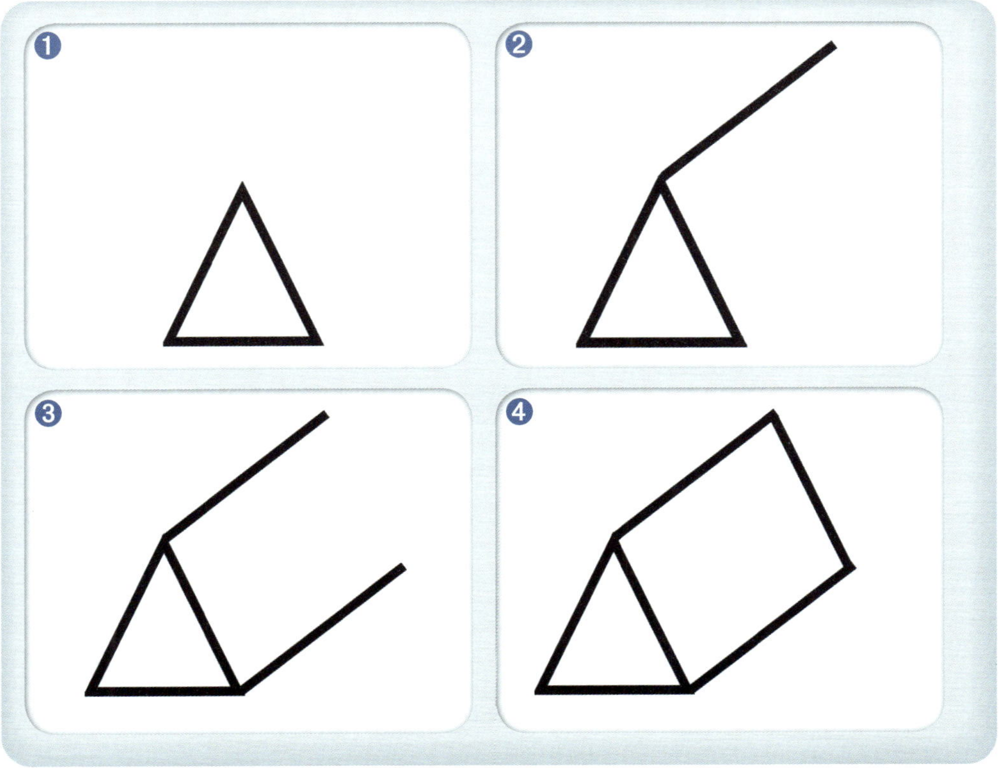
1
2
3
4

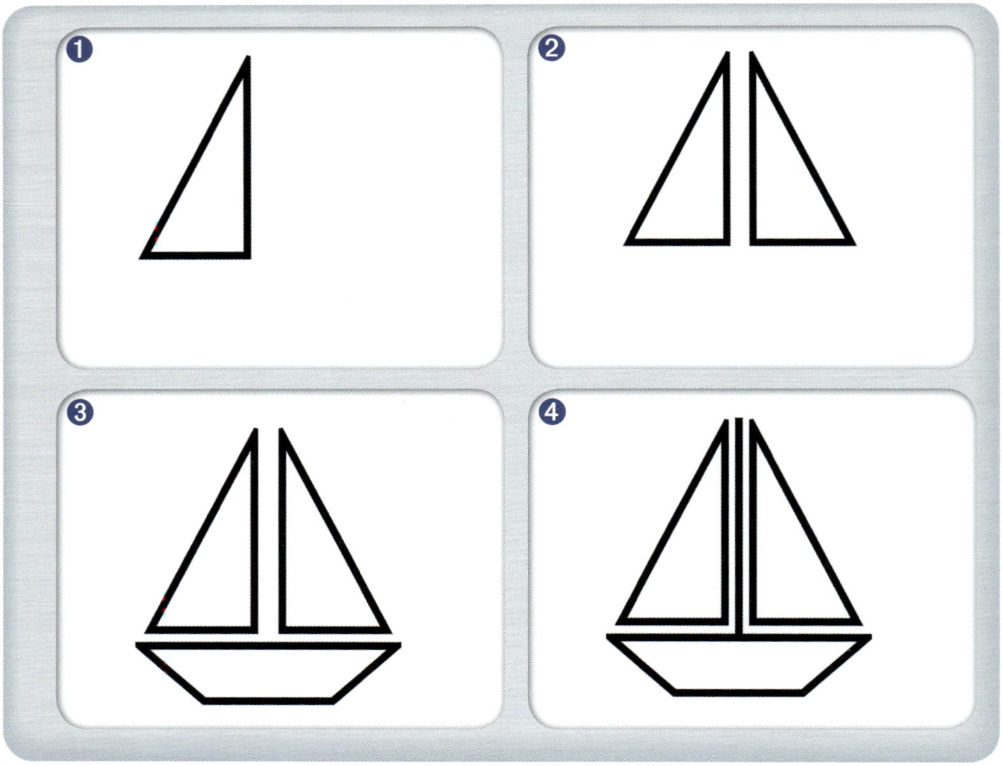
1
2
3
4

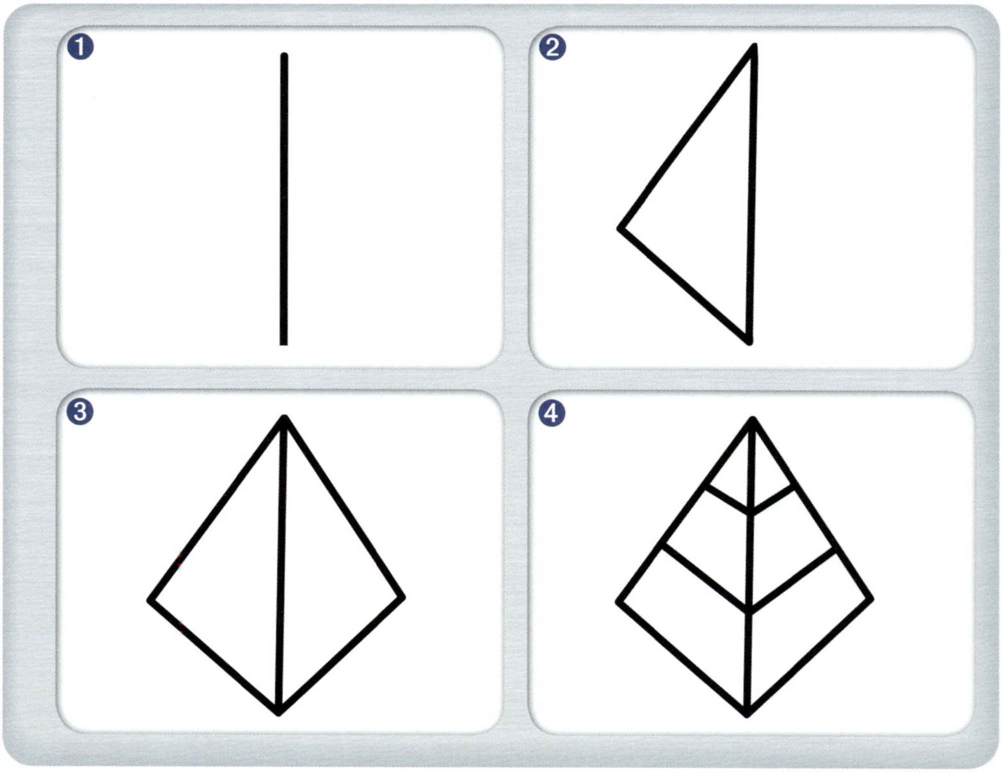
1
2
3
4

Die Pfeilform

Ein Kompass zeigt uns die vier Himmelsrichtungen an. Im einfachsten Fall mit vier Dreiecken gezeichnet. Bemerkenswert dabei ist, dass Dreiecksformen, die nach links (Westen) und nach rechts (Osten) zeigen, rasch als richtungsweisend erkannt werden, hingegen eine Dreiecksspitze nach oben (Norden) und nach unten (Süden) erst beim zweiten Mal hinsehen. Pfeile sind also Abwandlungen der geometrischen Grundform Dreieck und zeigen uns Richtungen und Entwicklungen an. Bereits vor vielen tausend Jahren waren Pfeile nicht nur Waffen sondern dienten vorwiegend der Orientierung. Pfeile zu zeichnen ist keine besondere Herausforderung. Wirkungsvolle und aussagekräftige Pfeile sieht man allerdings nicht so häufig. Ich zeige Ihnen, wie es funktioniert.

Meine besondere Empfehlung: Kombinieren Sie Pfeile mit Symbolen und Figuren. Dadurch erhalten Sie verschiedenste aussagekräftige Visualisierungen.

Symbole und Assoziationen mit der Pfeilform

- Richtung
- Orientierung
- Geschwindigkeit
- Veränderung
- Zeitachse
- Anstieg
- Abfall
- Verknüpfung
- schafft Beziehung
- setzt Relationen
- verbindet
- trennt
- Gemeinsames

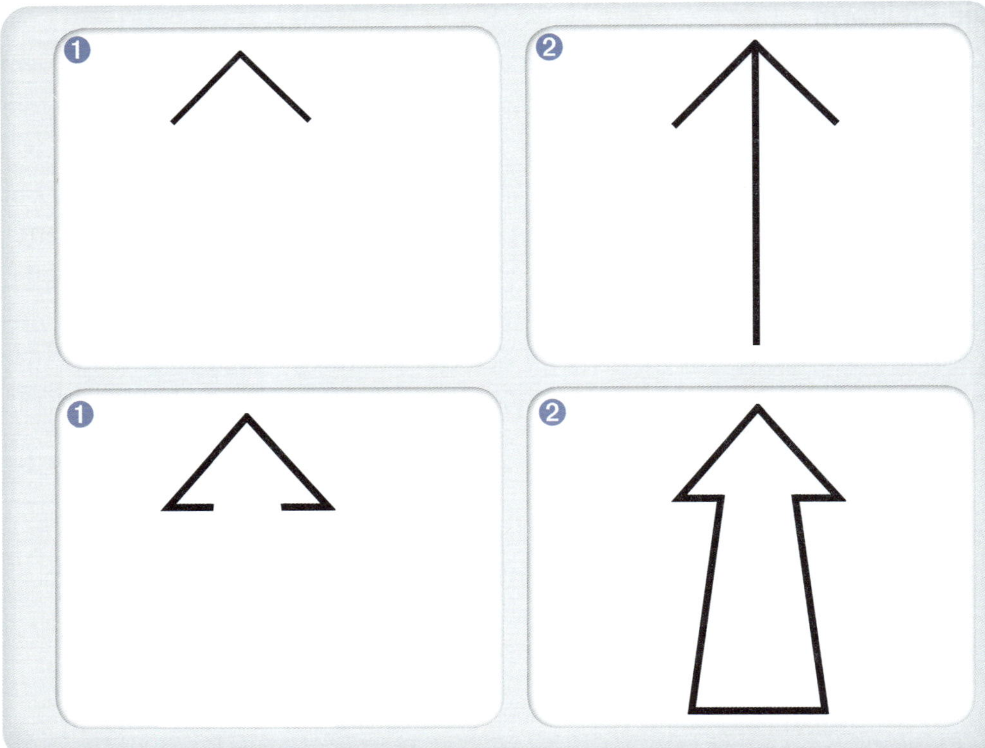
1
2
1
2

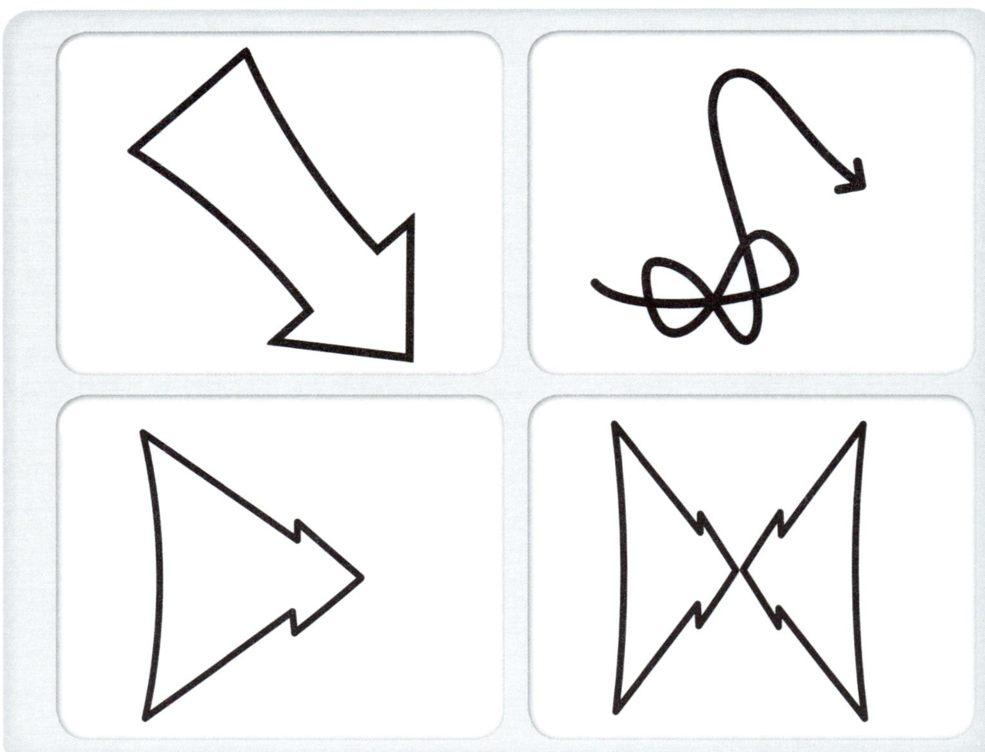

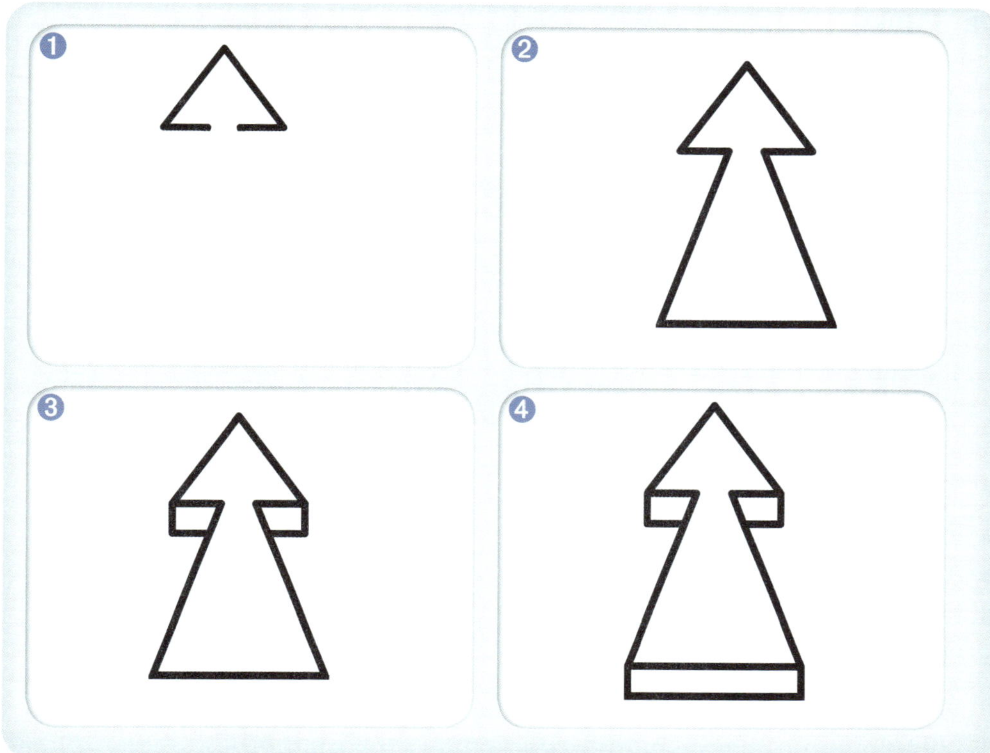
1
2
3
4

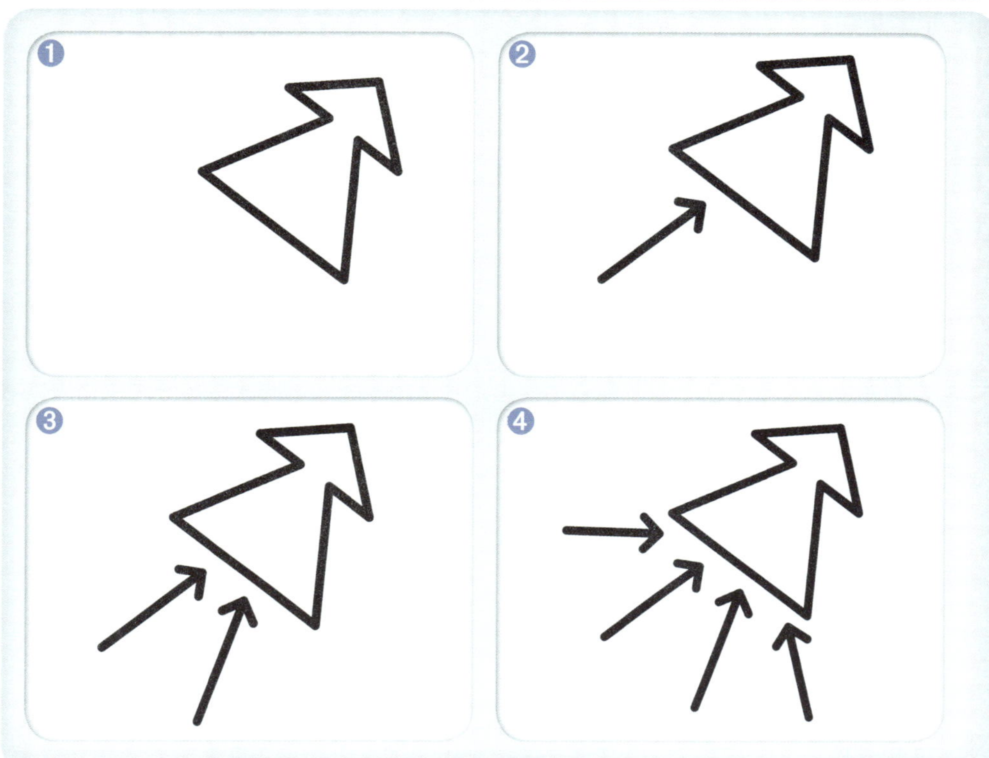
1
2
3
4

Der Punkt

Auf einen gezeichneten Punkt hinzuweisen, verknüpft mit dem Ersuchen, endlich auf den Punkt der laufenden Diskussion zu kommen, ist wohl einer der unmissverständlichsten Arten einer visuellen Kommunikation. Punkte als geometrische Form zu bezeichnen stößt möglicherweise bei dem einen oder anderen auf Widerstand, aber in unserem thematischen Kontext kommt dem Punkt auch eine spezielle Bedeutung zu. In Kombination mit Pfeilformen wird der Punkt zu einem beliebten Darstellungselement.

Punktgenaue Assoziationen

- Anfang
- Startpunkt
- Ausgangspunkt
- Ursprung
- Urknall
- Zeitpunkt
- Quelle
- Zentrum
- Reduktion
- Entscheidung
- Ergebnis
- Zielpunkt
- Punktgenau
- Treffer
- Endpunkt

Kreis und Ellipse

Kreise und Ellipsen sind nicht nur die Grundelemente für das Zeichnen von Figuren und Tieren, sondern stellen durch ihre Erscheinungsform im besten Sinne des Wortes eine runde Sache dar. Das wesentliche Unterscheidungsmerkmal in Bezug auf die räumliche Wirkungsweise ist Folgendes: Eine Ellipse kann immer etwas Räumliches darstellen, ein Kreis hingegen nicht! Eine Insel, ein auf dem Tisch liegendes Geldstück, ein Teller, alle diese Symbole besitzen die geometrische Grundform der Ellipse. Sie dient auch zur Gewichtung von Argumenten oder Aussagen. Die Sonne, der Planet oder die Uhr kreisrund gezeichnet, wirken hingegen zweidimensional.

Symbole und Assoziationen mit Kreis und Ellipse

- Atom
- Sonne
- Globus
- Mond
- Planet
- Insel
- Team
- Familie
- Harmonie
- Verbundenheit
- Gemeinsamkeit
- Gleichberechtigung
- Einigkeit
- runder Tisch
- runde Sache
- Glühbirne
- Ring
- Verbundenheit
- Ball
- Kugel
- Heißluftballon
- Luftballon
- Fallschirm
- Regenschirm
- Kreislauf
- Pumpe
- Kreisel
- Trommel
- Musiknote
- Geldsack
- Geldstück
- Münze
- Uhr
- Rad
- Loch
- Zielscheibe
- Ei
- Kopf
- Auge
- Lupe
- Brille
- Regelkreis
- System
- Olympiade
- Europäische Union
- Wahlkreis
- Rettungsring
- Schwimmreifen
- Rettungsboot
- Rohr
- Datenträger (CD)
- viele Obstsorten
- Torte
- Kreisgrafik
- Interaktion
- Kommunikation
- Kundenbeziehung

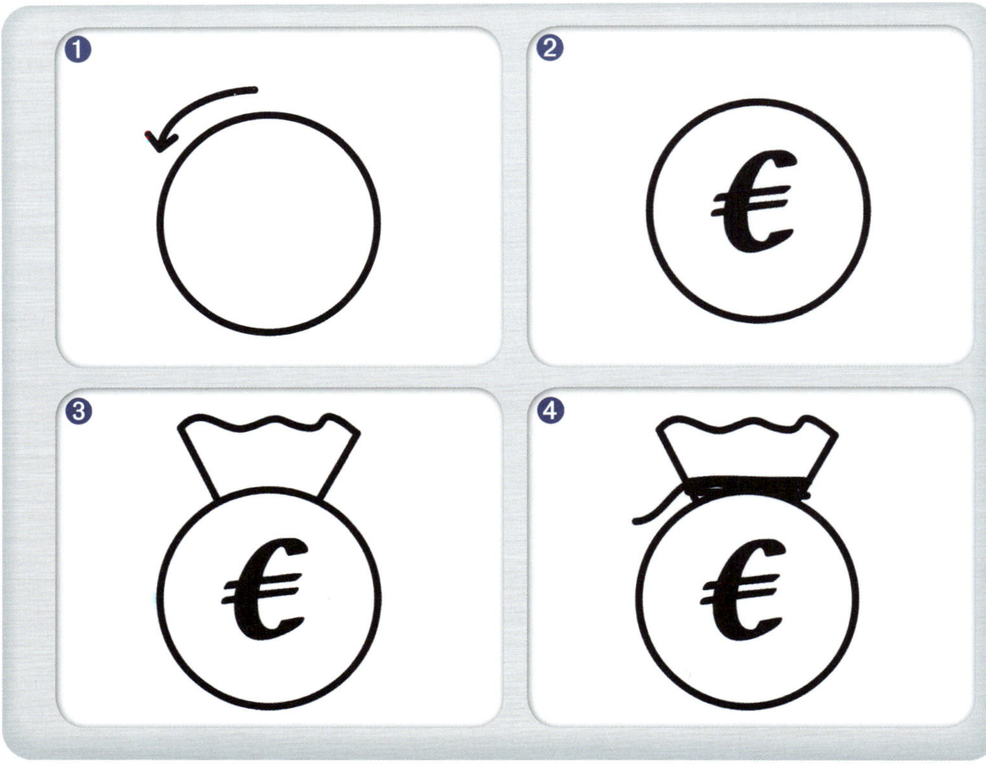
1
2
3
4

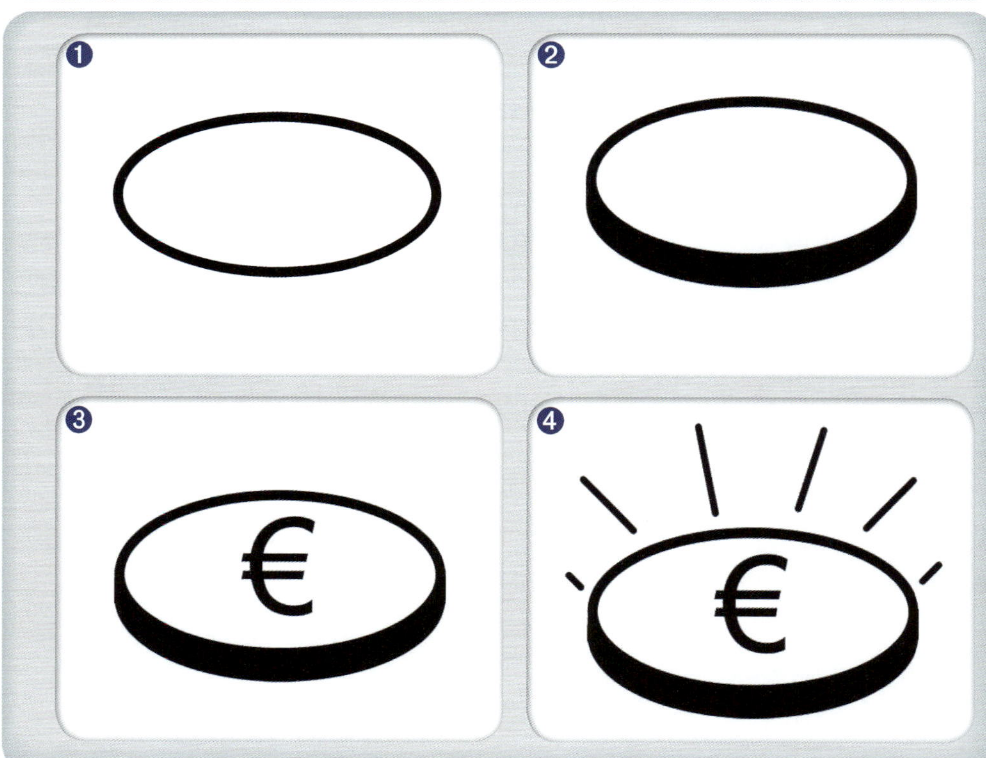
1
2
3
4

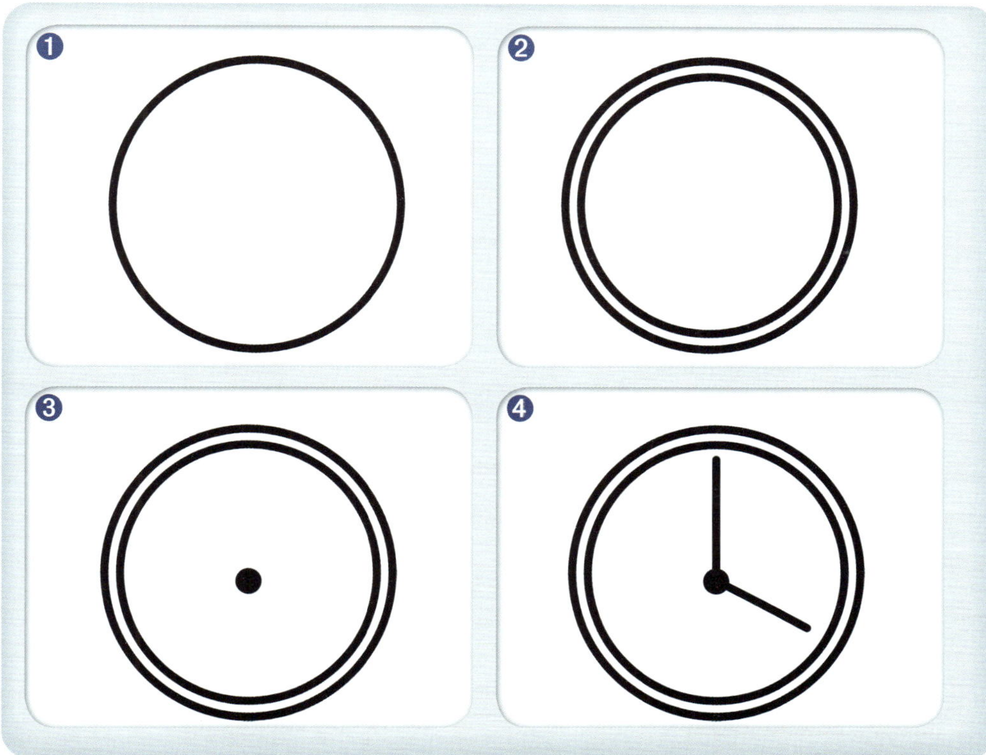
1
2
3
4

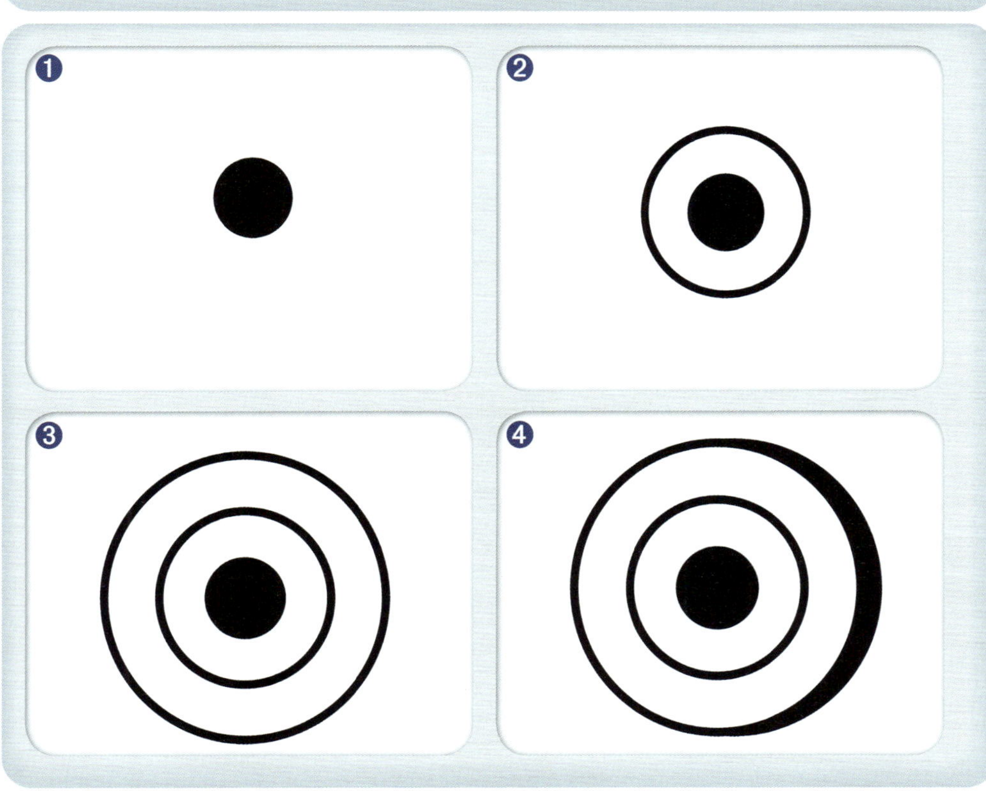
1
2
3
4

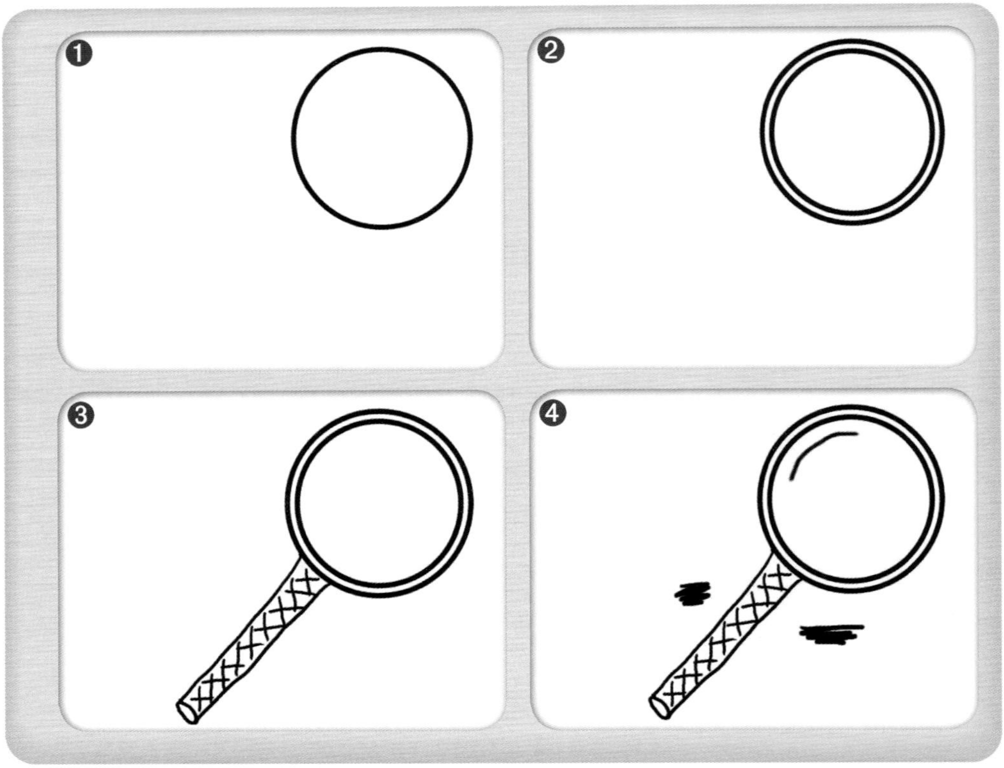
1
2
3
4

1
2
3
4

Die Spirale

Eine Spiralform kann nie etwas Statisches darstellen. Dynamik, Entwicklung und Veränderung sind die gängigsten gedanklichen Verknüpfungen, auch wenn uns die Spiralform gedanklich gerne in ein Schneckenhaus führt. Viele Unternehmen verwenden ein Logo mit einer Spiralform, oft als Ausdruck der Expandiertheit oder Zentrierung.

Symbole und Assoziationen zur Form der Spirale

- Wachstum
- Prozess
- Innovation
- Dynamik
- Veränderung
- Bewegung
- Unruhe
- Verwirrung
- Manipulation
- Strudel
- Taifun
- Sog
- Wirbelsturm
- Wasser
- Abfluss
- Entwicklung
- Tiefe oder Höhe
- Aufwärtsspirale
- Abwärtsspirale
- Leben
- Rolle
- Kraft
- Feder
- Geschwindigkeit
- Trichter
- Labyrinth
- Milchstraße
- Sinnestäuschung
- Verunsicherung
- Schneckenhaus
- Muschel
- Hypnose
- Reinigung
- Energie
- Zentrierung
- Konzentration
- Zyklus
- das Wesentliche
- von außen nach innen
- von innen nach außen
- Unendlichkeit

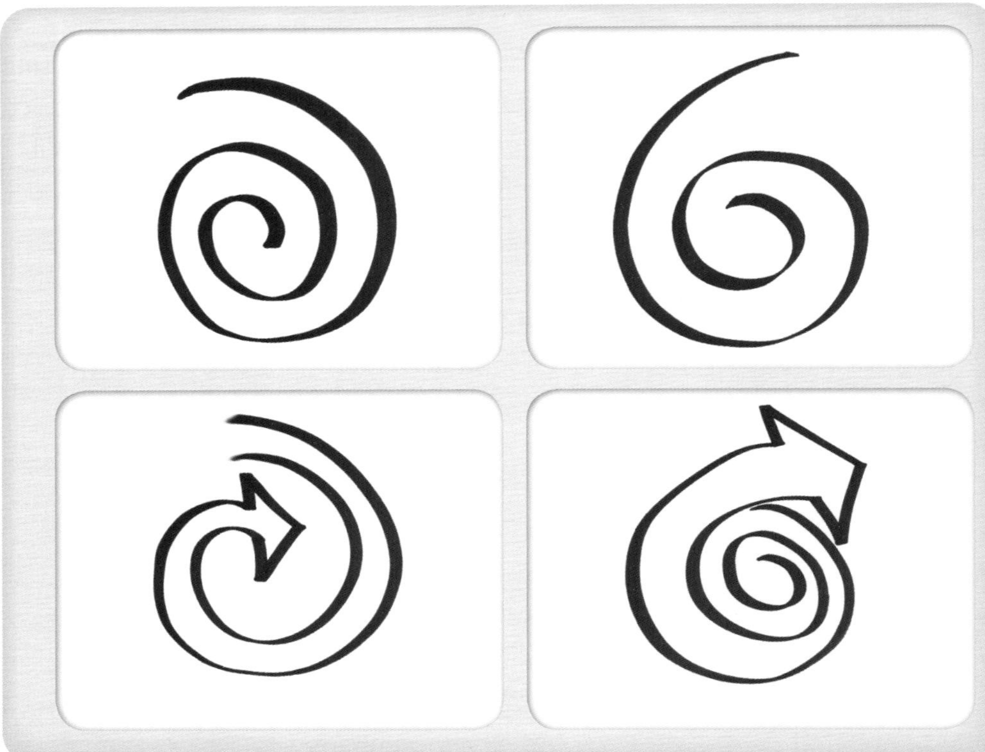

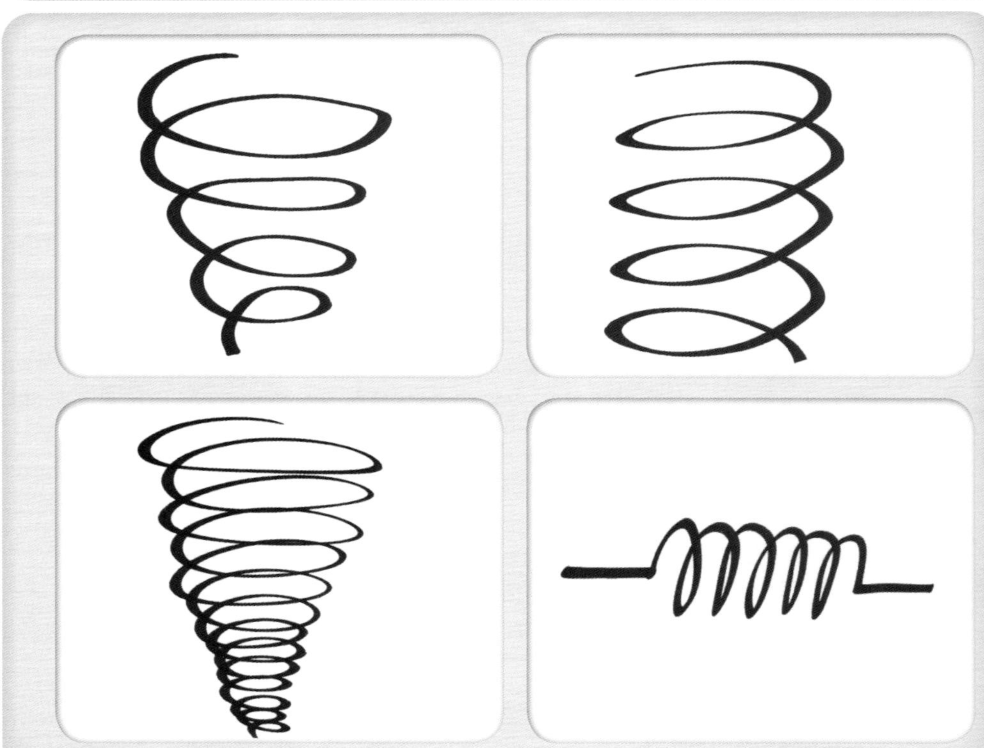

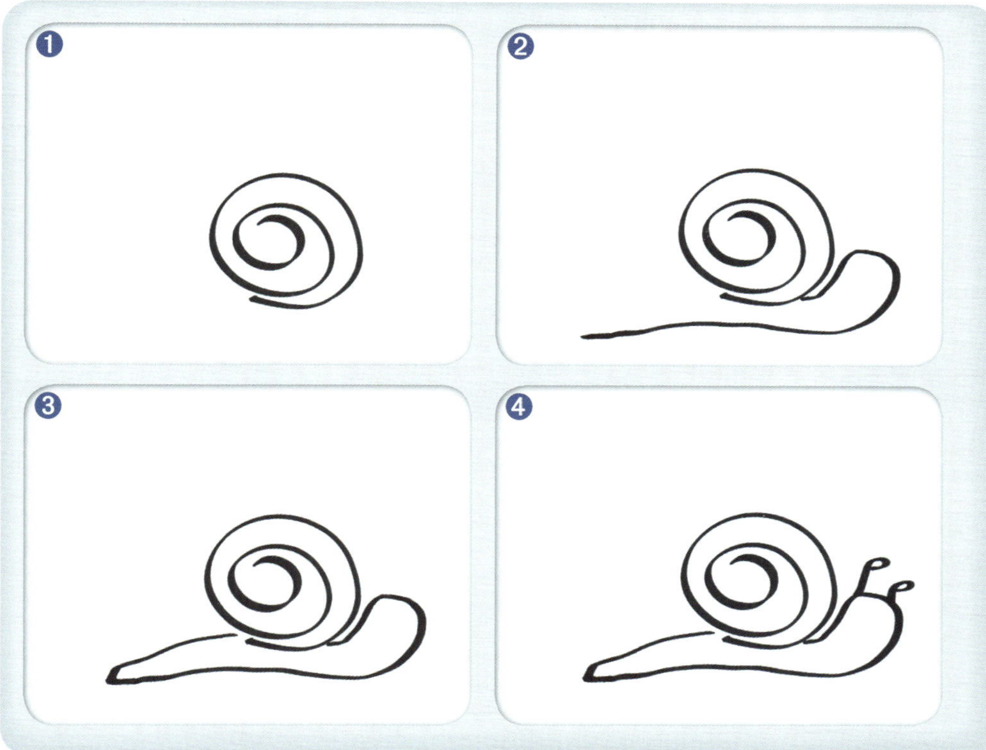
1
2
3
4

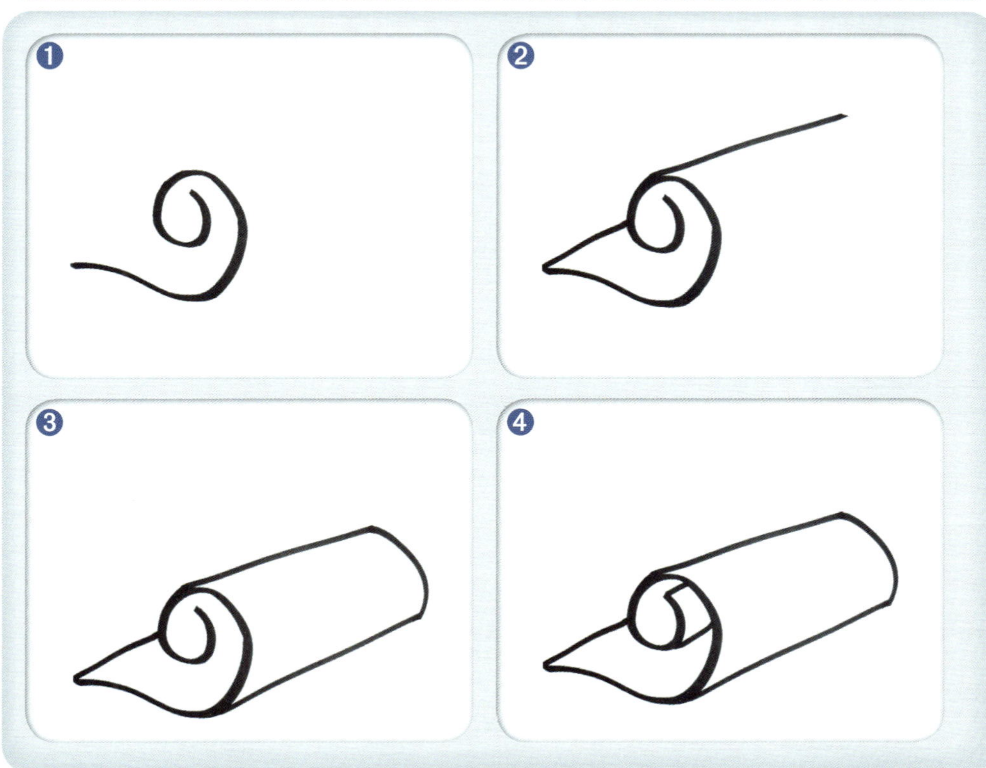
1
2
3
4

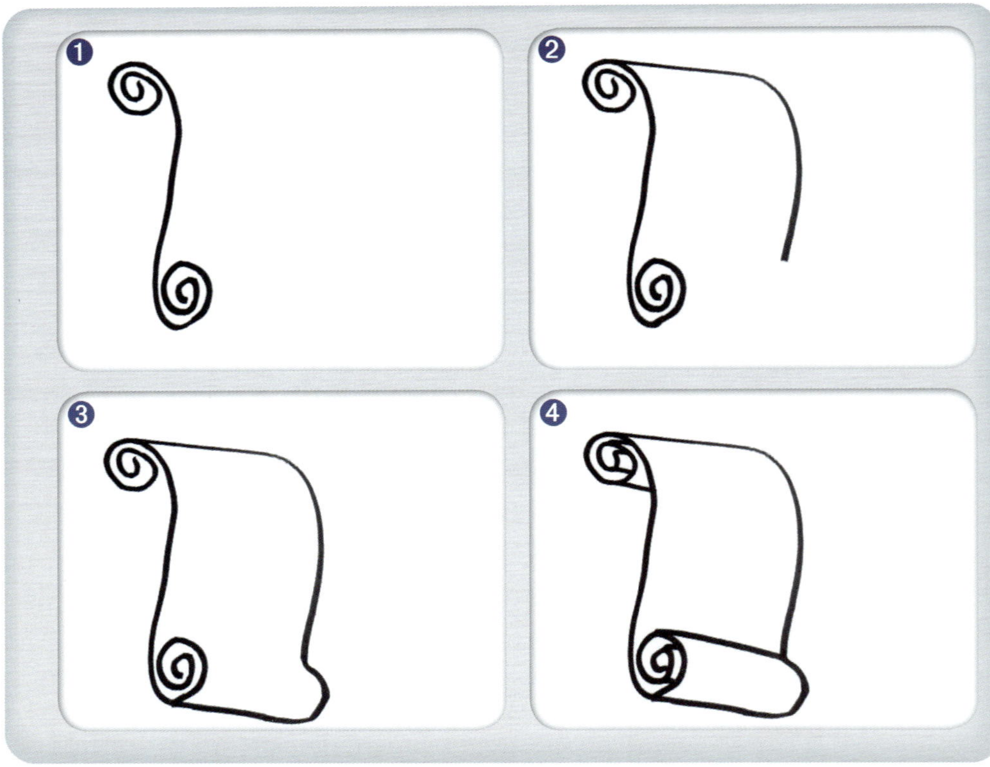
1
2
3
4

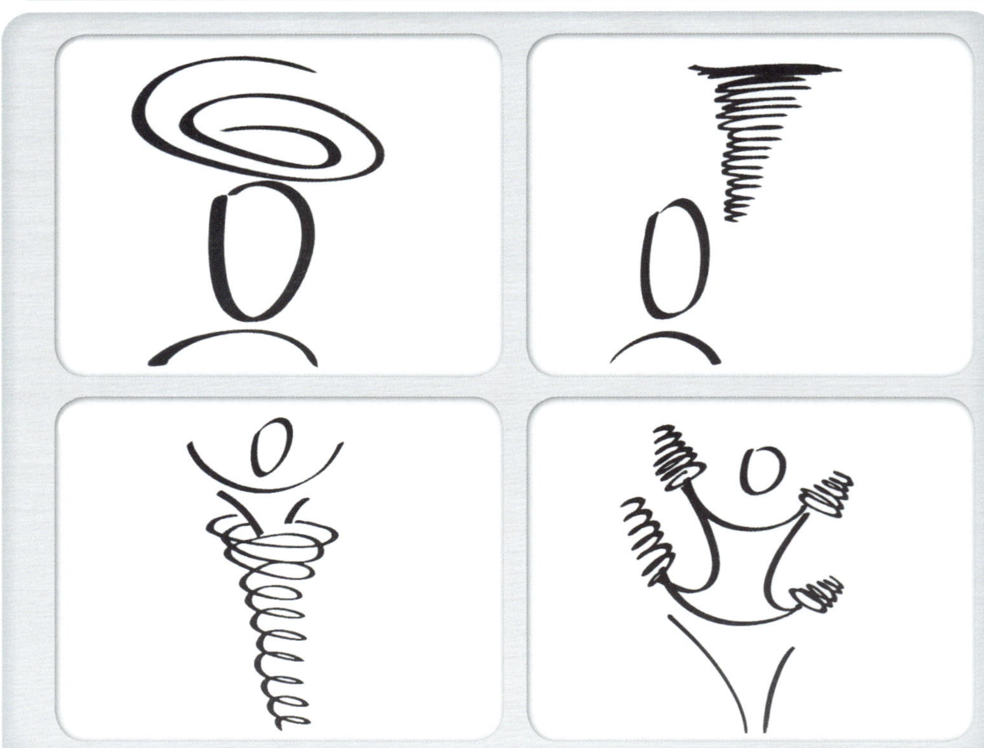

Die Linie

Na klar, werden Sie denken, braucht man die Linie. Wie könnte man sonst andere Formen zeichnen? Aber die Linie kann viel mehr: Mit verschiedenen Verlaufsformen lassen sich sekundenschnell verständliche Aussagen visualisieren. Lenken Sie Ihre Aufmerksamkeit beim Betrachten der folgenden Abbildungen darauf, ob eine Linie geschwungen, gekrümmt oder gerade gezeichnet wird. Davon ist die Wirkung einer Liniengrafik abhängig.

Sonnenstrahlen, die Aura oder ein Lichtkegel eines Beamers verfehlen ihre Wirkung, wenn die einzelnen Linien nicht gerade gezeichnet werden. Wege, Bäche oder ein Horizont hingegen benötigen geschwungene Linienformen. Ich selbst bin ein Anhänger von dynamisch gezeichneten Linienformen, um den Visualisierungen Lebendigkeit zu verleihen. Daher vermeide ich persönlich gerade Strichführungen wo es nur geht. Gerade Striche – im Extremfall mit Lineal gezeichnet – stellen immer einen Perfektionsstandard dar und lassen im Vergleich dazu Freihandzeichnungen eher unprofessionell erscheinen. Allerdings dort, wo gerade Striche benötigt werden, achte ich sehr wohl darauf, diese auch exakt zu zeichnen.

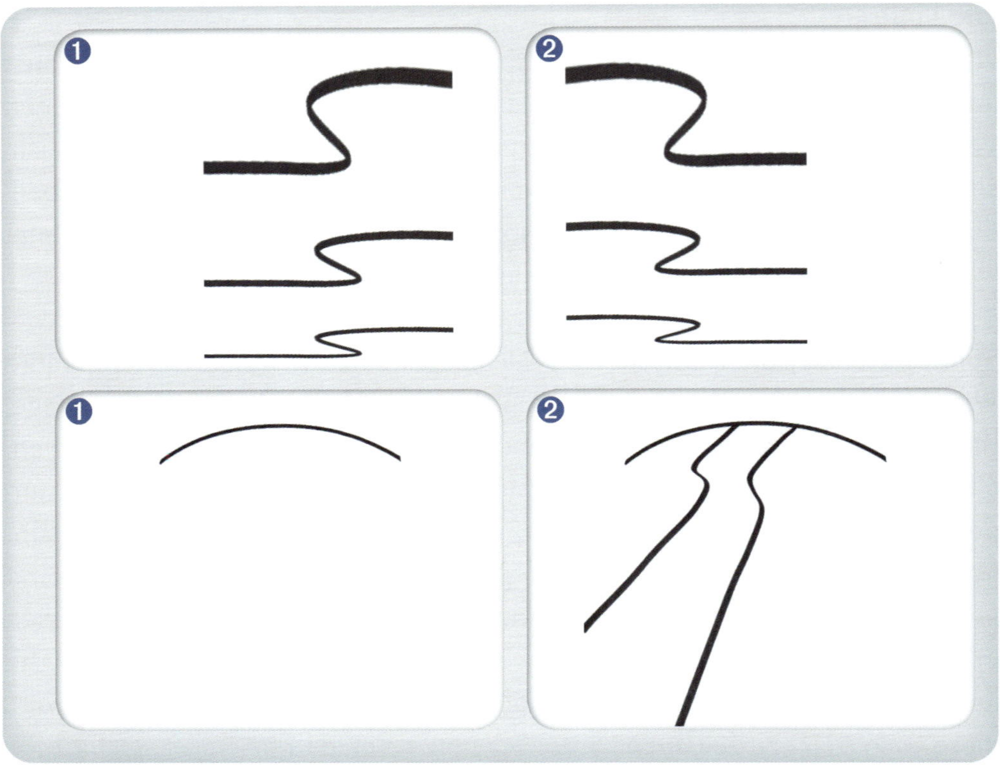
1
2
1
2

1
2
3
4

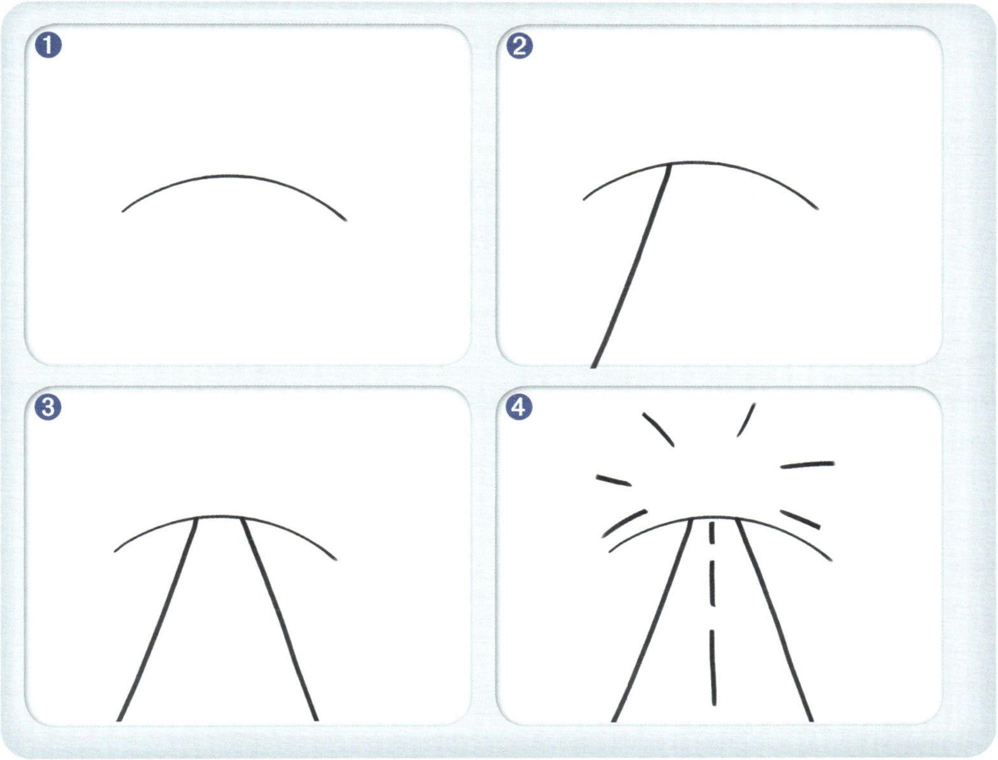
1
2
3
4

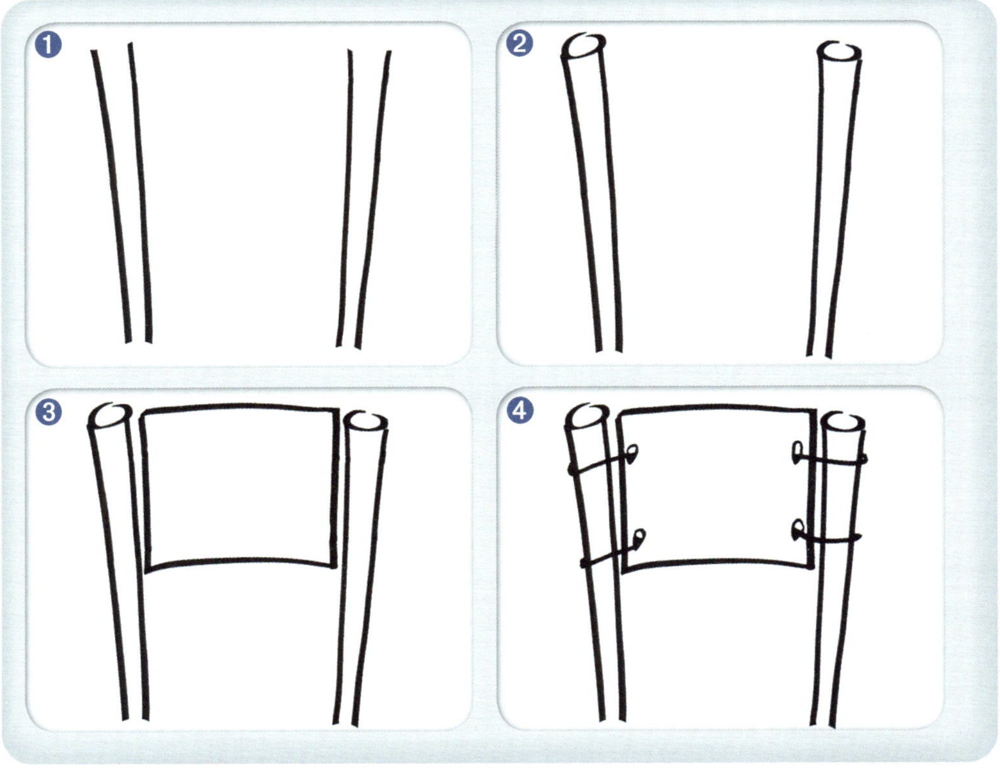
1
2
3
4

Die Symbolsammlung ist eröffnet

Nachdem wir die Grundformen der visuellen Kommunikation und ihre wichtigsten Bedeutungen kennengelernt haben, sind Sie nun in der Lage, diese zu zeichnen. Die einzelnen Visualisierungen müssen ja nicht gleich so perfekt aussehen, das ergibt sich in weiterer Folge durch das wiederholte Visualisieren von selbst. Gehen wir jetzt einen Schritt weiter und bereichern unseren visuellen Wortschatz mit neuen Vokabeln. Eine gute Möglichkeit, die Kreativität zu fördern, sehe ich in dem Versuch, einzelne Begriffe aus Ihrer Fachwelt einer Grundform zuzuordnen. Sie werden sehen, mit ein wenig Übung lassen sich schnell die richtigen Formen finden.

Hier einige Beispiele dazu:

Unternehmenswachstum	▶	Spirale
Marktposition	▶	Kreis
Qualitätsmanagement	▶	Dreieck
Strategie	▶	Pfeil
Geldveranlagung	▶	Rechteck
Besprechungsziel	▶	Punkt
Wissensebene	▶	Line

Das Zusammenspiel der visuellen Bausteine Text, Form und Farbe soll letztendlich zu einem alles erklärenden Bild führen. In den nun folgenden Abbildungen finden Sie noch viele Kombinationsmöglichkeiten und grafische Abwandlungen der gezeigten geometrischen Grundformen. Diese sollen Ihnen viele Ideen und Impulse für ihre Anwendungsbereiche liefern.

Es scheint mir wichtig, an dieser Stelle nochmals darauf hinzuweisen, dass Sie mit einer „Live-Visualisierung“ bei ihren Kunden das Verständnis für die gezeigten Inhalte steigern und gleichzeitig den Behaltenswert der Informationen wesentlich erhöhen. Ganz nebenbei vermitteln Sie auch zusätzlich zu Ihrer hohen Fachkompetenz eine bewundernswerte Methodenkompetenz.

Bannerformen für Überschriften

Worum geht es bei dieser Besprechung eigentlich? Überschriften, Titel oder sonstige Headlines dienen dazu, diese Frage zu beantworten. Um eine höhere Aufmerksamkeit zu erhalten und um die plakative Wirkung zu erhöhen, werden dazu gerne verschiedene Banner eingesetzt.

Einige davon habe ich ausgewählt, um Ihnen Ideen zu liefern, mit denen Sie Texte ansprechender und wirkungsvoller gestalten können. Abhängig von der beabsichtigten Wirkung lassen sich damit Informationen gezielt in den Vordergrund rücken.

Tipp: Der textliche Inhalt sollte mit dem visuellen Ausdruck eines verwendeten Banners übereinstimmen. So wird die Bezeichnung einer Idee oder eines genialen Einfalls in einem statisch wirkenden Banner (z. B. einer Wolke) seine Wirkung eher verfehlen bzw. abschwächen. Mit einer invertiert (d. h. mit den Rundungen nach innen) gezeichneten Wolke mit dynamischen Strichen wird hingegen die Aussagekraft verstärkt.

Ein anderes Beispiel: Tradierte Normen oder Gesetze passen eher in eine statisch wirkende Schriftenrolle als in einen dynamischen Werbebanner mit Flugzeug. Versuchen Sie es!

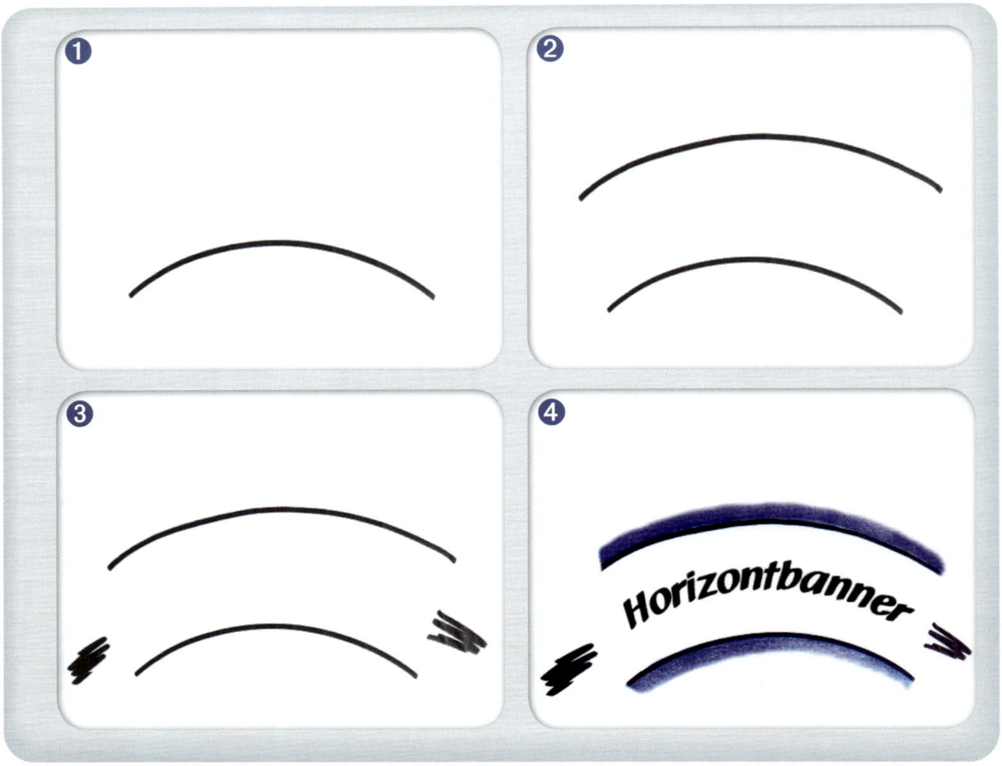
Horizontbanner

Bleistiftbanner

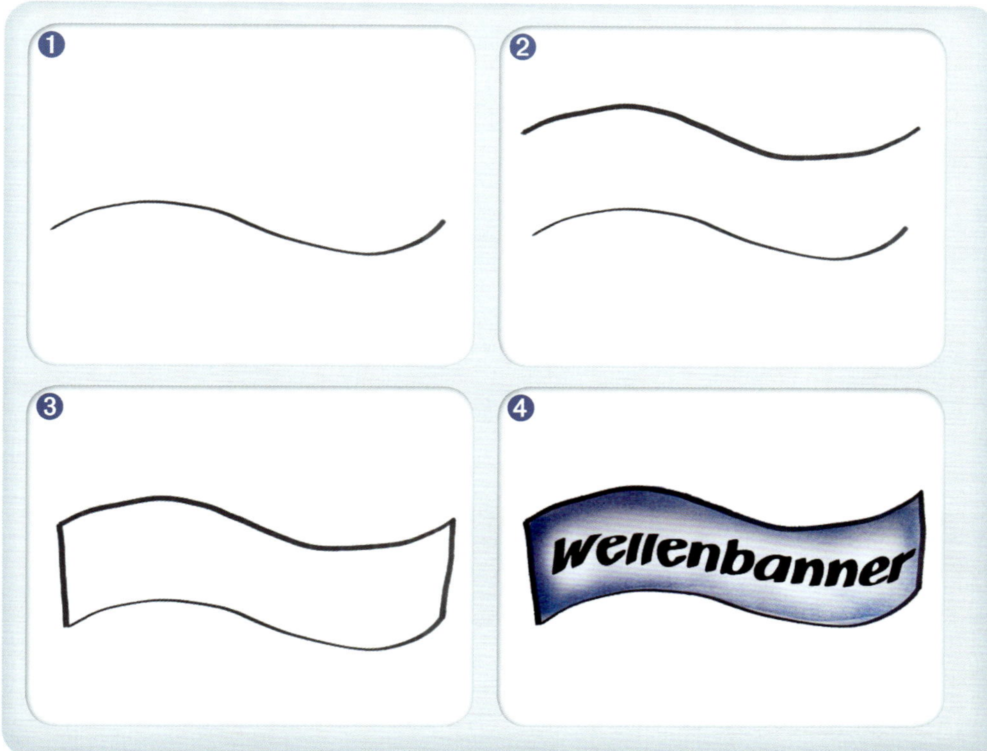
1
2
3
4
Wellenbanner

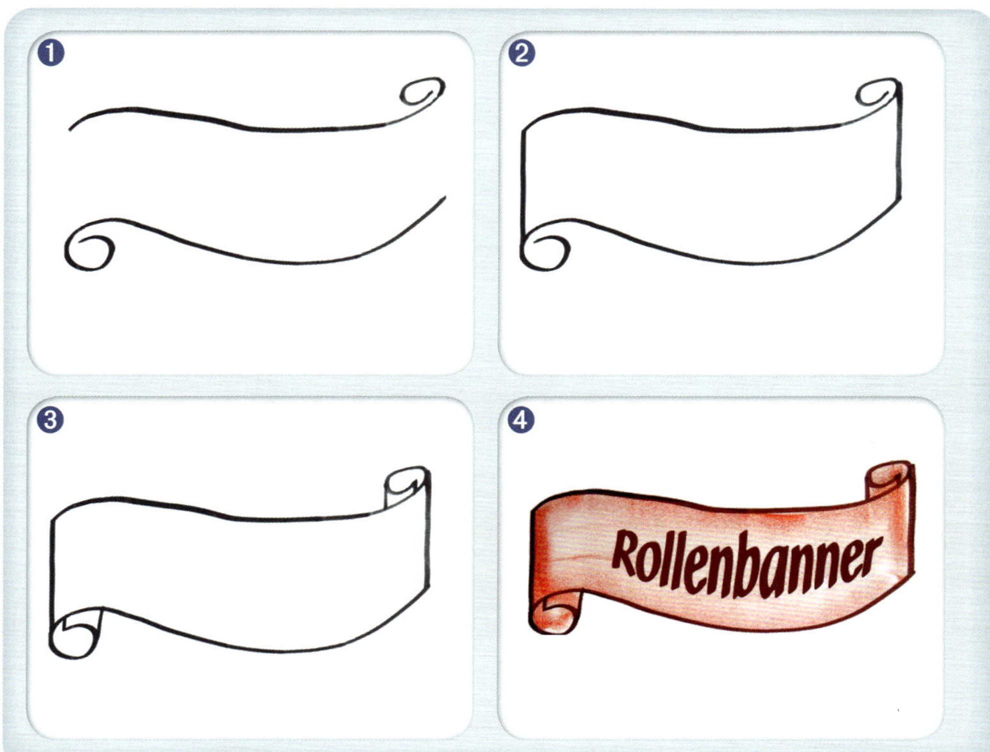
1
2
3
4
Rollenbanner

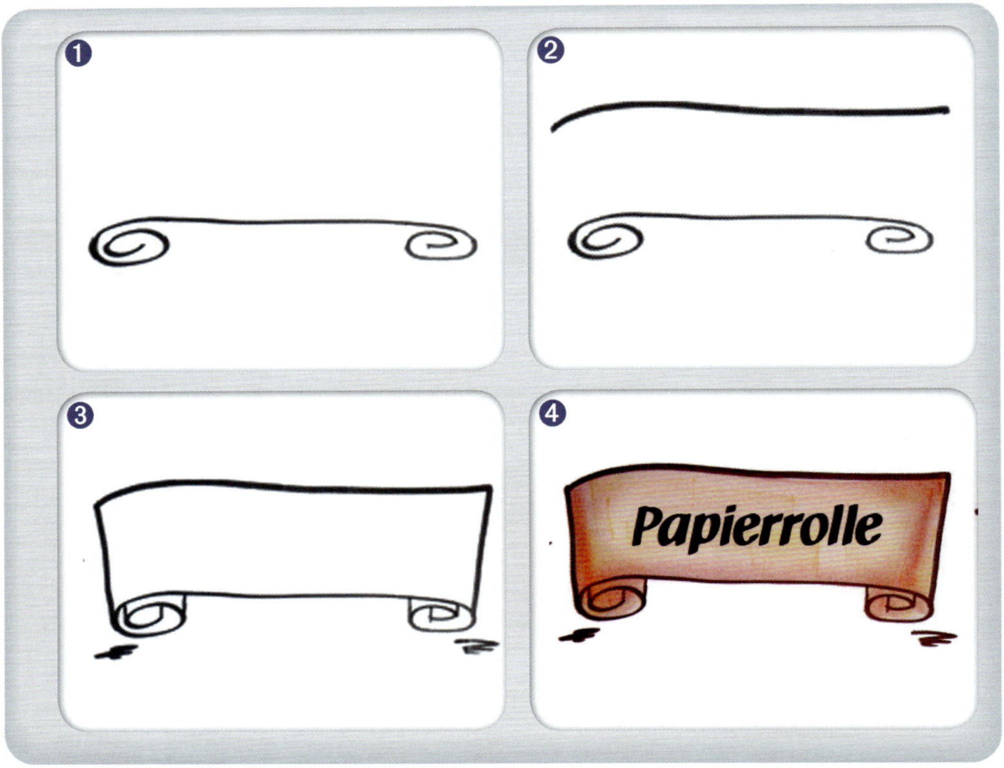
1
2
3
4
Papierrolle

1
2
3
4

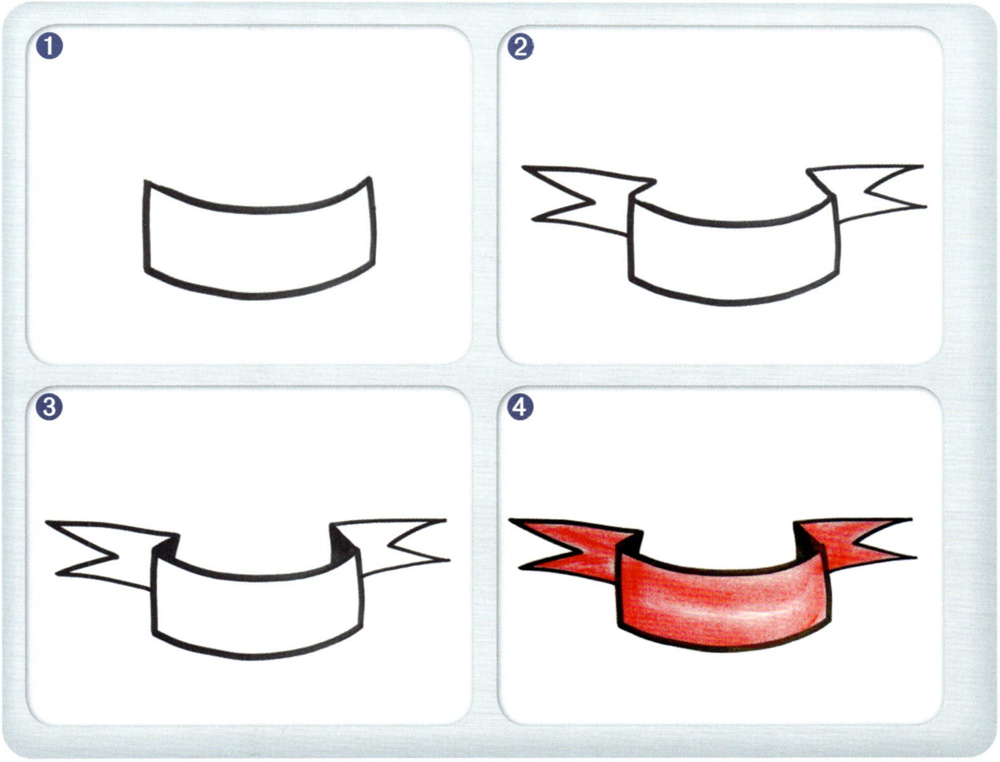
1
2
3
4

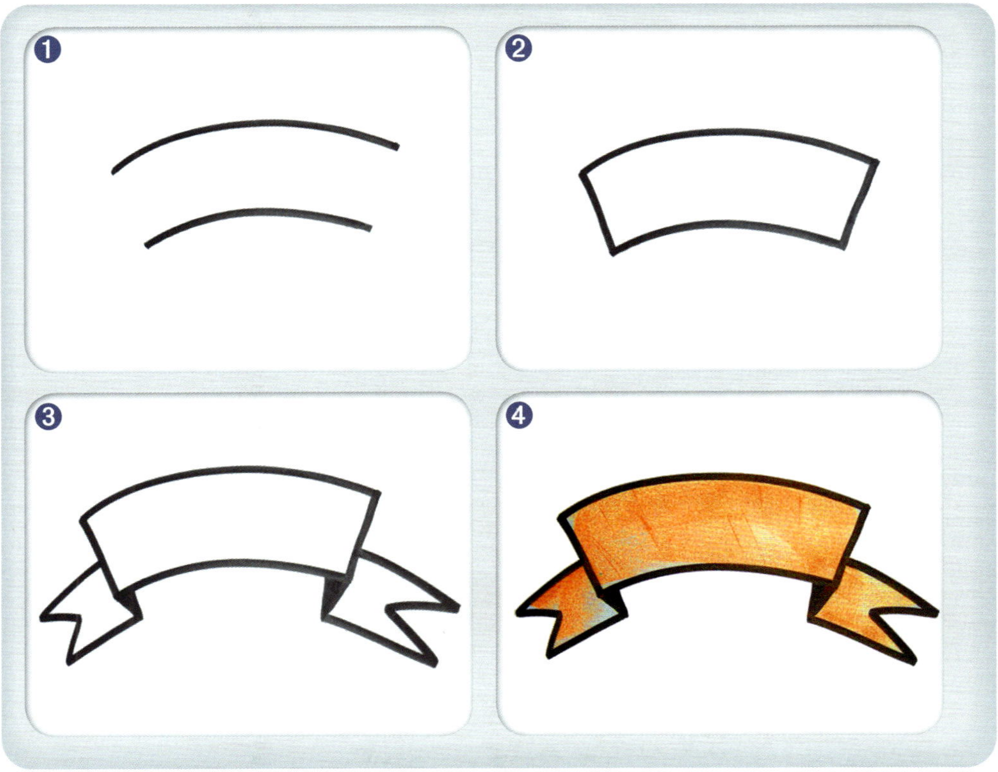
1
2
3
4

1
2
3
4

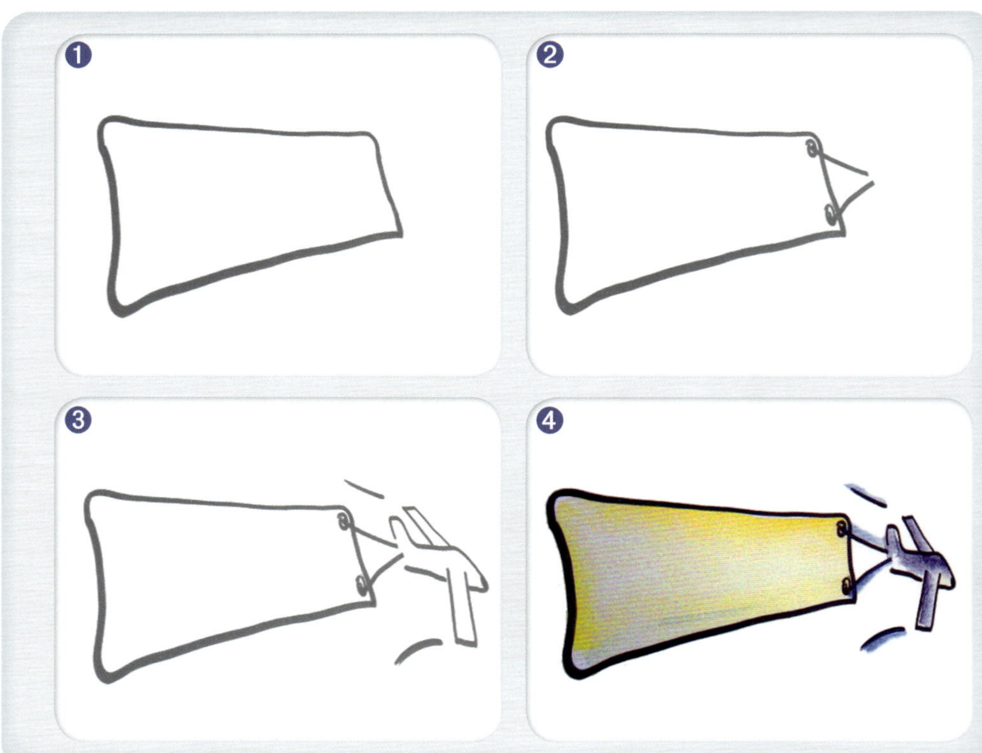
1
2
3
4

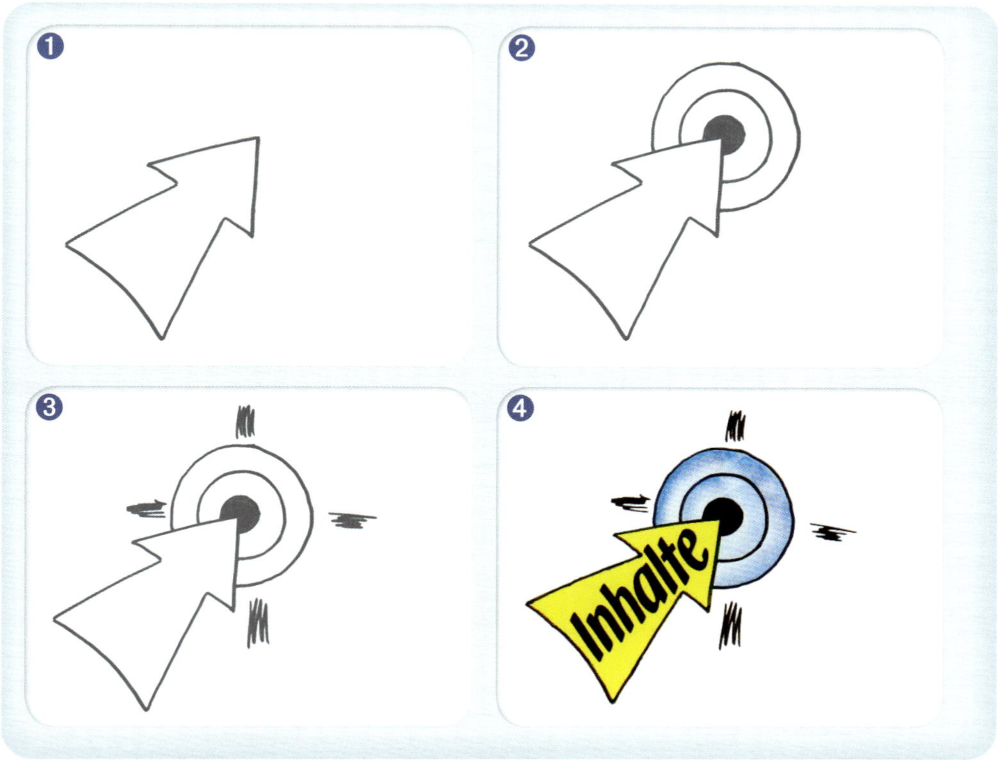
1
2
3
4
Inhalte

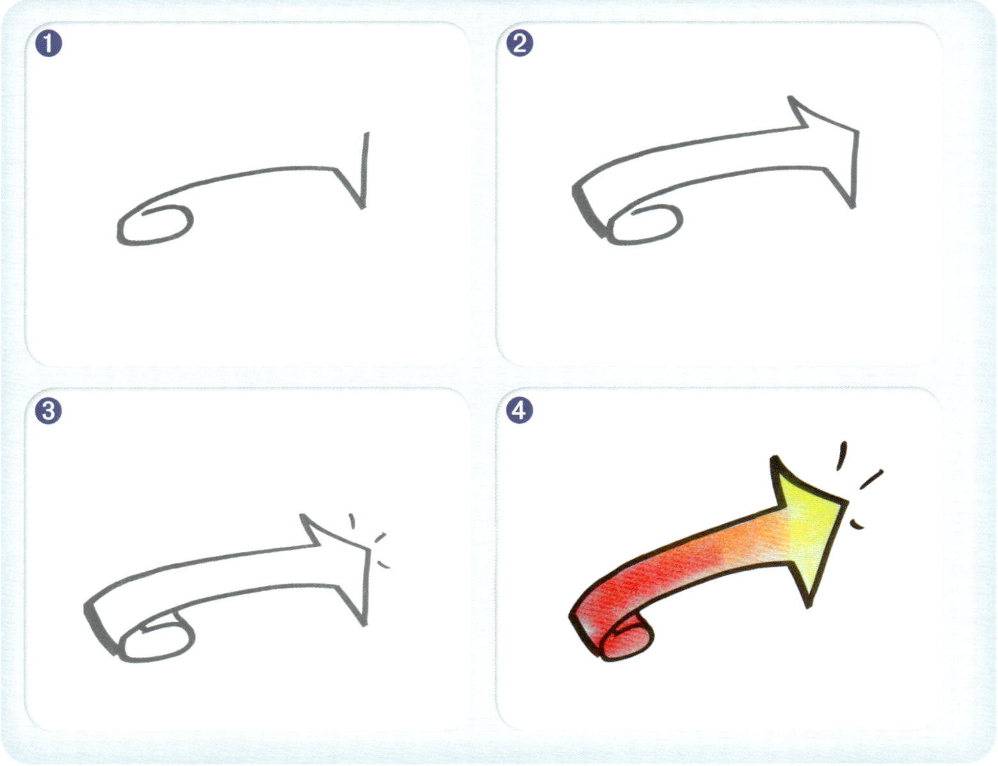
1
2
3
4

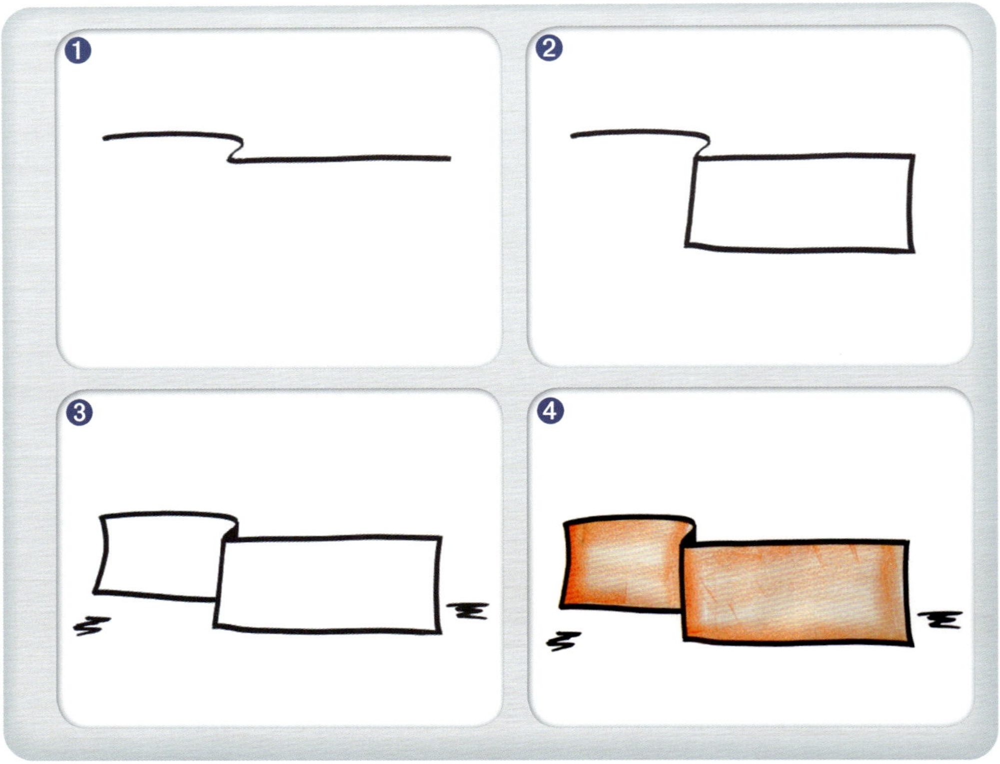
1
2
3
4

1
2
3
4
Idee

Figuren

Mit Figuren am Zeichenblatt werden Inhalte vermenschlicht und bringen zugleich eine persönliche Note zum Ausdruck. Allerdings stellt das viele von uns vor eine große Hürde: Gerade das zu zeichnen, was wir selbst sind, bringt einen hohen Perfektionsanspruch mit sich. Das Wichtigste beim Zeichnen von Figuren sind die richtigen Proportionen. Ein Verhältnis von eins zu sieben, Kopflänge zur gesamten Körperlänge: So präsentiert sich ein „korrekt" gewachsener Mensch. Models beispielsweise werden oft in einem Längenverhältnis von eins zu neun gezeichnet, um deren Körper lang und schlank wirken zu lassen.

Für unsere Figuren empfehle ich ein Verhältnis von eins zu fünf. Das bedeutet: Fünf mal die Kopflänge (Aufgepasst, der Kopf wird mitgezählt!) ergibt die optimale Gesamtlänge einer gezeichneten Figur. Beginnen Sie beim Zeichnen immer mit dem Kopf und dann ergibt sich daraus automatisch die richtige Größe ihrer Wunschfigur.

„Reduzieren statt konstruieren!" Diesen Grundsatz der visuellen Kommunikation wenden wir jetzt an und zeichnen die einfachsten aber auch wirkungsvollsten Figuren mit wenigen Strichen sekundenschnell.

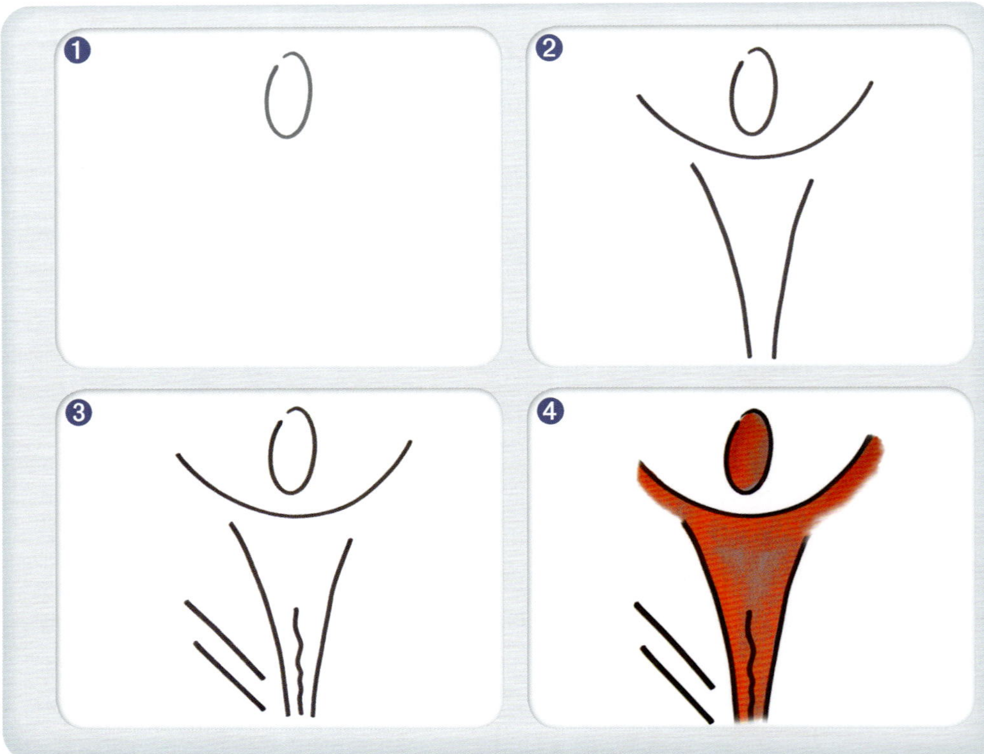
1
2
3
4

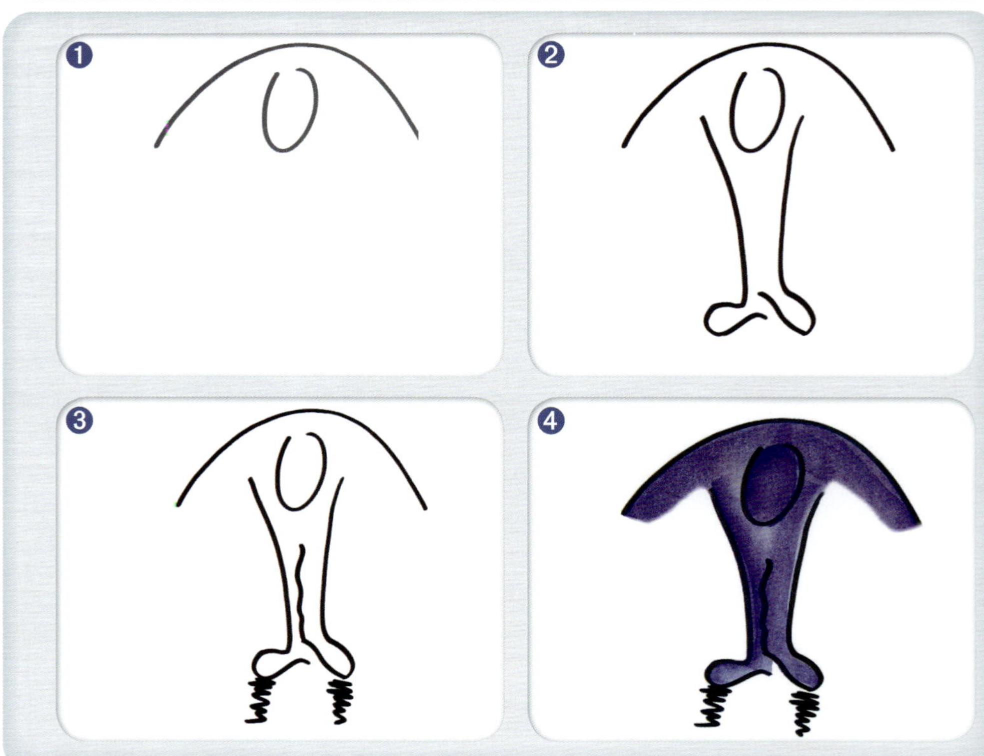
1
2
3
4

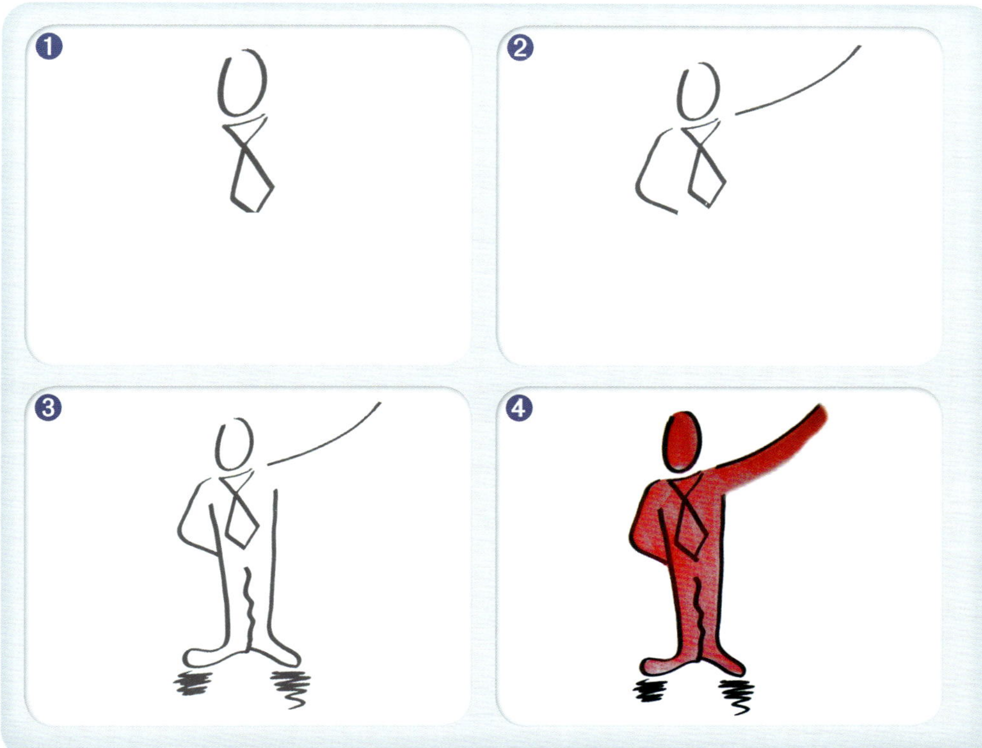
1
2
3
4

1
2
3
4

1
2
3
4

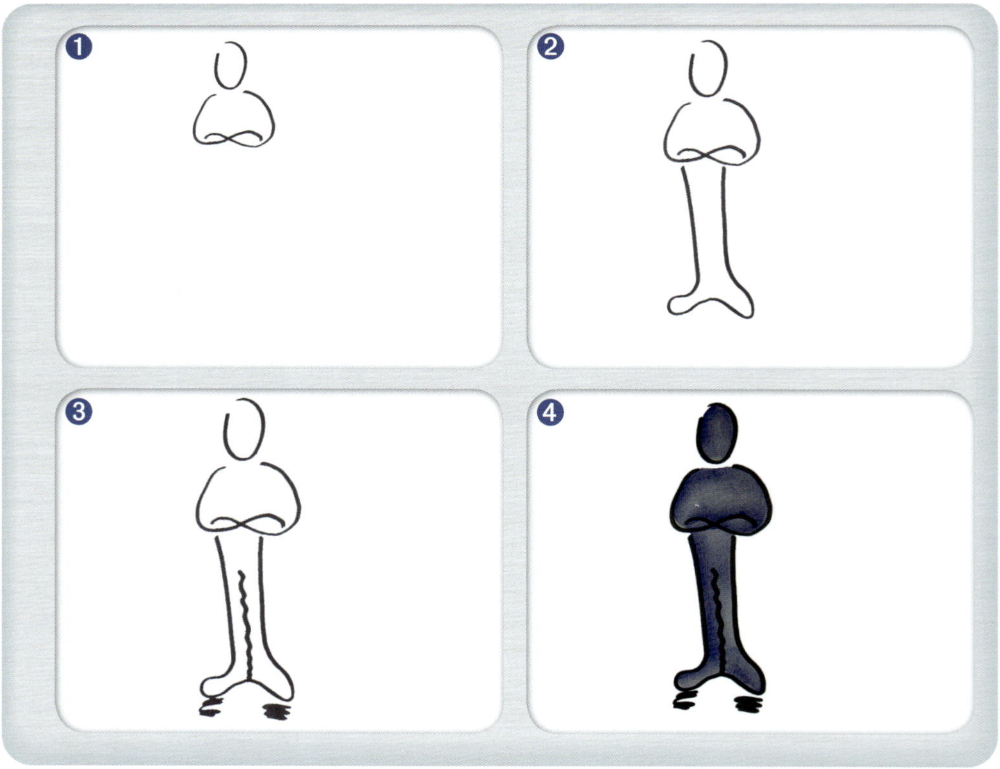
1
2
3
4

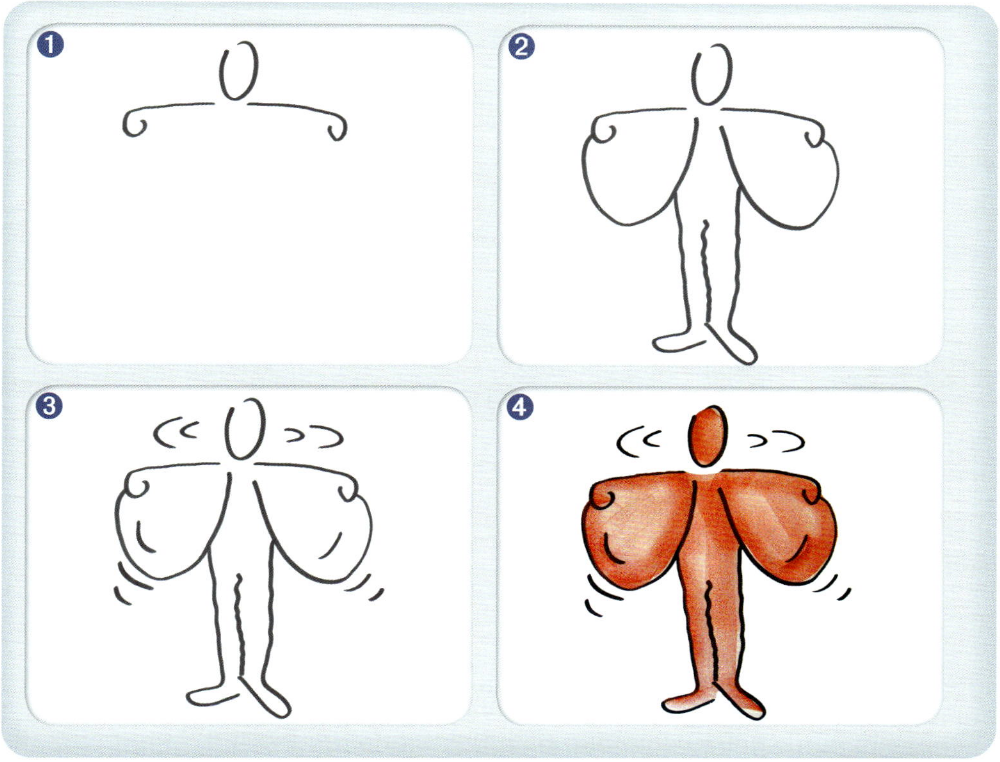
1
2
3
4

1
2
3
4

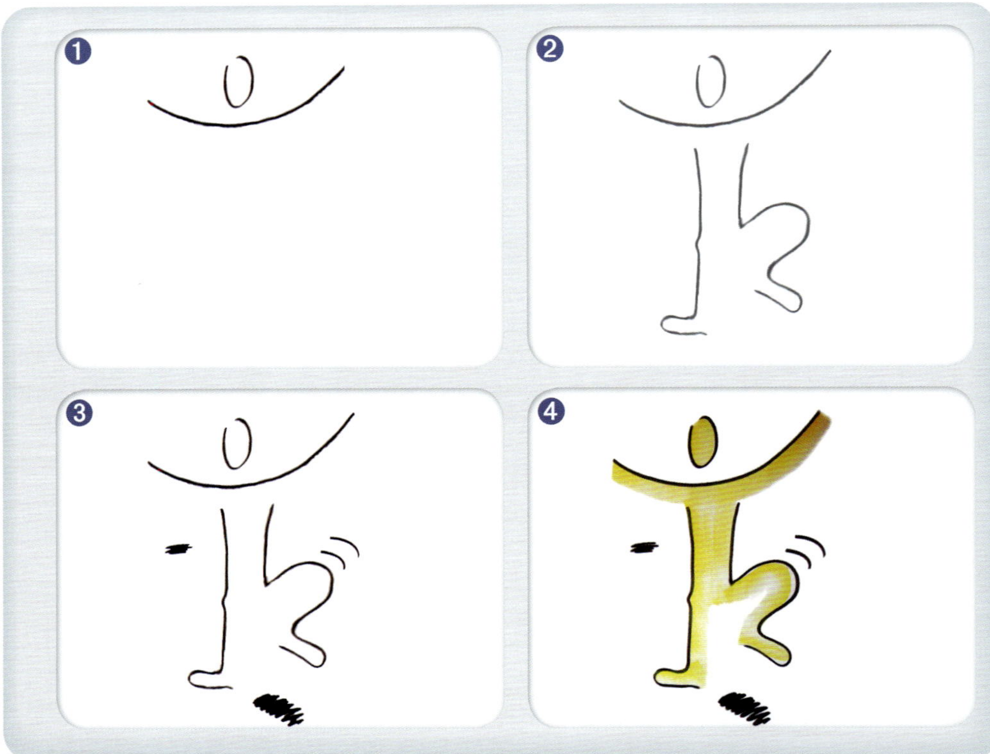
1
2
3
4

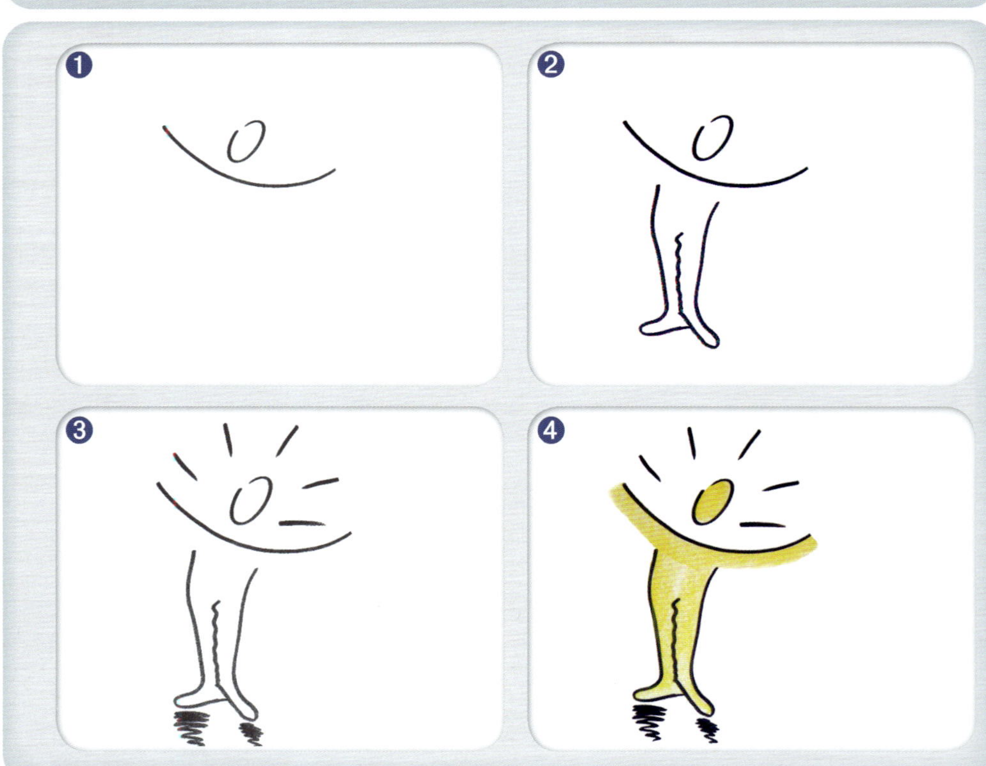
1
2
3
4

1
2
3
4

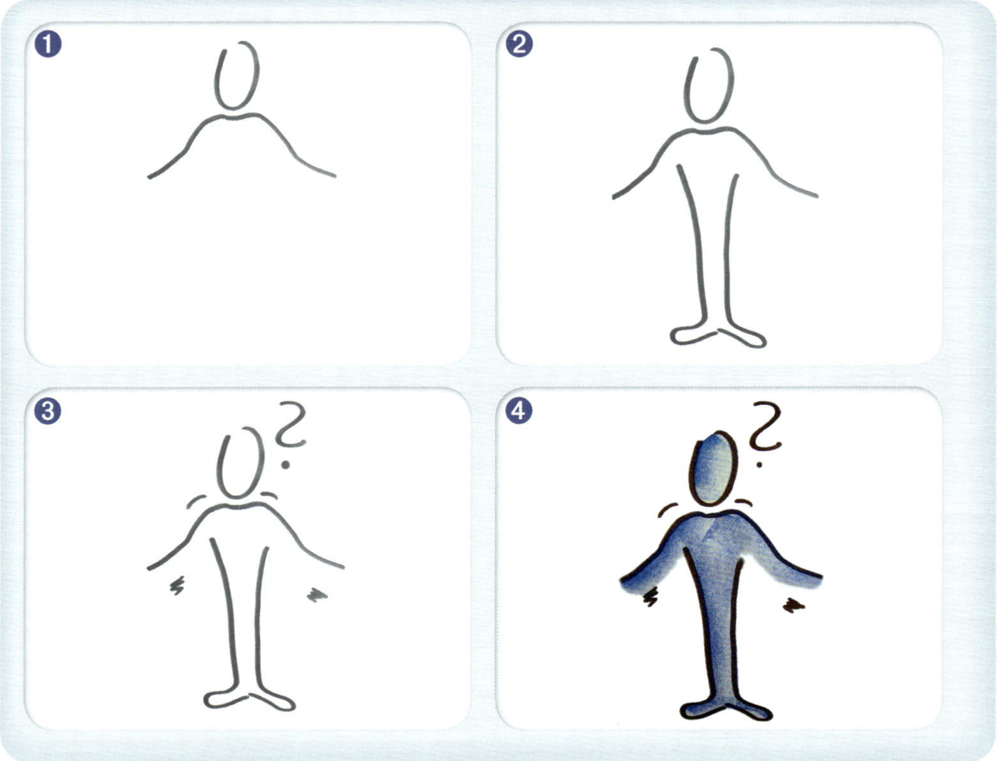
1
2
3
4

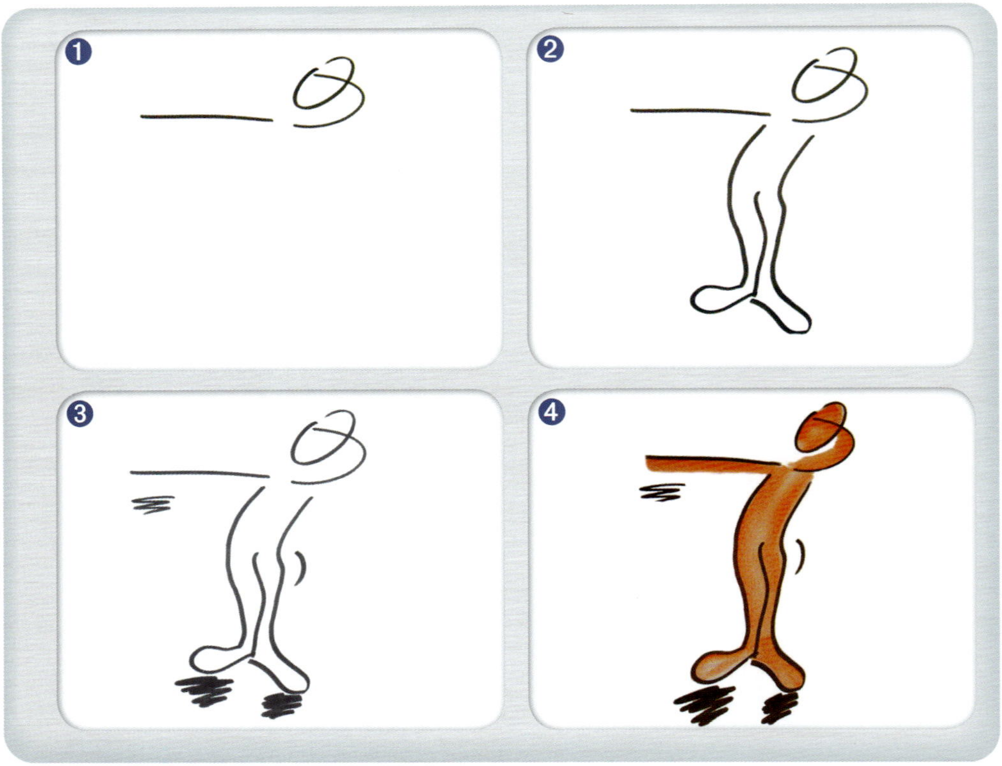
1
2
3
4

1
2
3
4

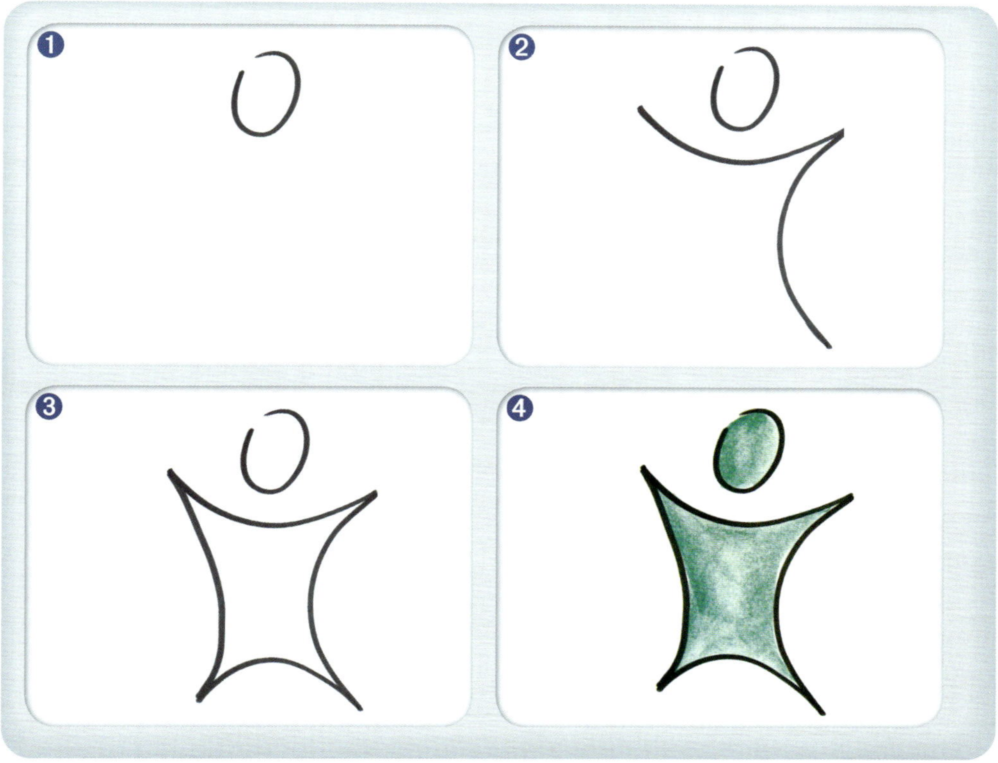
1
2
3
4

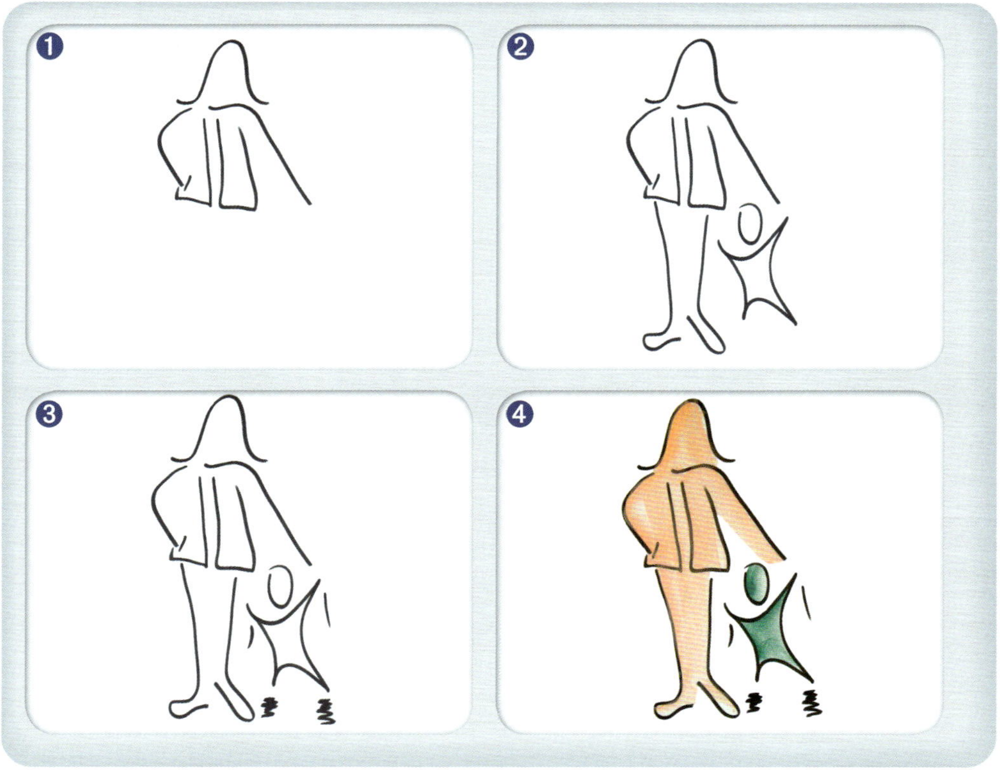
1
2
3
4

1
2
3
4

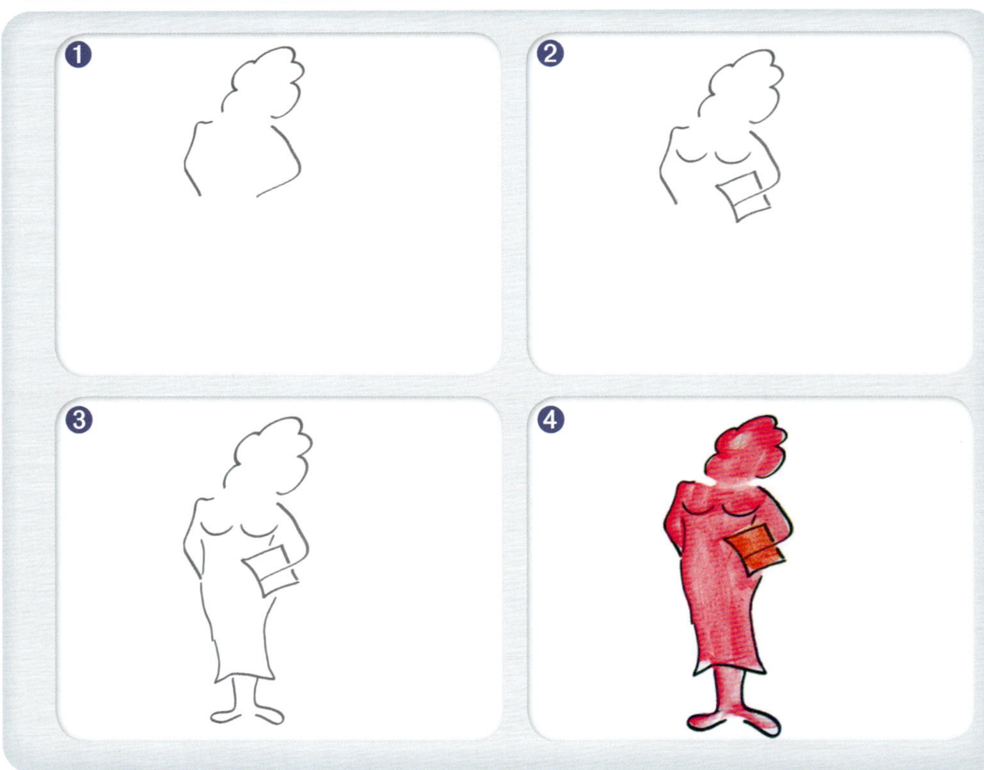
1
2
3
4

1
2
3
4

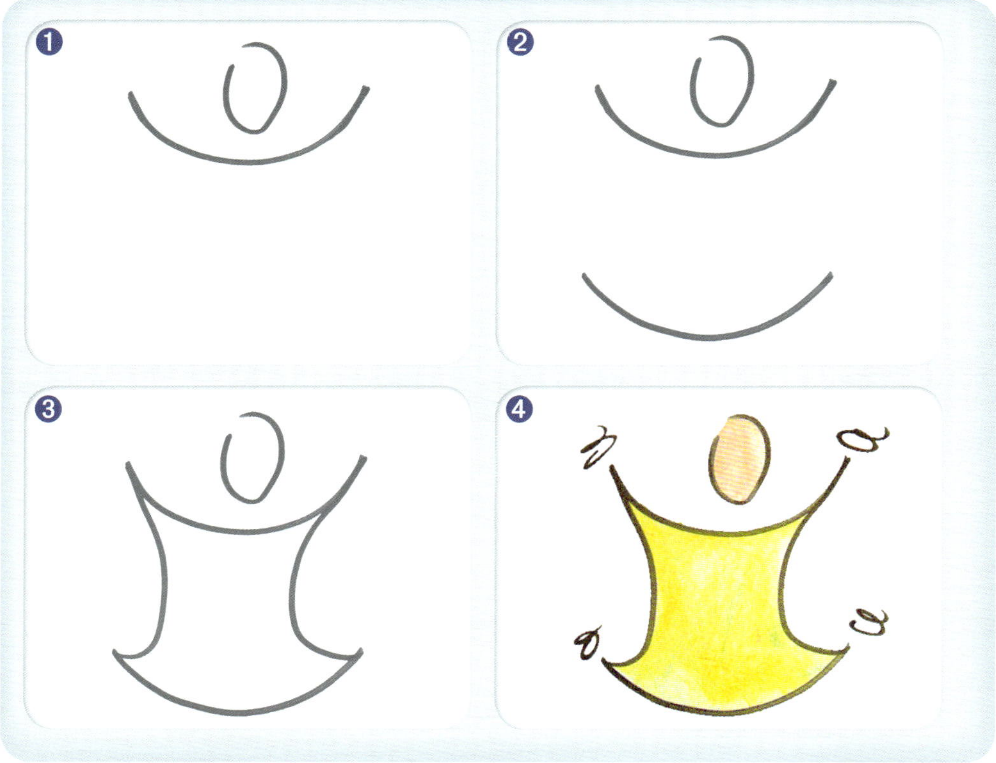
1
2
3
4

Gruppe und Team

Der zeichnerische Unterschied liegt in der unterschiedlichen geometrischen Form. Eine Gruppe stellt sich als Rechtecksform dar, ein Team hingegen als Kreis. Daher werden Figuren, oder wenn es schnell gehen muss, Köpfe mit Körperansatz, in einer gedachten Rechtecks- oder Kreisformation dargestellt.

So lassen sich auf einfache Weise Projektgruppen von Projektteams klar zeichnerisch unterscheiden. Für die perfektionistisch ambitionierten Zeichner/-innen noch ein Tipp zur Farbgestaltung:

Die Grundfarbe einer Gruppe ist Blau, jene eines Teams Orange. Natürlich lassen sich auch andere Farben zur besseren visuellen Kommunikation einsetzen, um eine spezifische Bedeutung plakativer auszudrücken.

Zum Beispiel wirkt die Farbe Gelb (Erfolg) gut für ein Siegerteam, Grün für eine kreative Gruppe, Violett für ein Führungsteam oder Dunkelblau für eine Runde von Fachexperten/Fachexpertinnen.

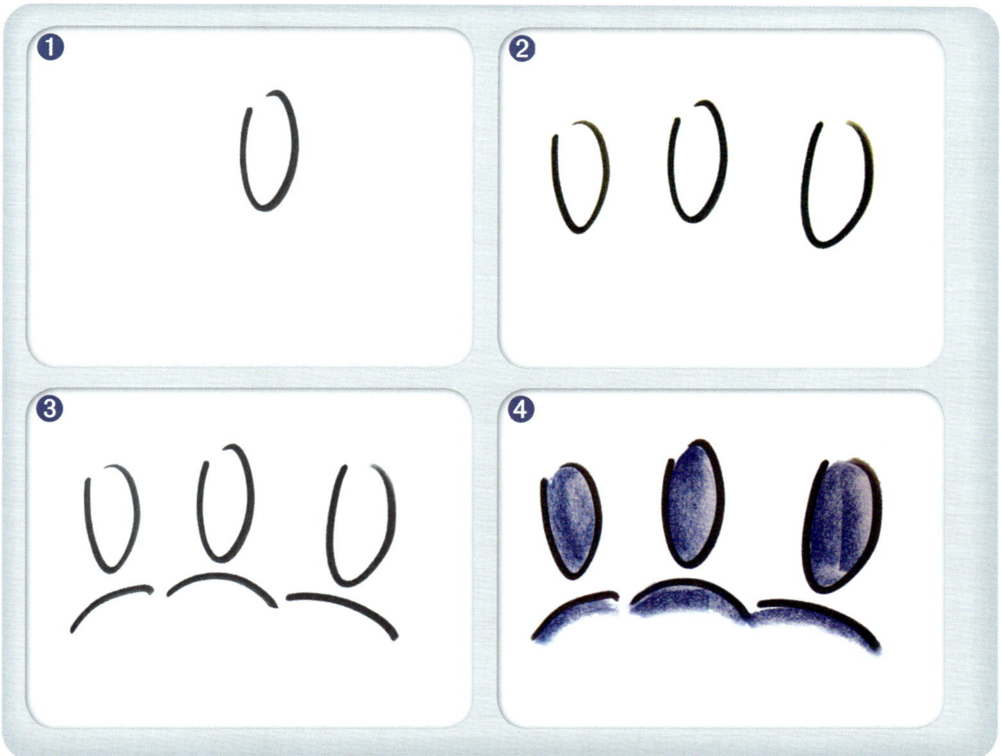
1
2
3
4

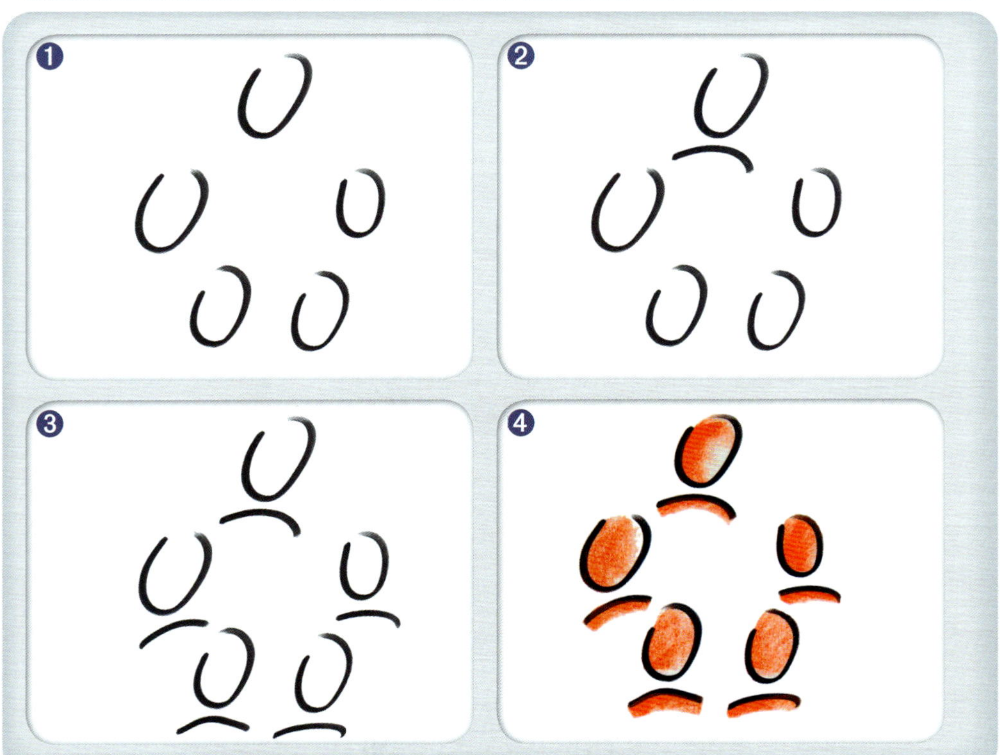
1
2
3
4

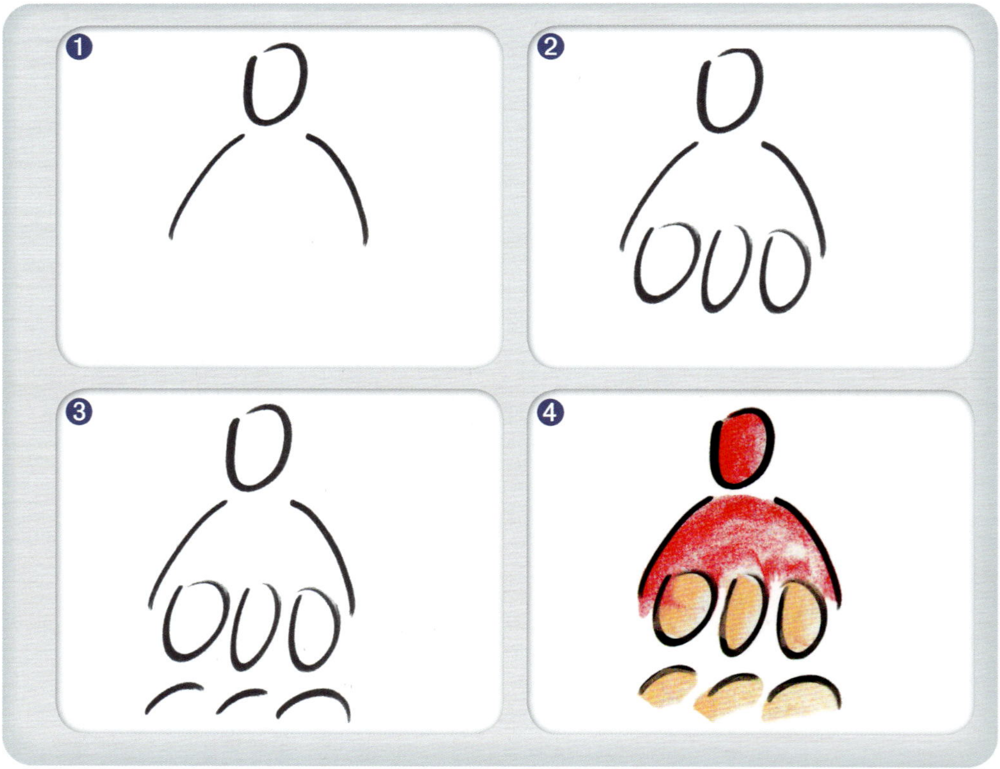

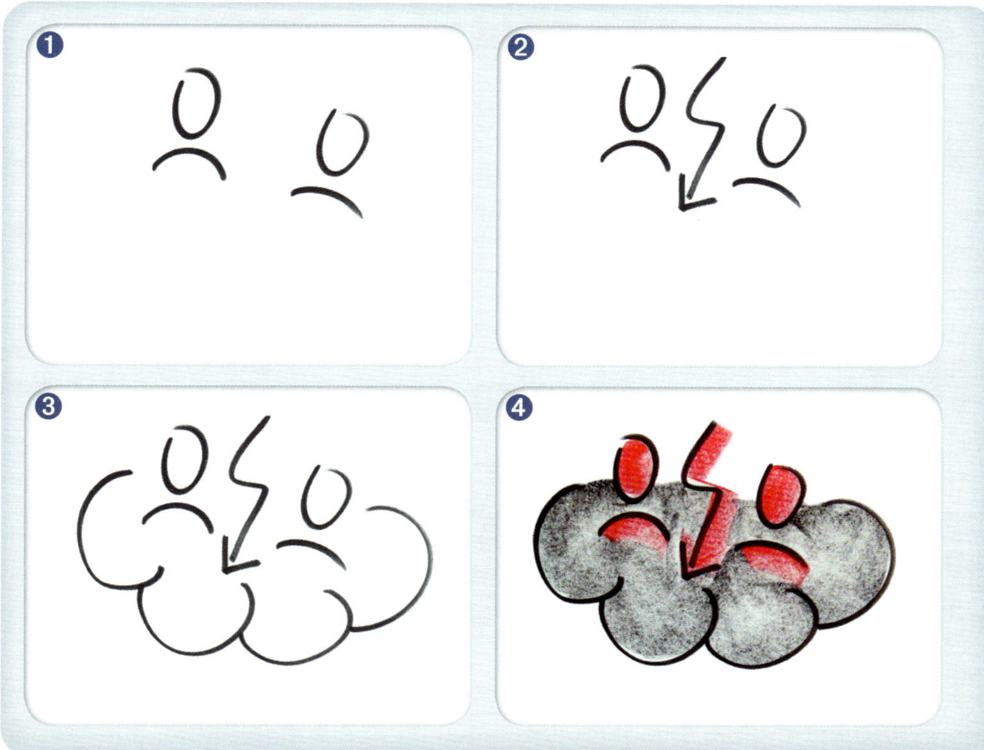
1
2
3
4

1
2
3
4

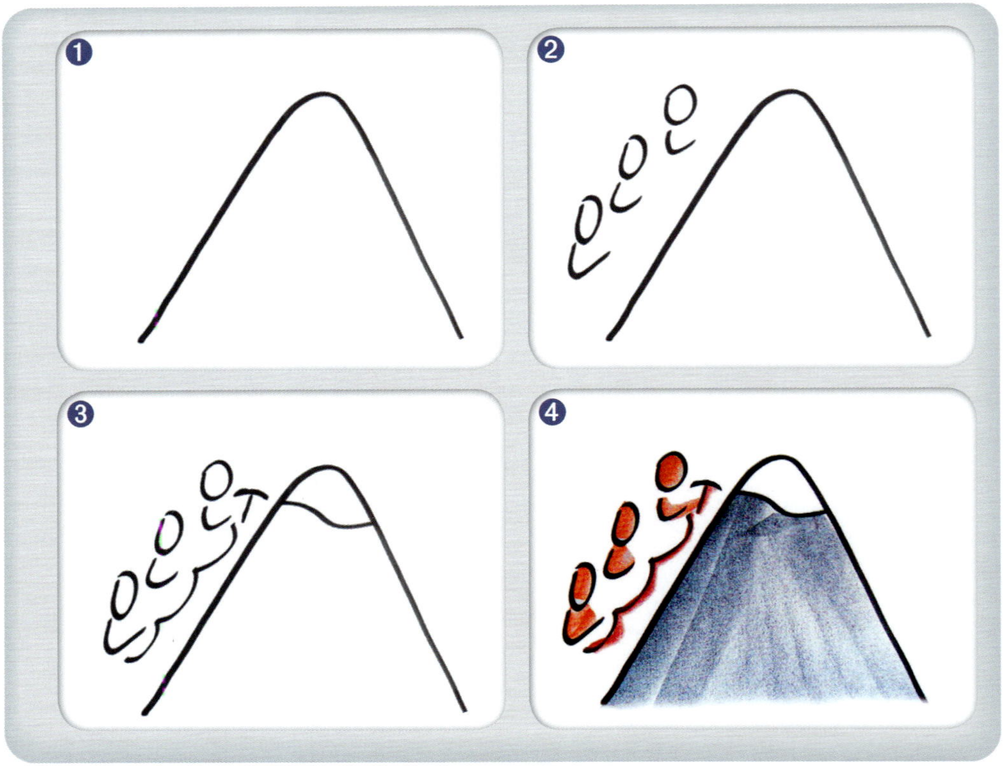

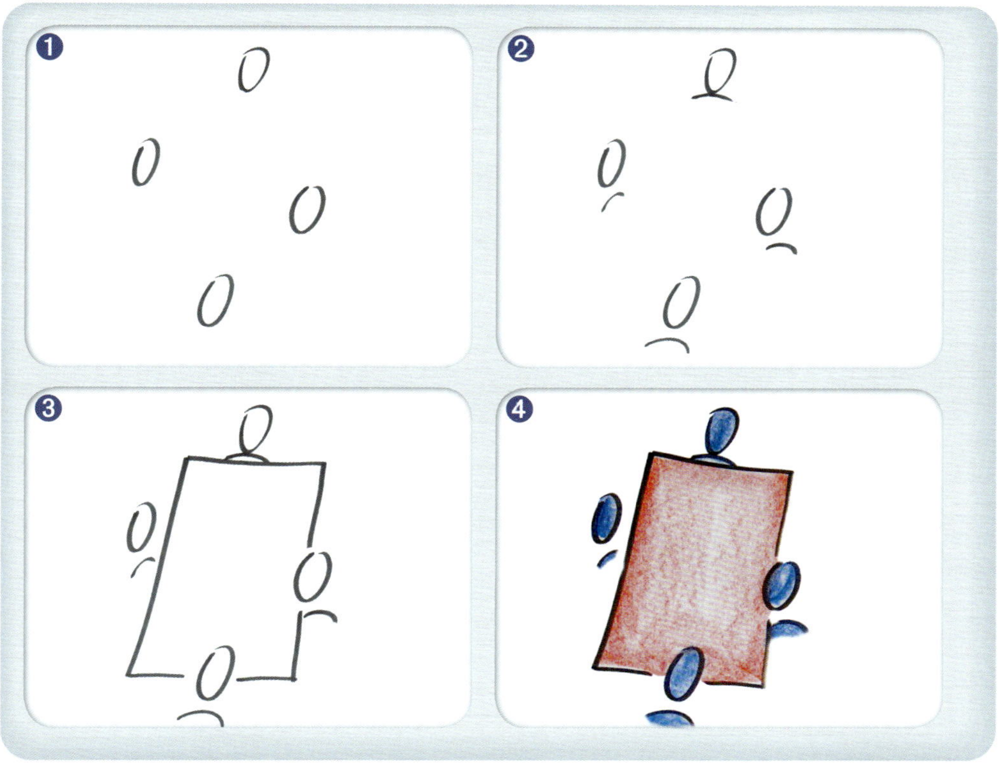
1
2
3
4

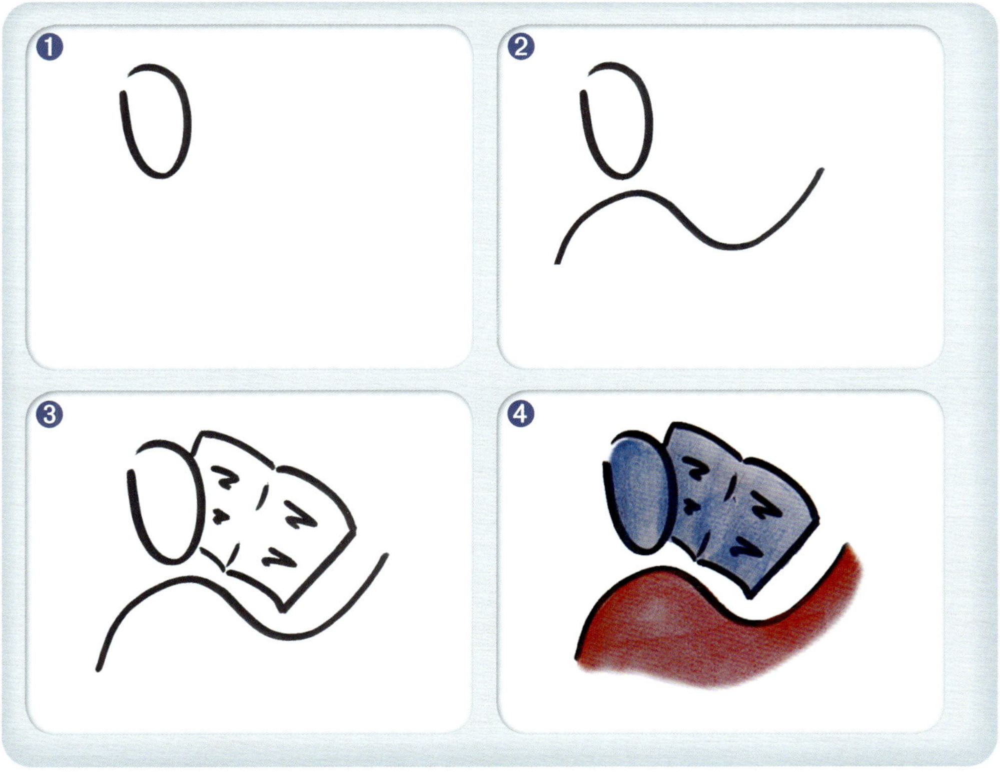
1
2
3
4

1
2
3
4

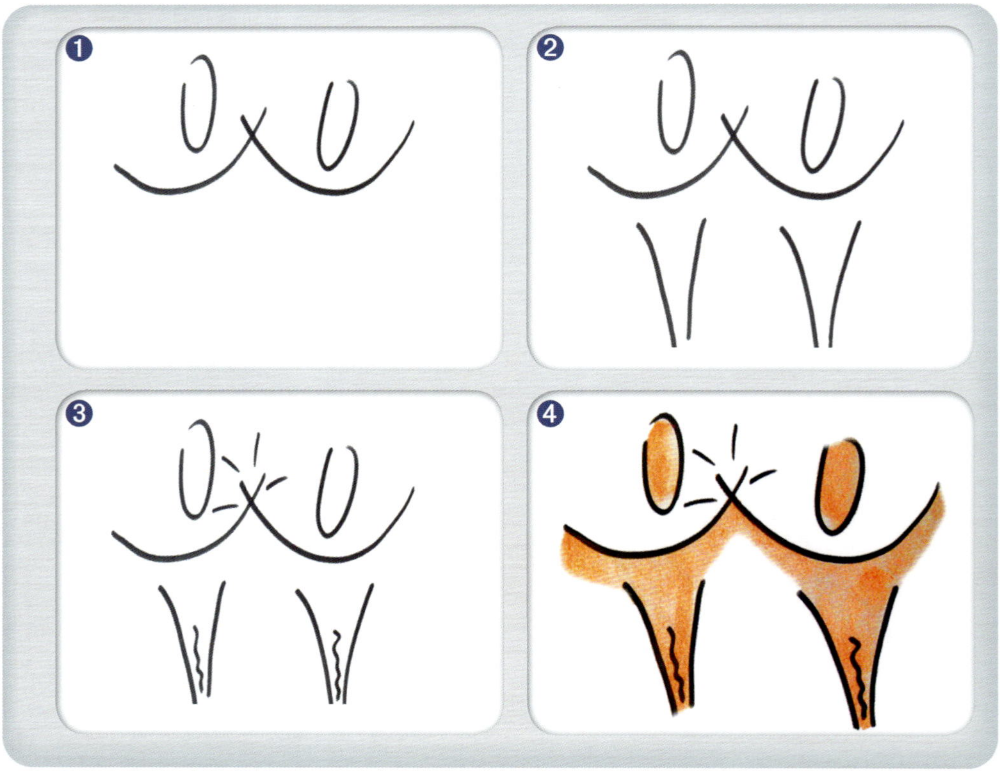
1
2
3
4

1
2
3
4

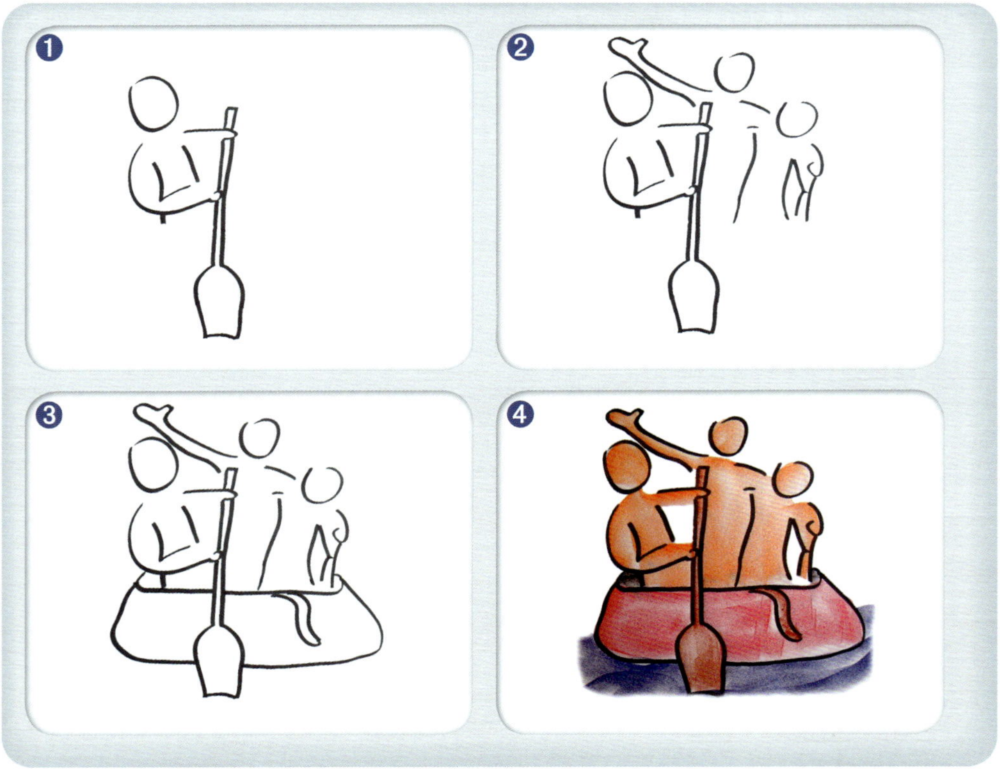
1
2
3
4

Gesichter

Cartoongesichter dürfen auch in unserer Symbolsammlung nicht fehlen. Da ja bekanntlich nicht immer alles so lustig ist, wie man meint, zeichnen wir jetzt auf einfache Art und Weise unterschiedliche Formen von Emotionen.

Ich beschränke mich – bei aller Vielfalt dessen, was unsere Gesichtsmuskeln zu leisten imstande sind – in diesem Kapitel auf die Darstellung der wichtigsten Gefühle (Wut, Freude, Trauer, Ekel, ...).

Die Reihenfolge beim Zeichnen ist immer: Nase – Augen – Mund.

Mit diesen drei Elementen lassen sich eine Vielzahl von mimischen Ausdrucksformen darstellen. Ob in weiterer Folge als äußere Umrandung eine Gesichtsform verwendet wird oder ein anderes Symbol (Kreis als typisches Smiley, lachendes Buch, weinendes Telefon oder misstrauischer Computer), das ist je nach Anforderung oder Geschmack Ihnen überlassen. Achten Sie bei den nun folgenden Darstellungen vor allem auf die unterschiedlichen Mundformen und auf die Augen einschließlich der Augenbrauen.

1
5
2
6
3
7
4
8

1
2
3
4
5
6
7
8

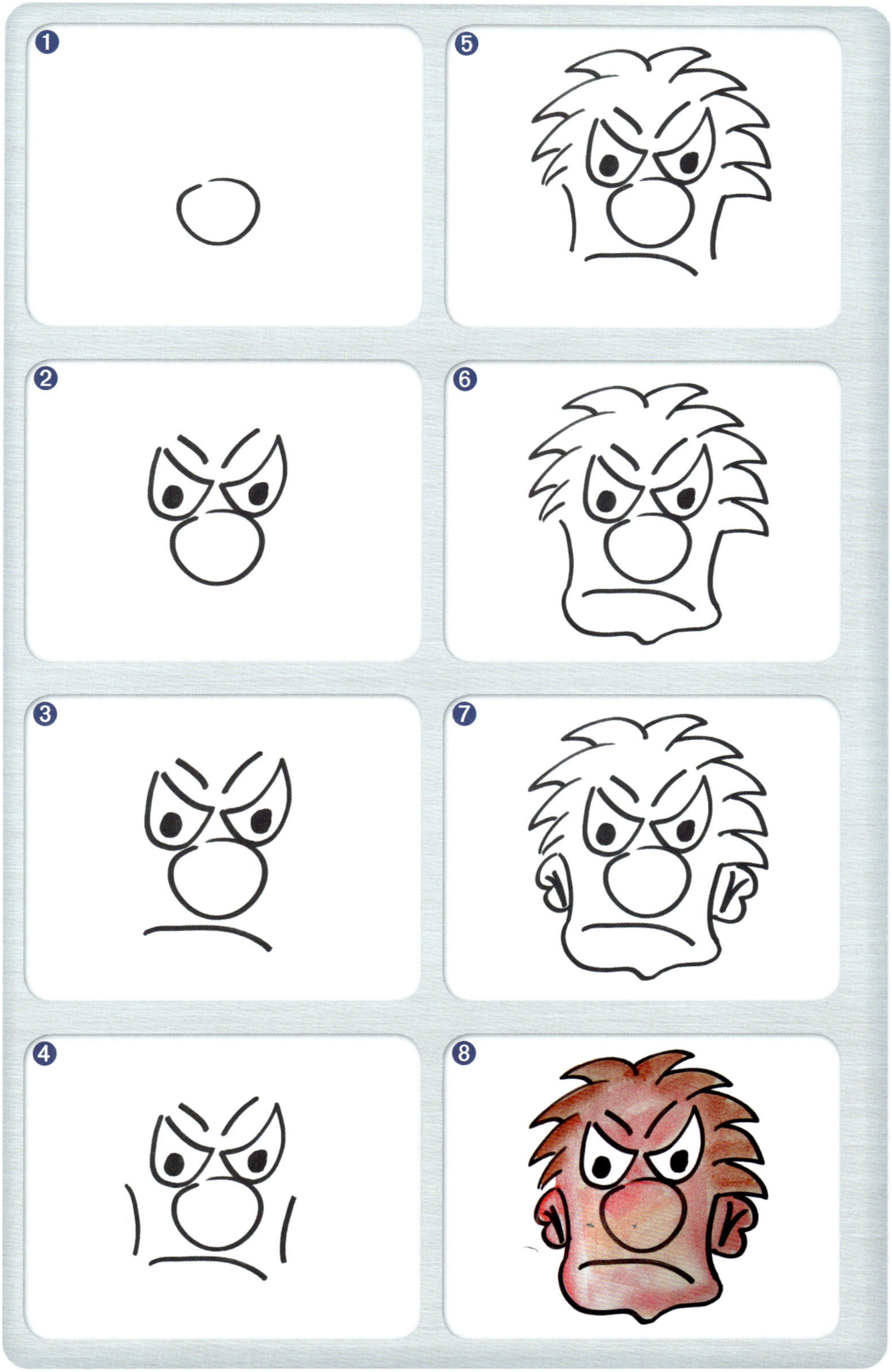
1
5
2
6
3
7
4
8

1
5
2
6
3
7
4
8

1
2
3
4
5
6
7
8

1
2
3
4
5
6
7
8

1
5
2
6
3
7
4
8

1
2
3
4
5
6
7
8

1
2
3
4
5
6
7
8

1
2
3
4
5
6
7
8

1
2
3
4
5
6
7
8

Gebäude

Gebäudeformen lassen sich ausgezeichnet für plakative Darstellungen einsetzen. Ob Familienwohnhaus, Reihenhaussiedlung, Wolkenkratzer oder Produktionshalle, die Grundregeln sind dieselben:

1) Beginnen Sie beim Zeichnen immer bei der Gebäudekontur. Anhand der äußeren Form lassen sich bereits viele unterschiedliche Gebäudetypen darstellen.

2) Gerade gezeichnete Außenwände erzeugen einen eher statischen Ausdruck, geschwungene Wände hingegen einen dynamischen. So visualisiert man veränderungsresistente und stabile Einheiten, wie beispielsweise ein Einfamilienhaus oder eine Kirche mit geraden Strichen, veränderungsbereite Unternehmen mit schwungvollen Konturen.

3) Bei Firmengebäuden lassen Logos oder Produktkennzeichen klare Unterscheidungsmerkmale zu. Integrieren Sie diese Symbole in die Gebäudeform als Werbetafel oder Firmenschild.

4) Unterschiedliche Fensterkonturen bewirken zusätzlich kreative und wirkungsvolle Visualisierungen.

5) Verwenden Sie für perfekte Darstellungen die Originalfarben des Gebäudes oder auch eines Logos.

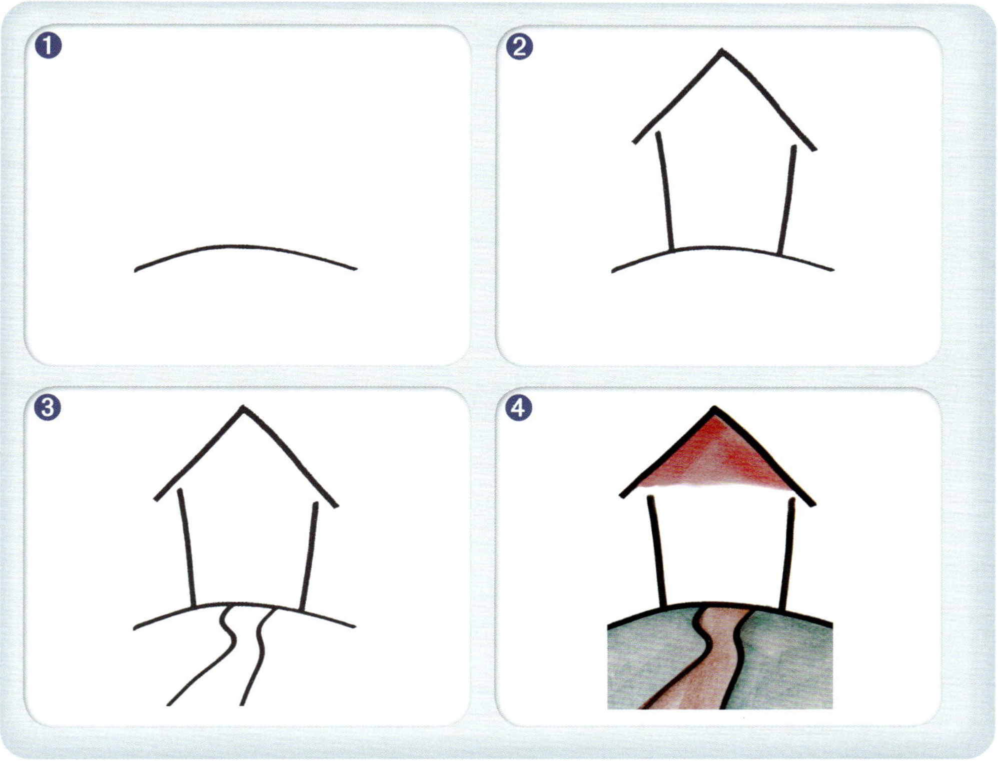
1
2
3
4

1
2
3
4

1
2
3
4

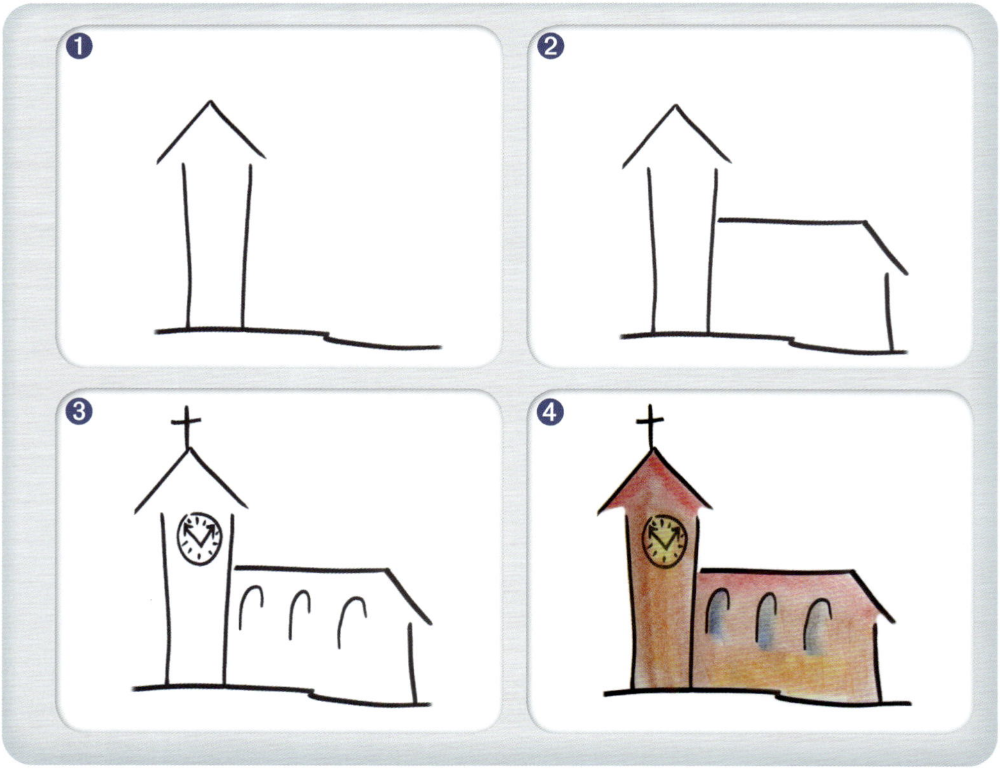
1
2
3
4

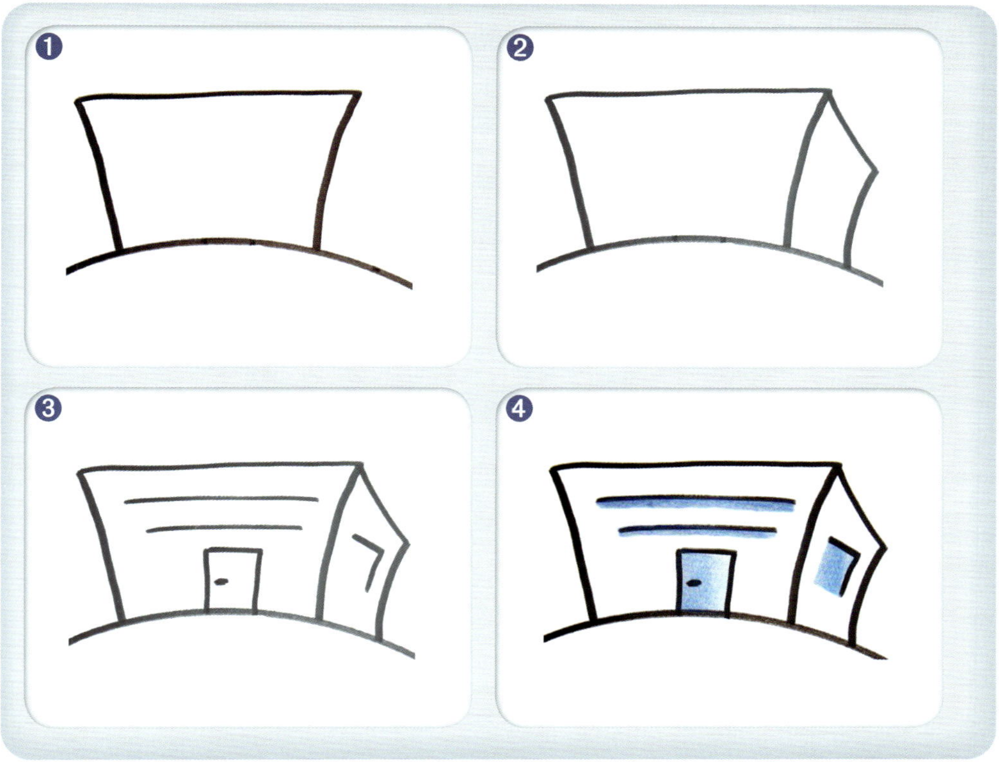

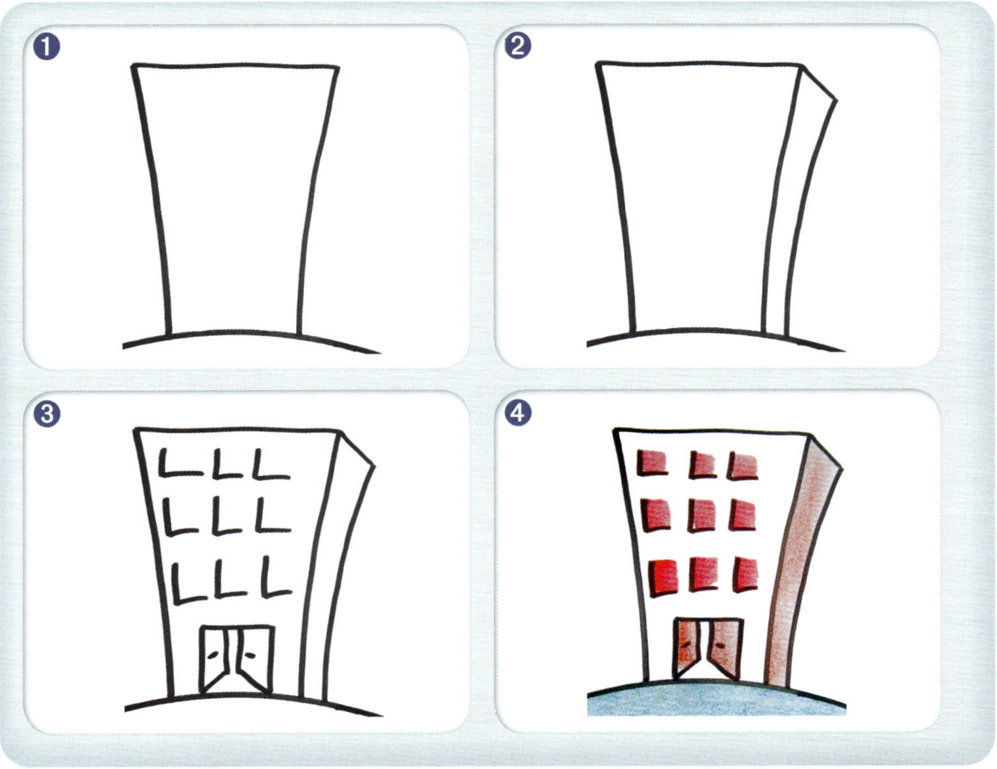

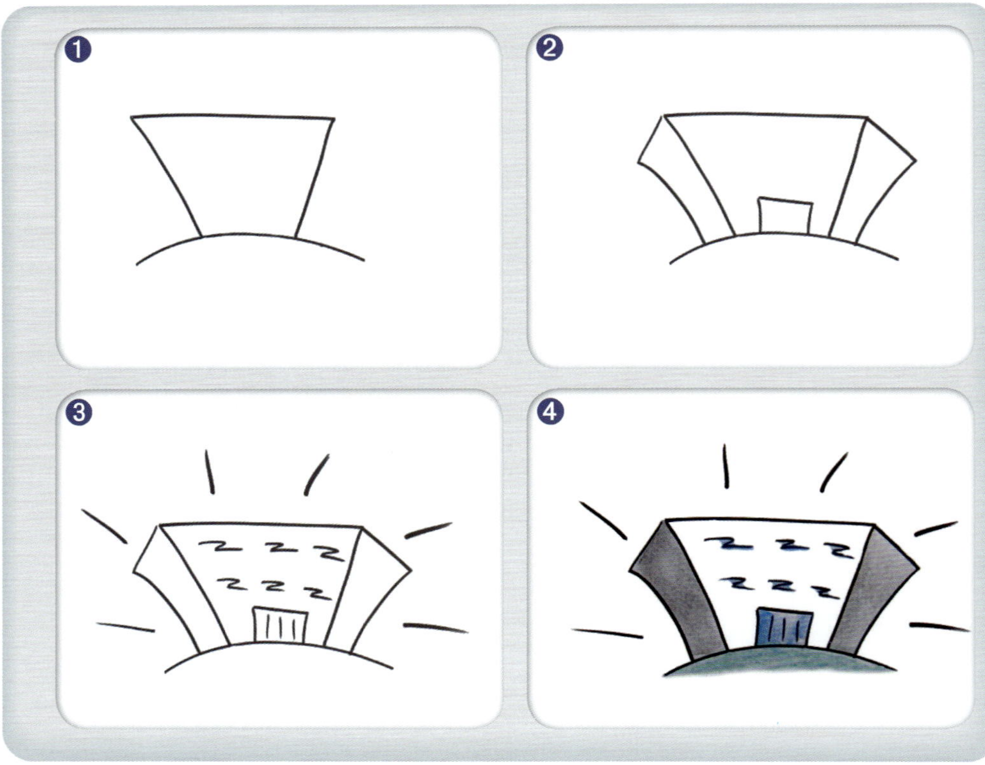

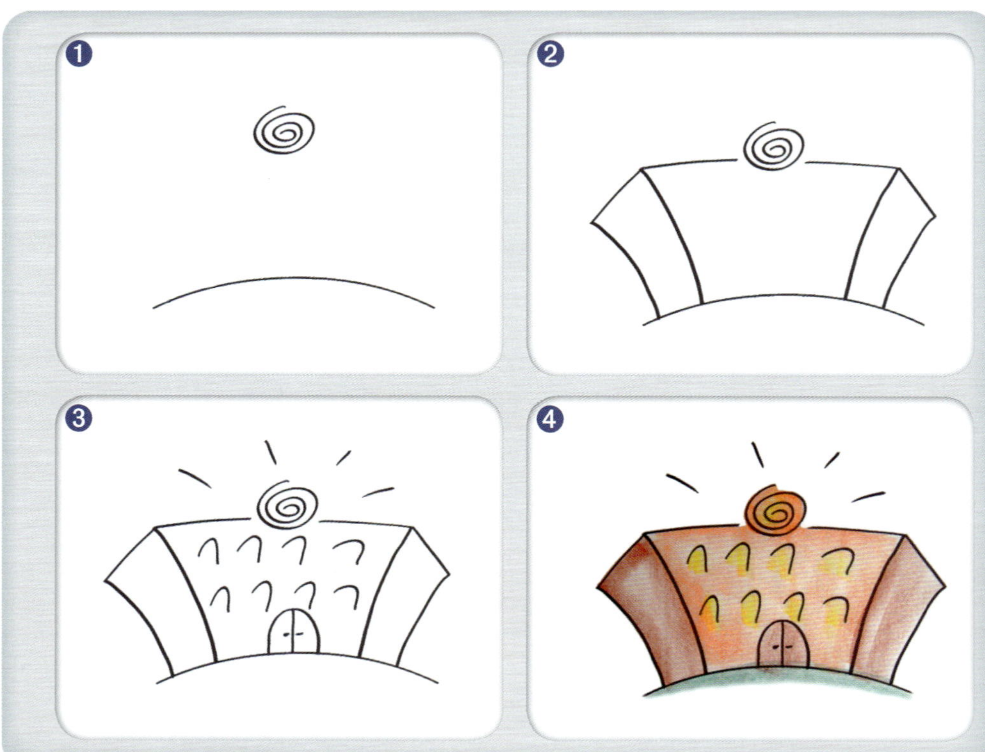

1
2
3
4

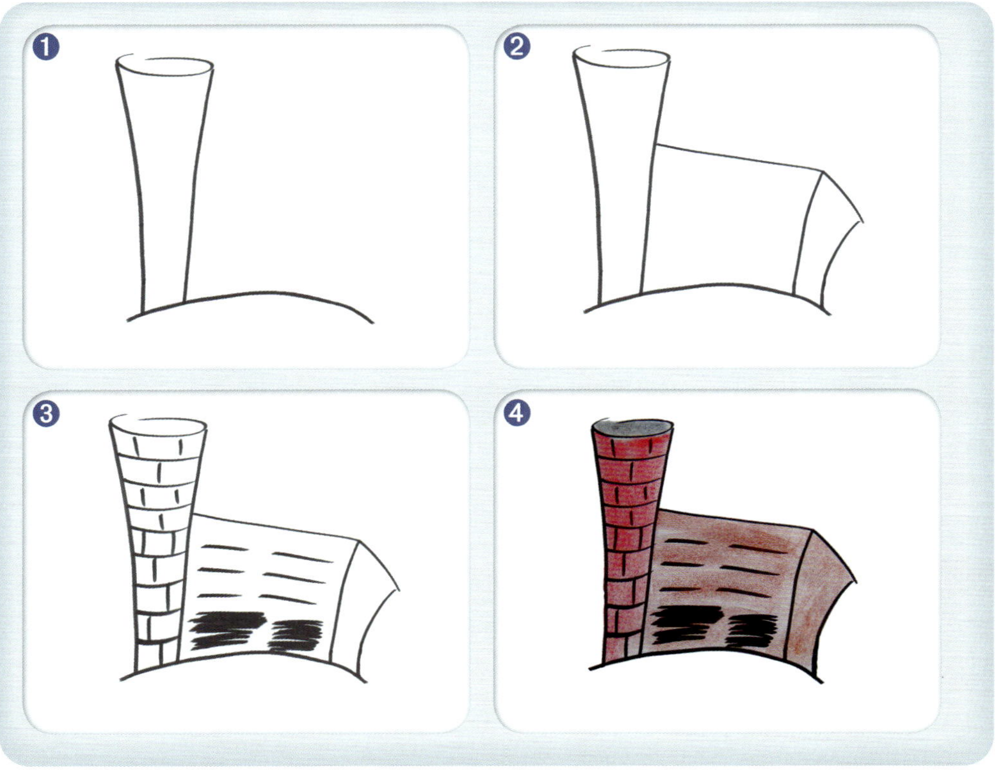
1
2
3
4

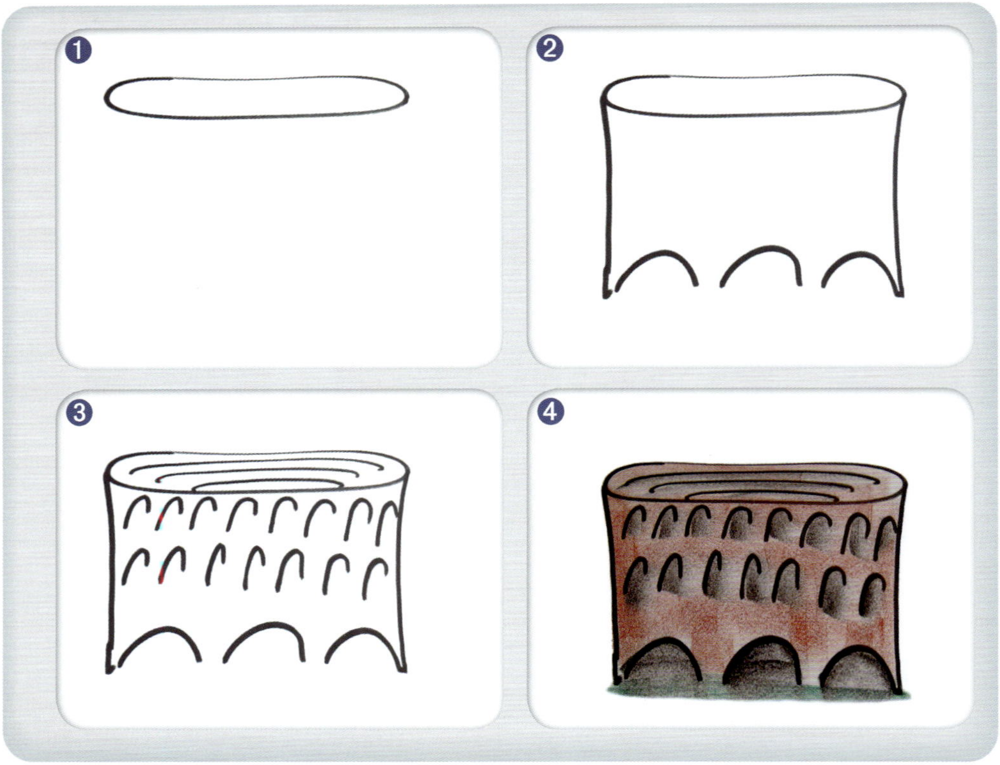
1
2
3
4

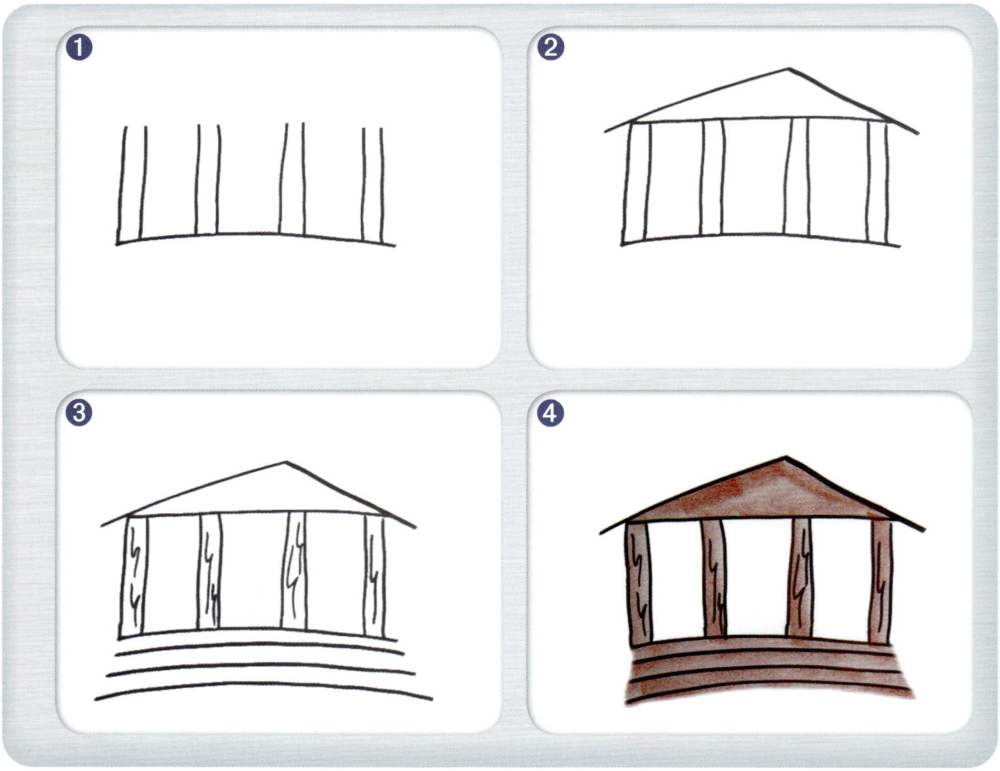
1
2
3
4

1
2
3
4

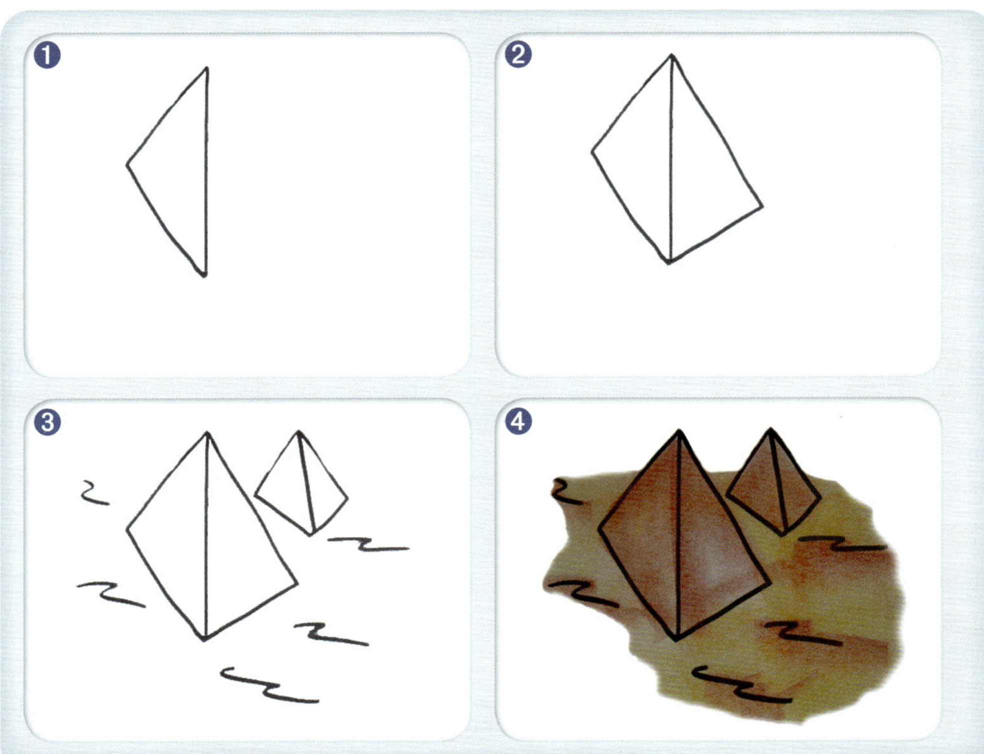
1
2
3
4

Kommunikation und Medien

Der Kommunikationsbegriff ist in den letzten Jahrzehnten so umfassend geworden, dass die gesamte Bandbreite vom Informationsaustausch bis hin zur Signalübertragung damit beschrieben werden kann. Verbindet man die Begrifflichkeit der Kommunikation mit der Vielfalt von Medien, gelangt man direkt zu den Themen Journalismus, Zeitung, Werbung, Internet, Online-Marketing, Präsentationstechnik etc.

Durch die sich daraus ergebende Vielzahl an Visualisierungsmöglichkeiten kann es allerdings wiederum zu Kommunikationsproblemen kommen und es schließt sich der Kommunikationskreislauf im sozialen Handeln, nämlich der Lösung von Kommunikationsproblemen.

Die Vielseitigkeit der Kommunikationsarten und Medien gibt uns im Zusammenhang mit der visuellen Kommunikation aber auch die Chance, viele unterschiedliche Symbole zeichnerisch miteinander zu verknüpfen. Figuren mit Handy oder Laptop sind ebenso aussagekräftig wie ein Computer mit Globus oder eine Leinwand.

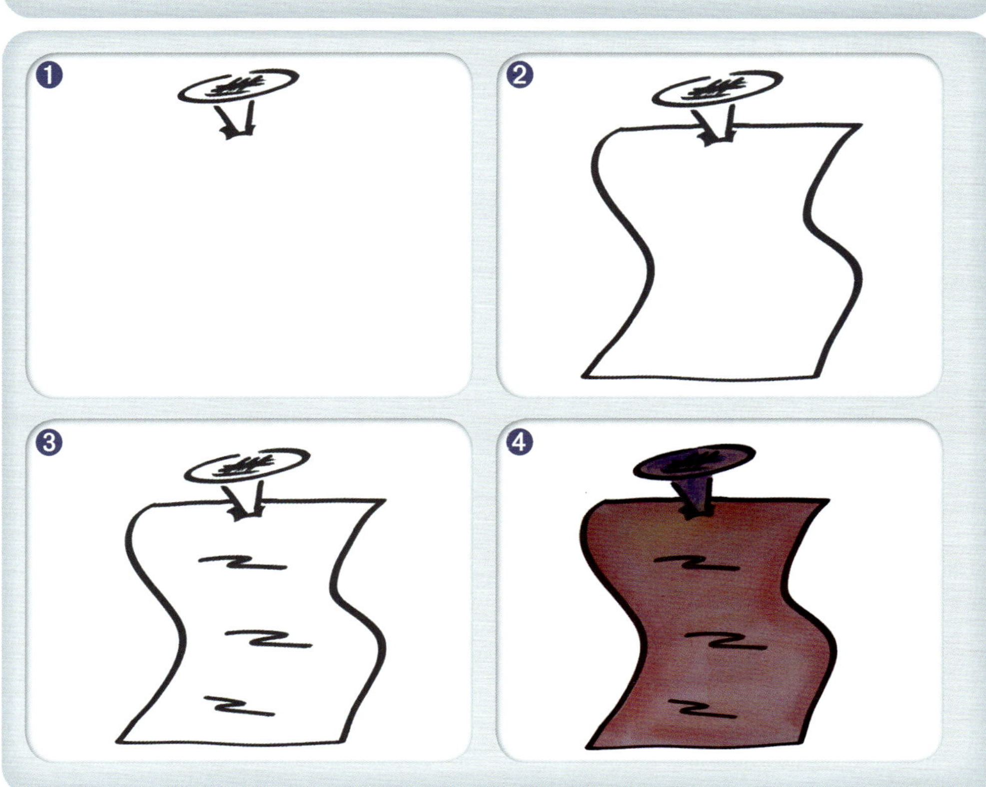
1
2
3
4

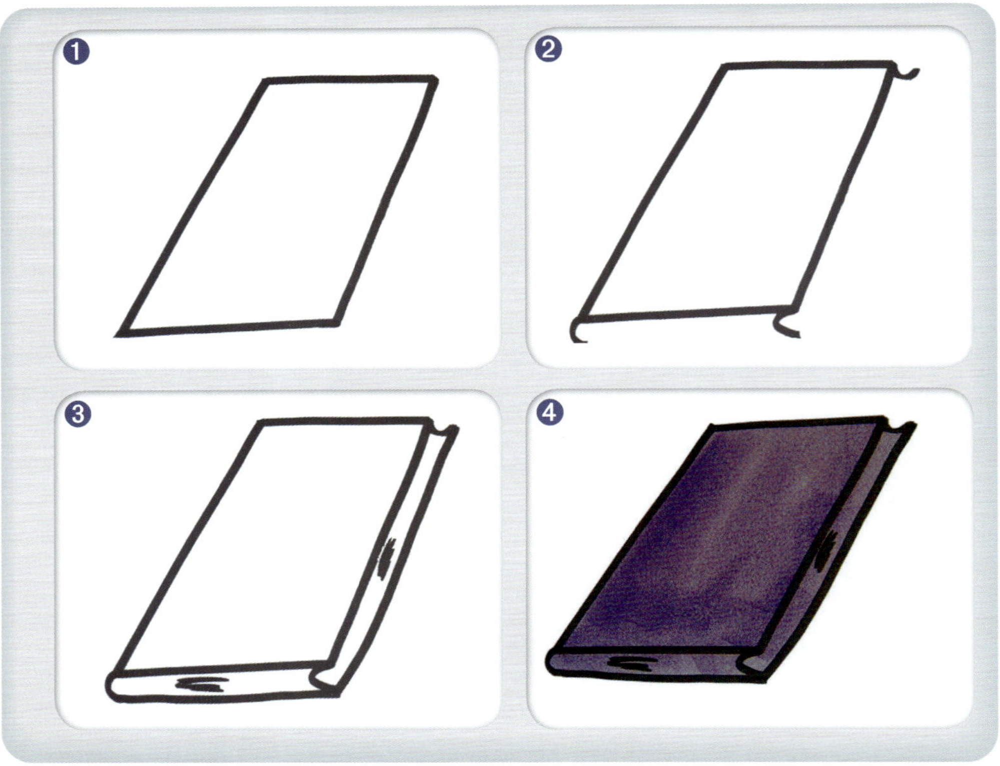
1
2
3
4

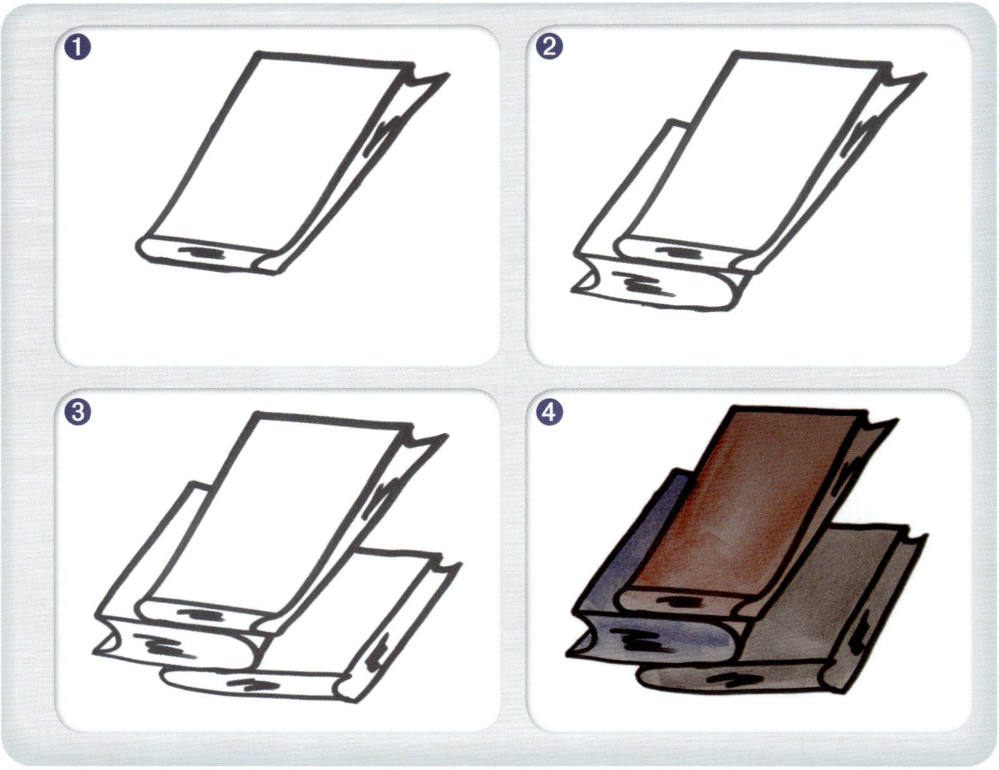
1
2
3
4

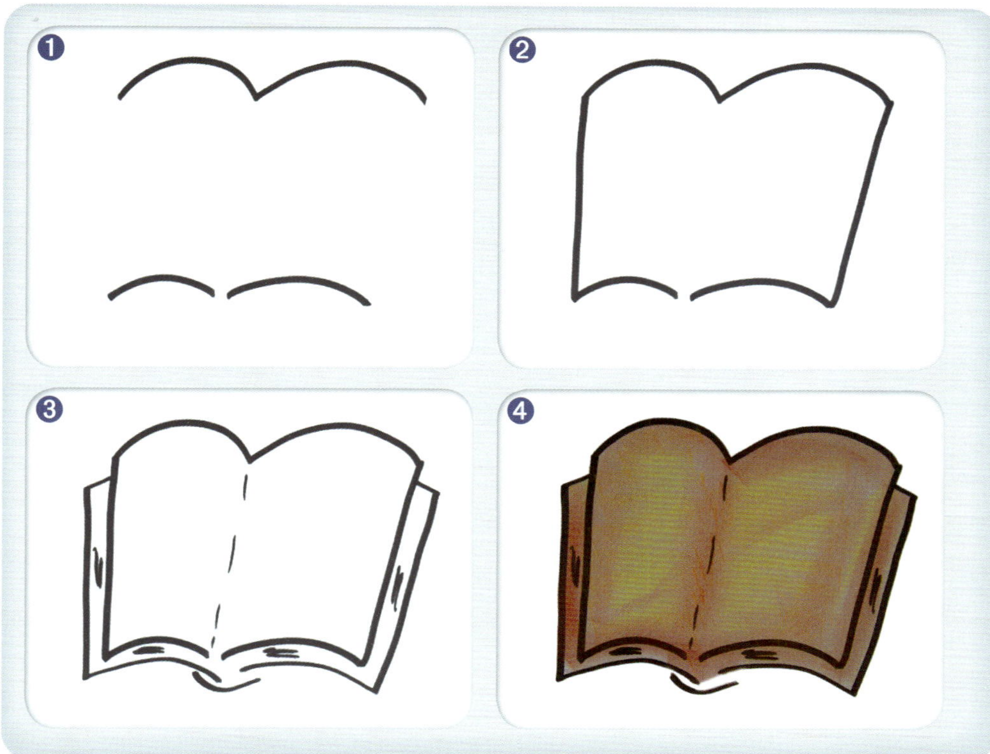
1
2
3
4

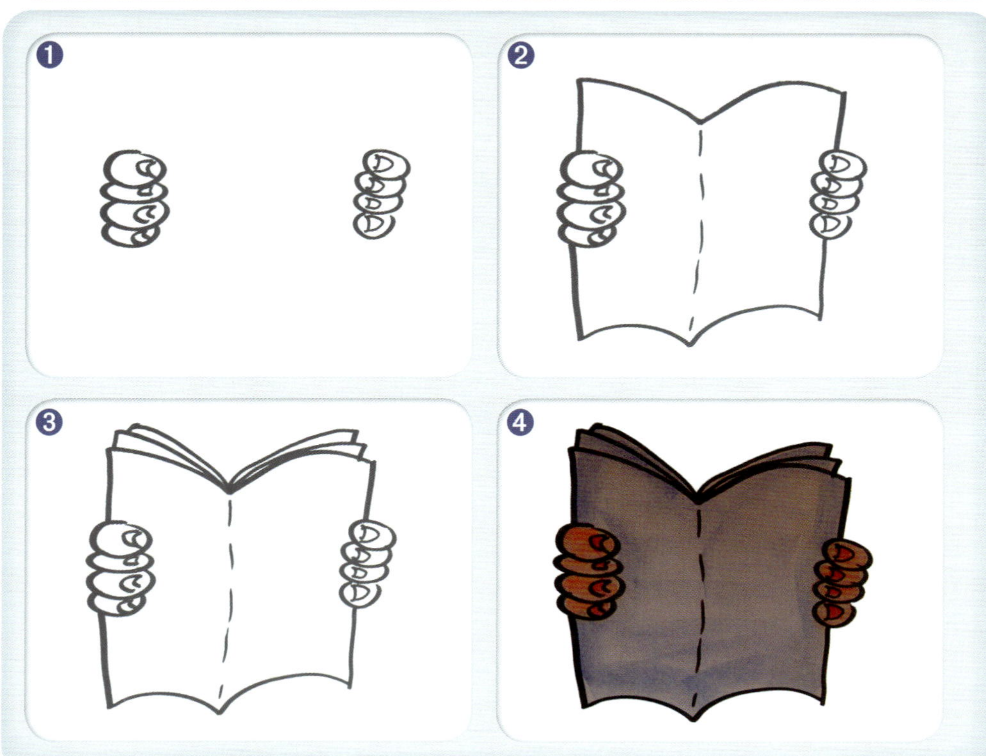
1
2
3
4

1
2
3
4

1
2
3
4

1
2
3
4

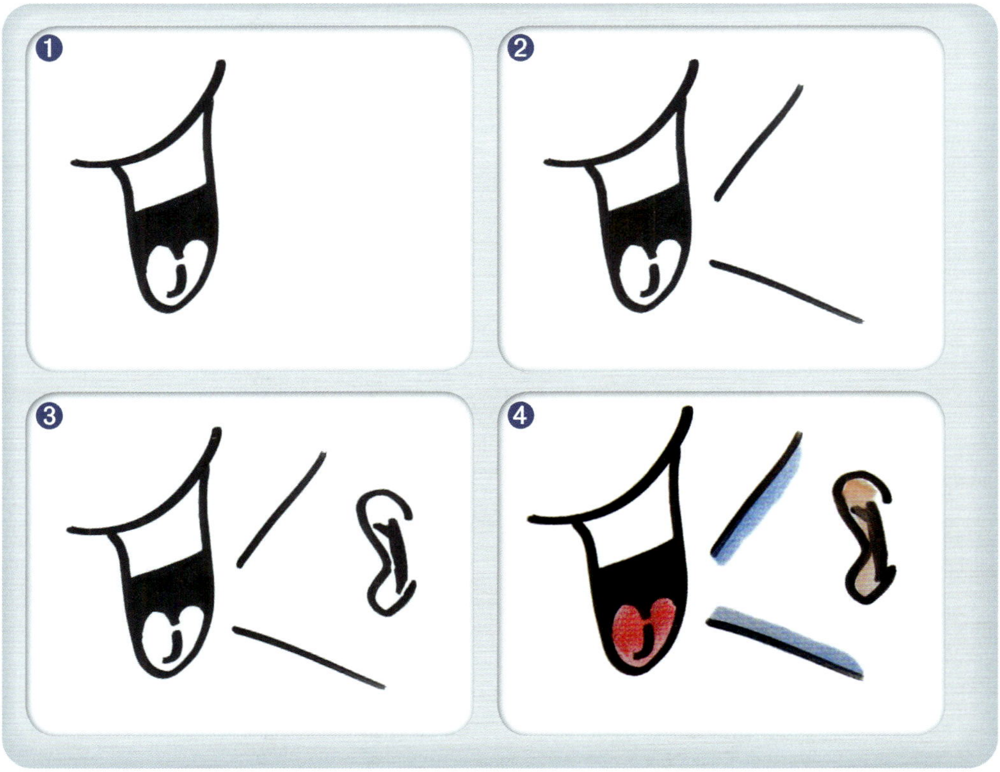
1
2
3
4

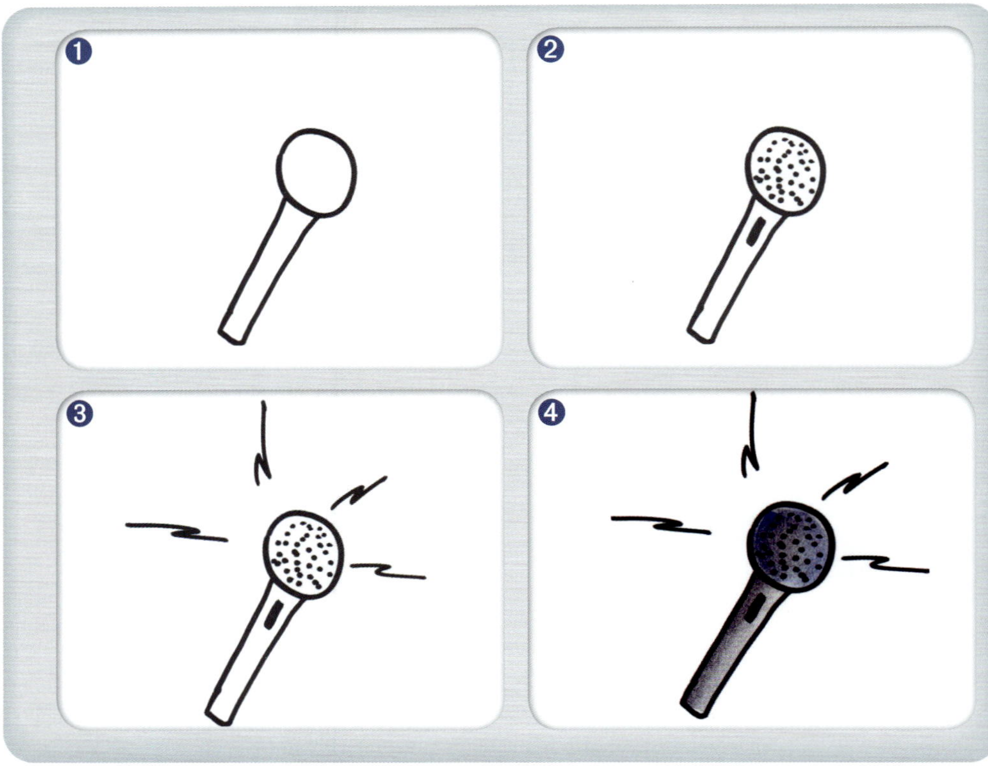
1
2
3
4

1
2
3
4

1
2
3
4

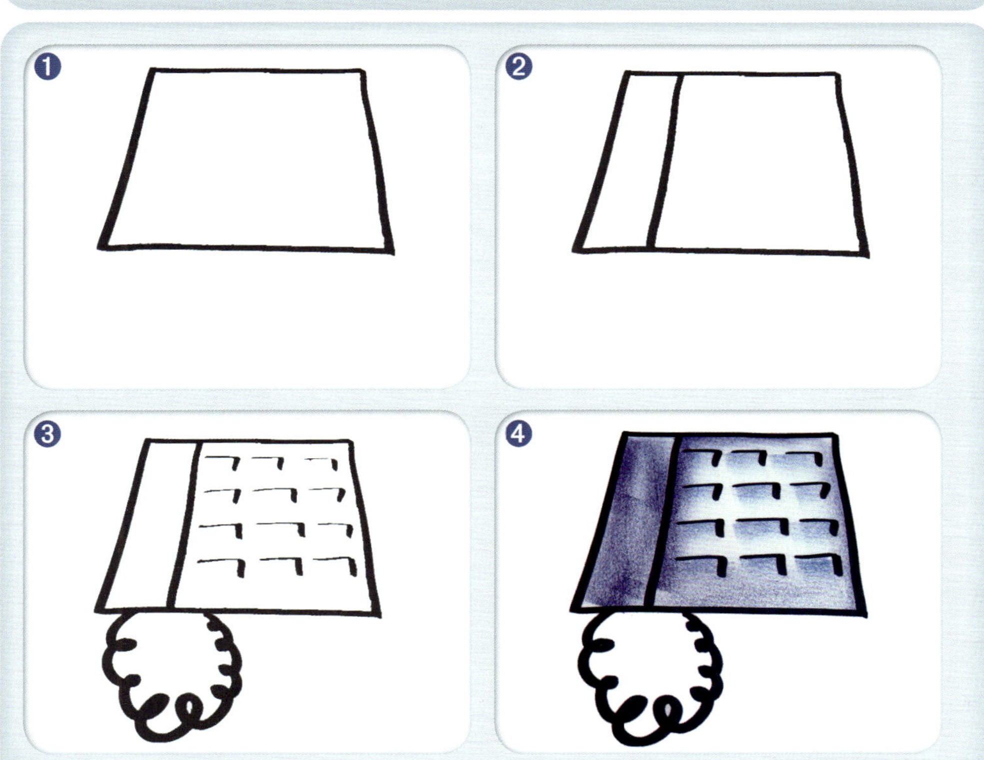
1
2
3
4

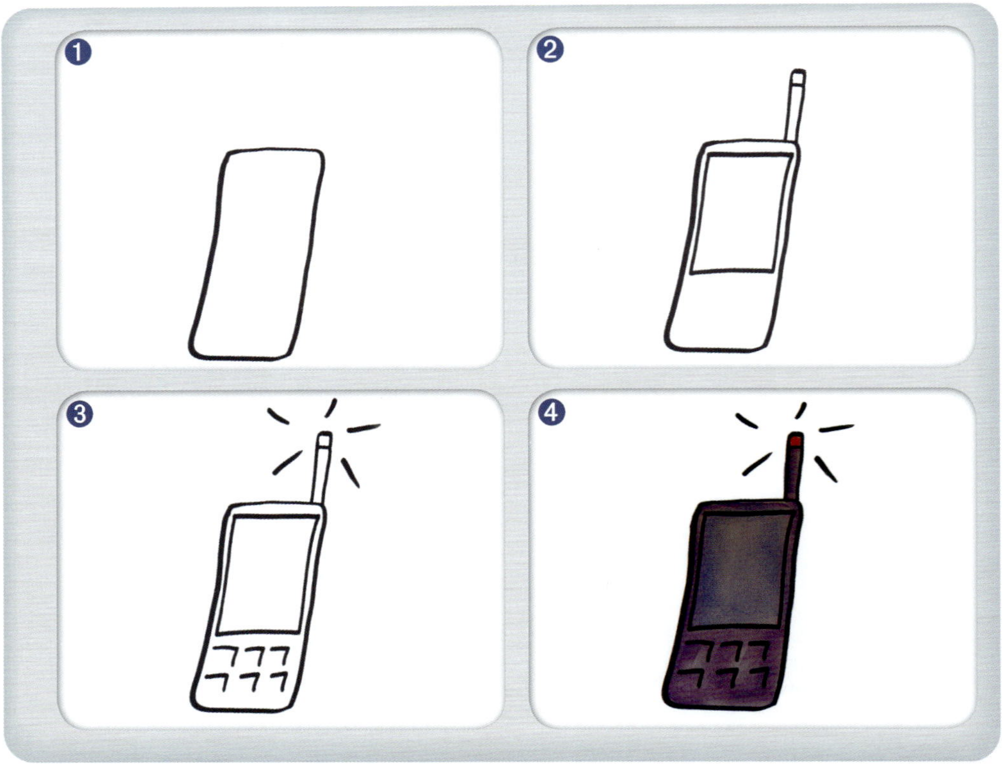
1
2
3
4

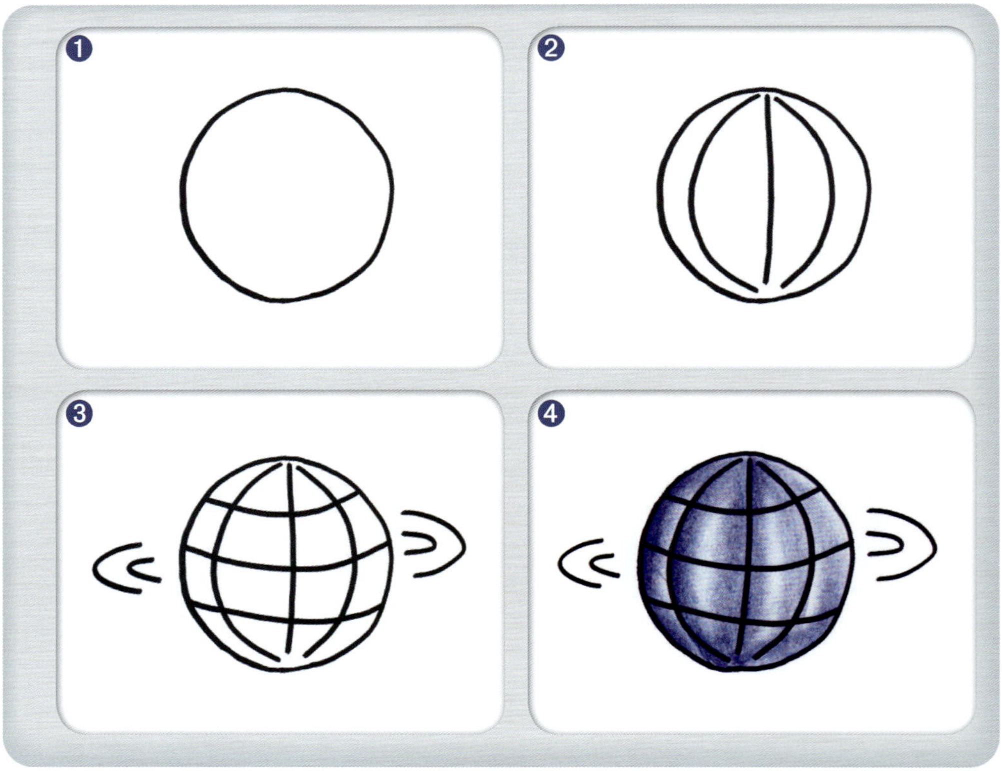
1
2
3
4

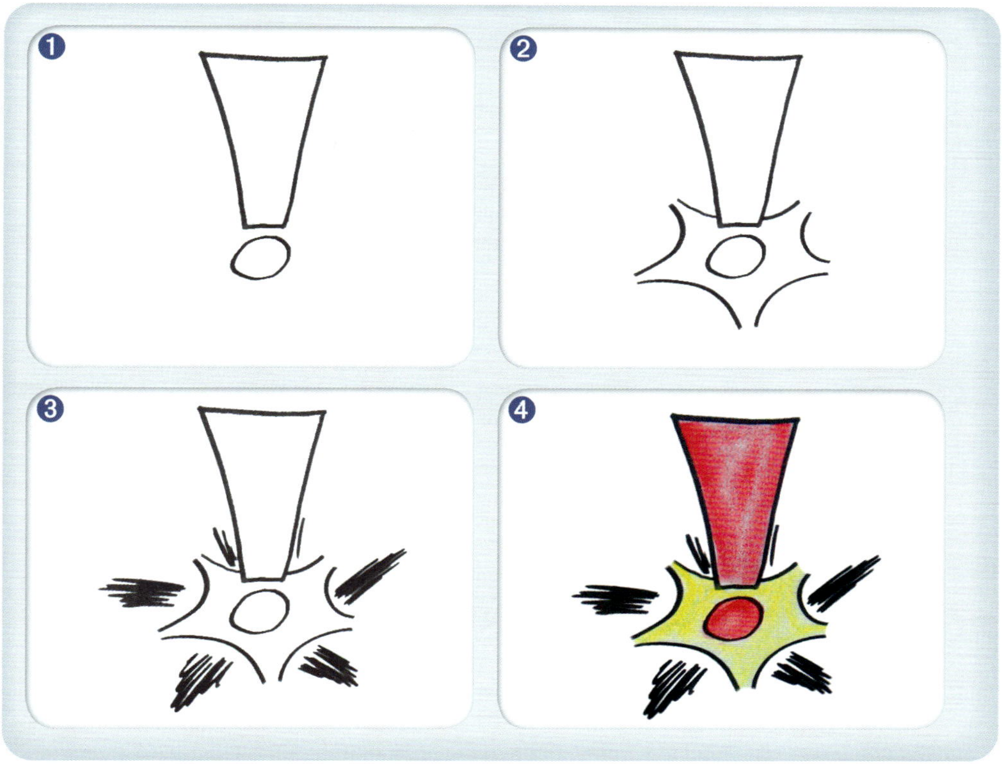
1
2
3
4

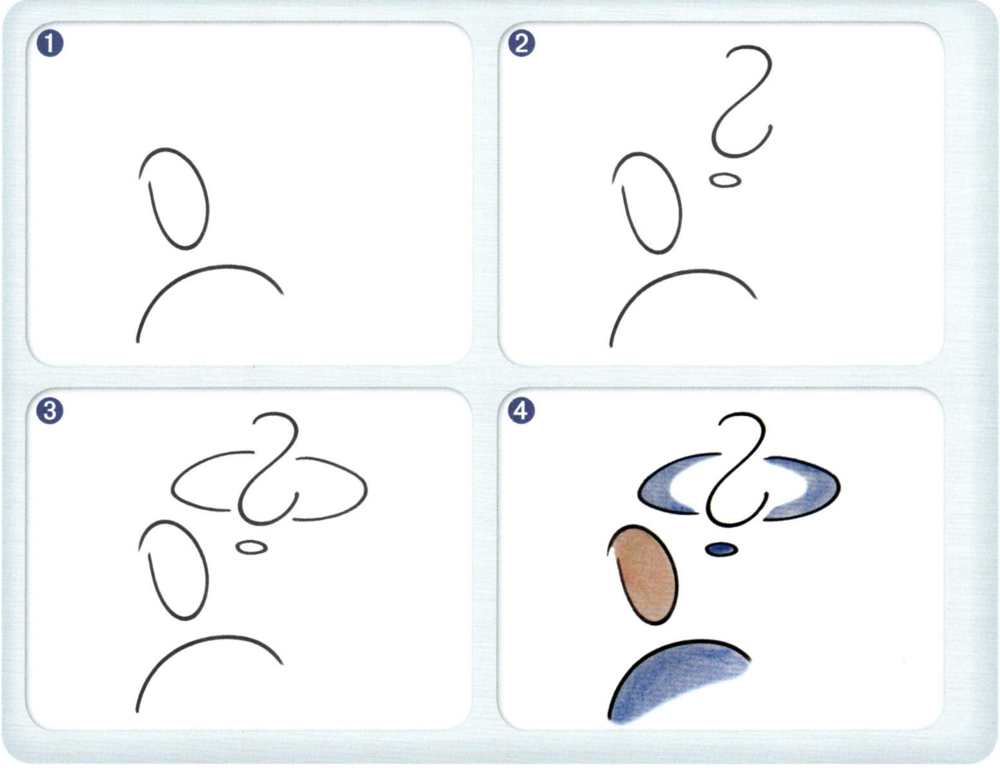
1
2
3
4

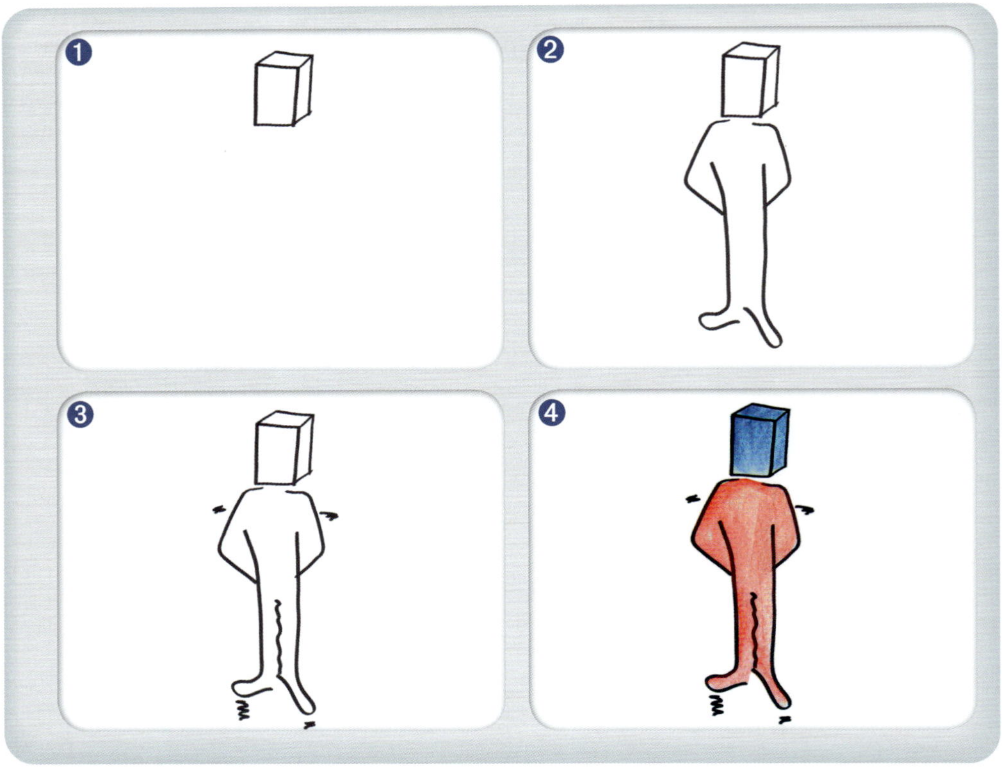
1
2
3
4

1
2
3
4

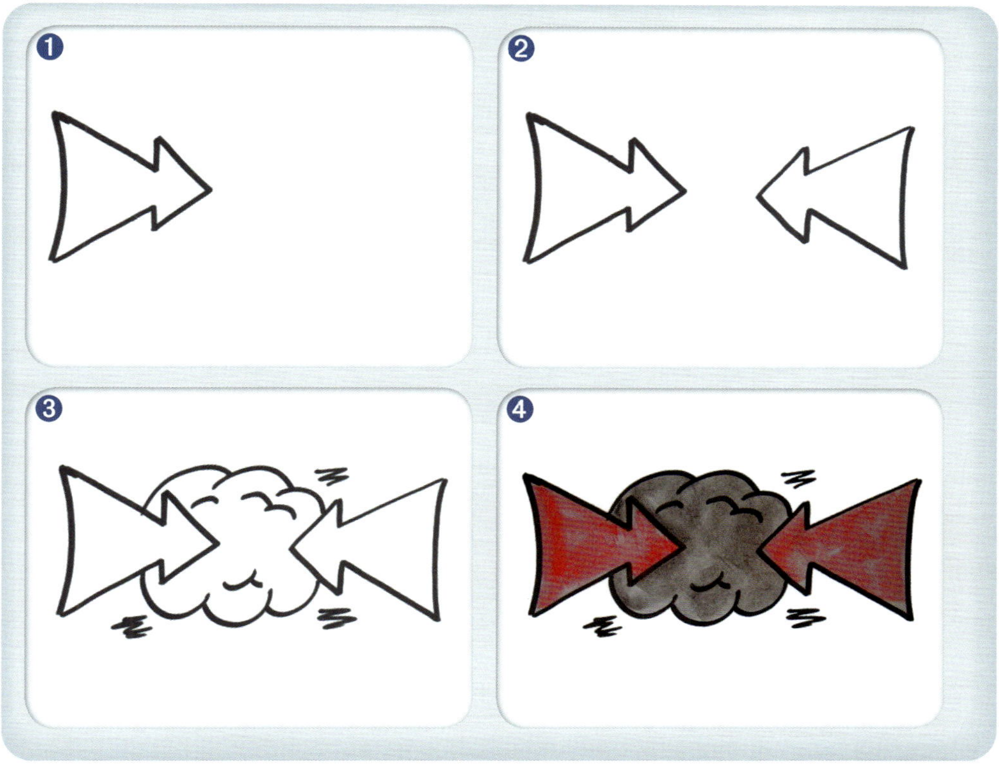
1
2
3
4

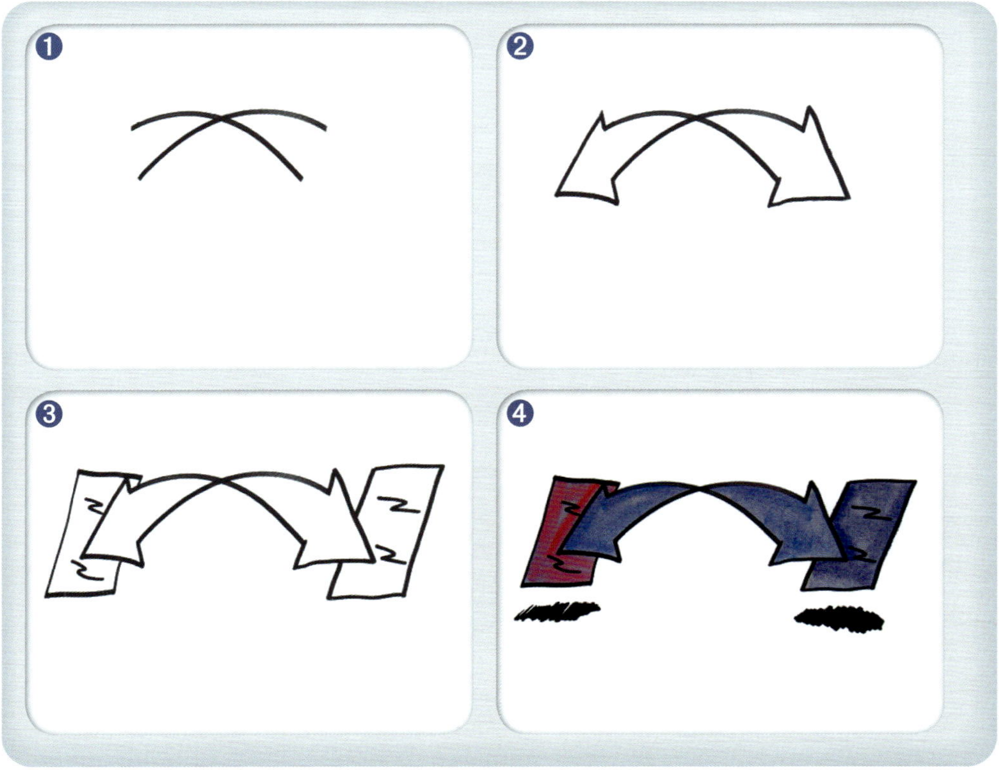
1
2
3
4

1
2
3
4

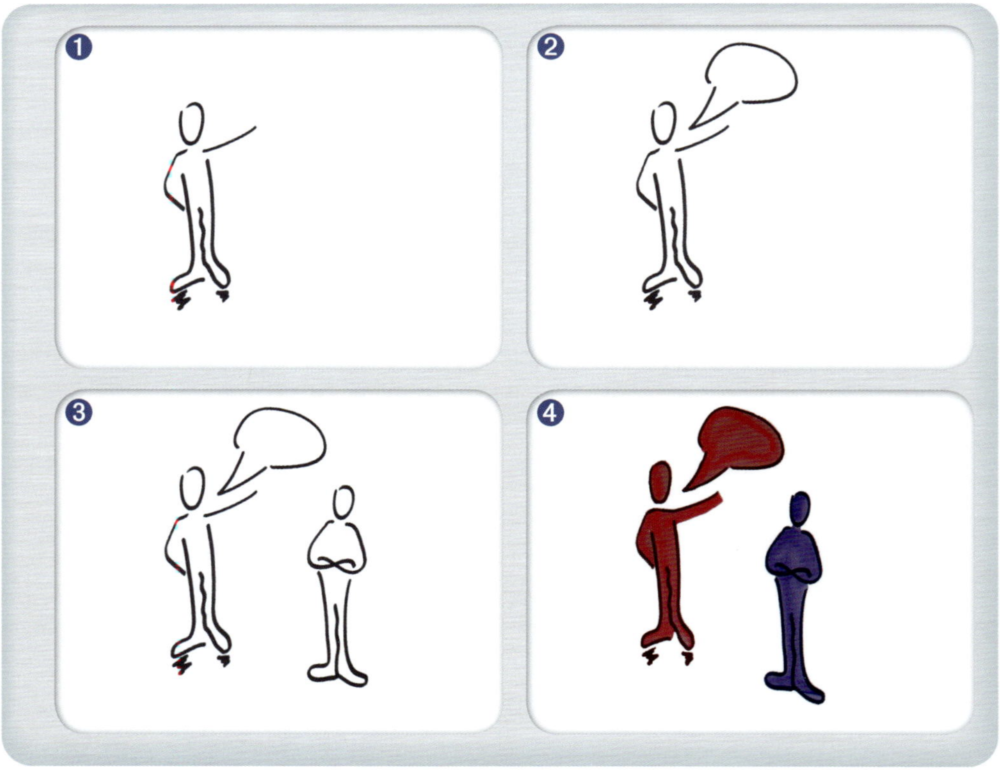
1
2
3
4

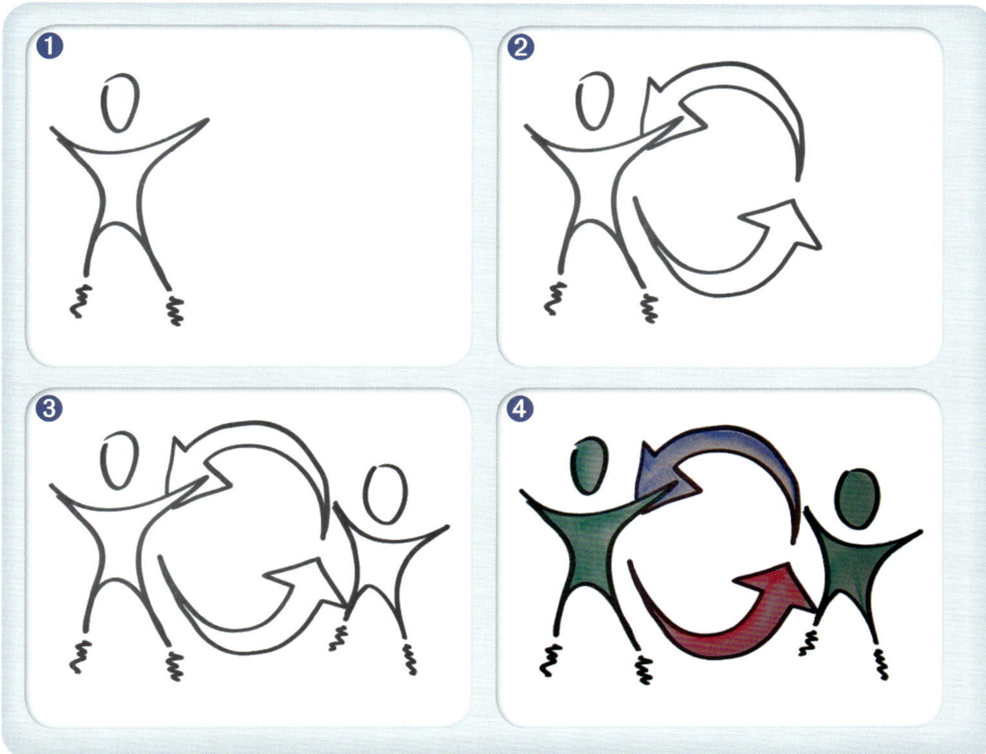
1
2
3
4

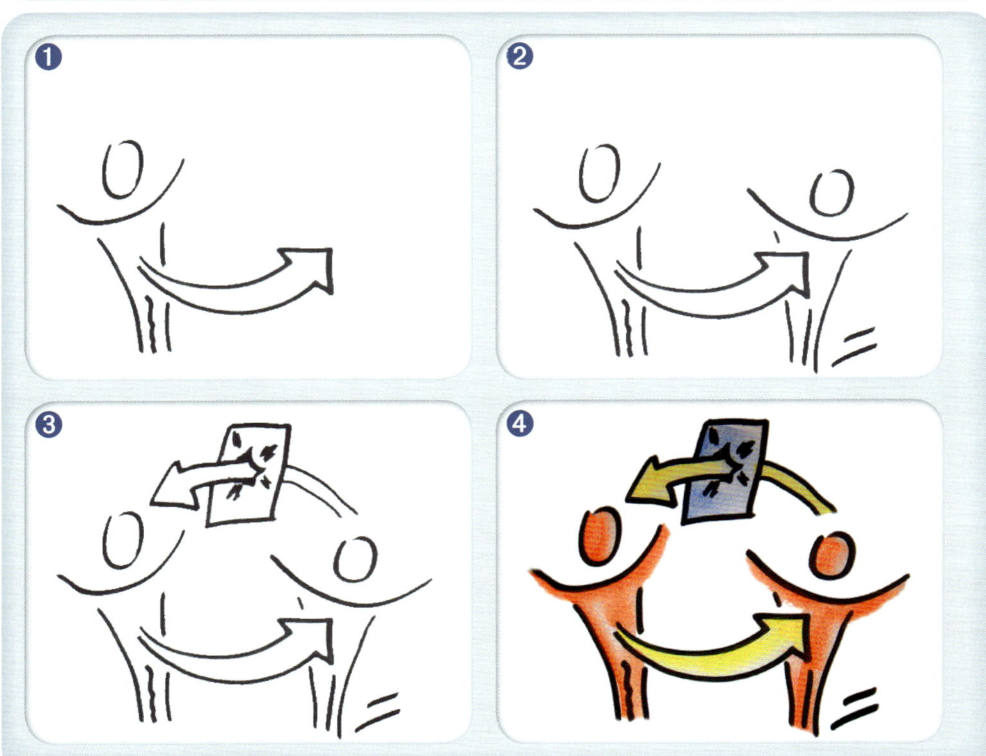
1
2
3
4

1
2
3
4

1
2
3
4

1
2
3
4

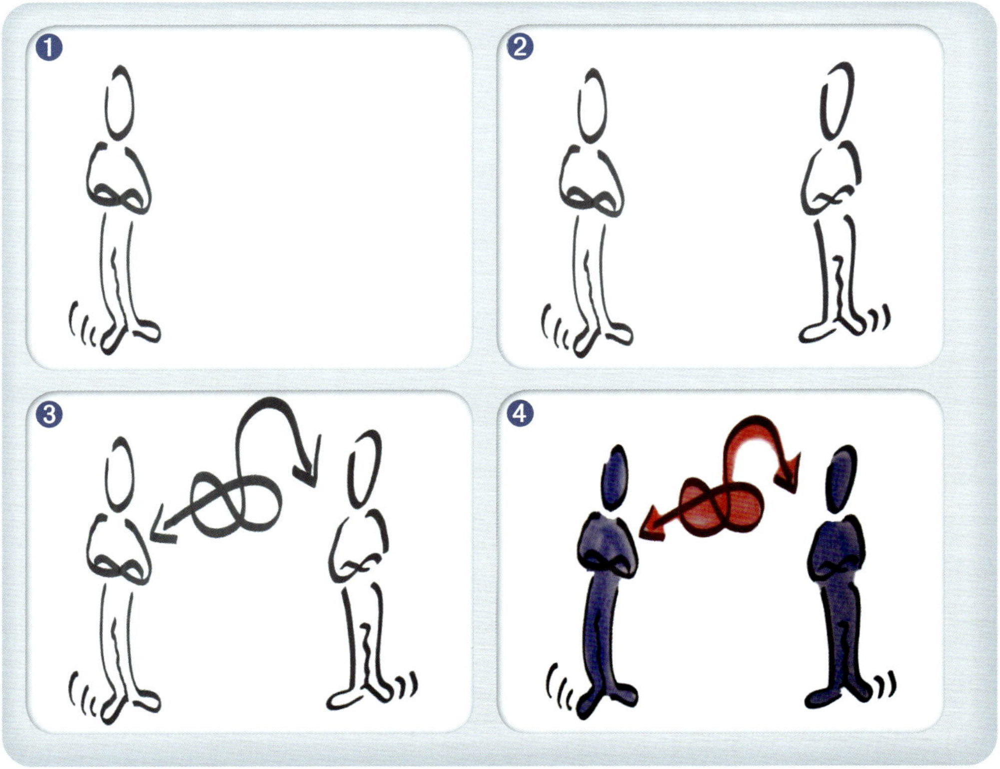
1
2
3
4

1
2
3
4

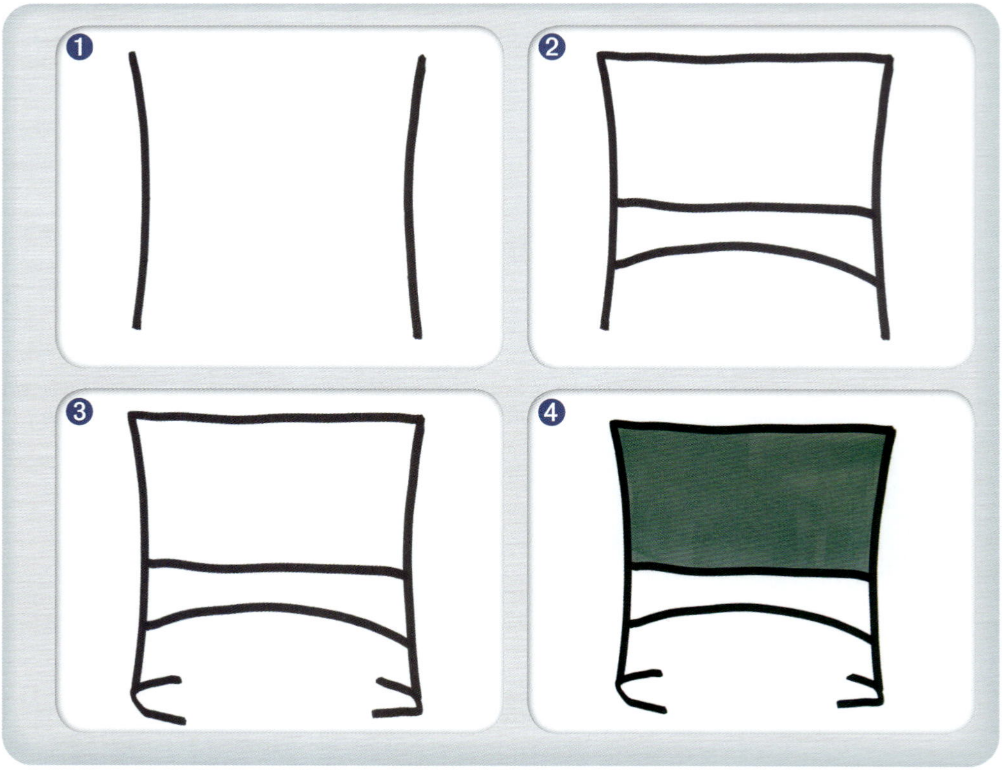
1
2
3
4

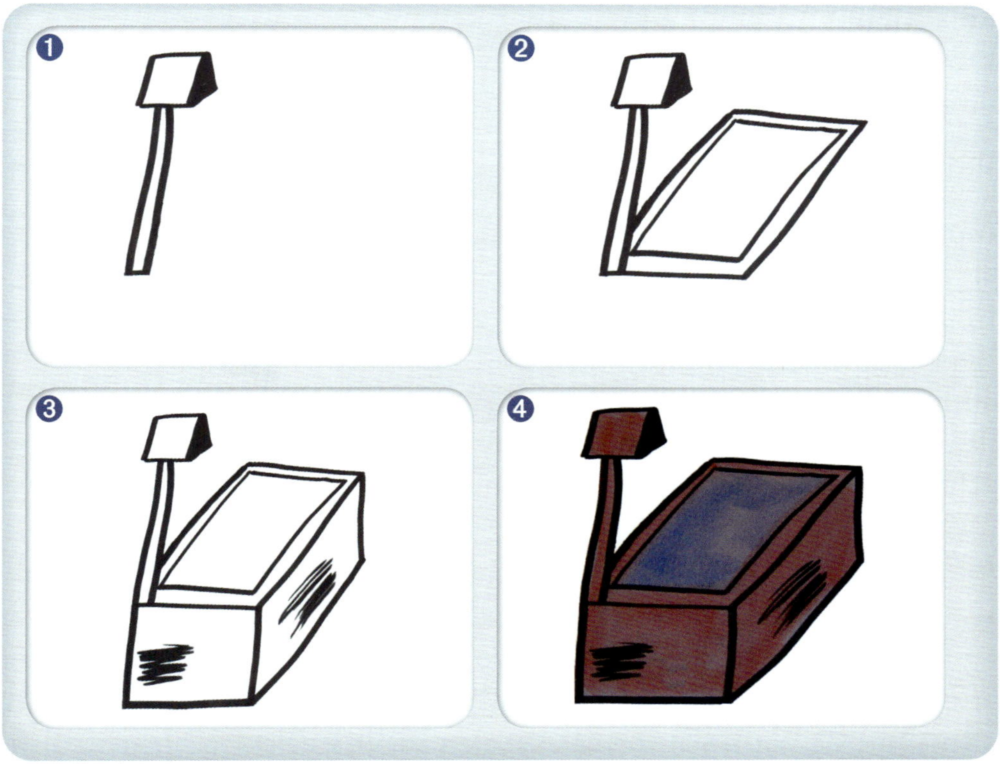
1
2
3
4

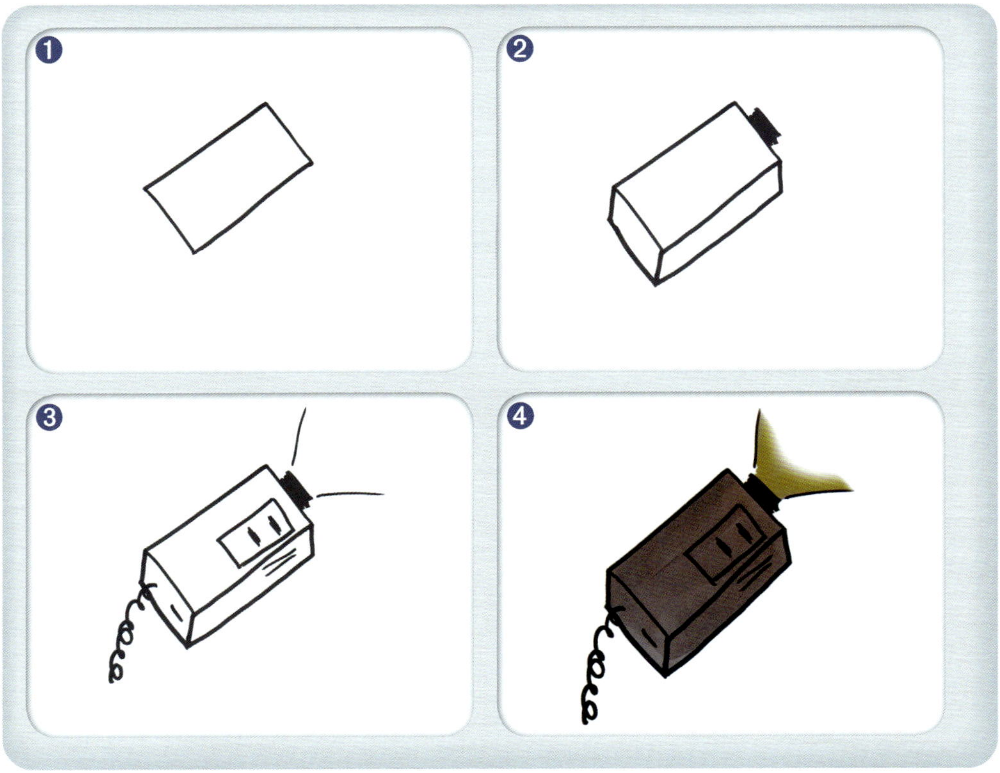
1
2
3
4

Kreativität

Kreativität, eines der fantastischsten Potenziale eines jeden Menschen, wird durch das Zeichnen von Inhalten angeregt und mobilisiert. Doch was bedeutet der Begriff eigentlich? Kreativität als schöpferische Kraft zu betrachten, kommt der Kernaussage des Begriffs schon sehr nahe. Vielfach wird aber auch die Kompetenz, Problemstellungen durch die Anwendung neu erworbener Fähigkeiten lösen zu können, als Definition benützt.

Diese Erklärung passt sehr gut zum Thema. Denn durch die Fähigkeit, Symbole sekundenschnell und professionell visualisieren zu können, lassen sich künftig Problemstellungen in der Informations- und Wissensvermittlung leichter lösen. Stellt sich nur noch die Frage: Wie kann man den Begriff „Kreativität" darstellen? Da fällt vielen von uns spontan das Bild einer leuchtenden Glühbirne ein. Das passt auch. Nur gibt es eine Vielzahl anderer Möglichkeiten, wie Kreativität visuell dargestellt werden kann. Für die „Wickie, Slime und Paiper"-Generation beispielsweise mit dem typischen „Ich hab's"-Fingerschnippen. Oder für ein Unternehmen mit dem leuchtenden Geldsack als Ergebnis einer innovativen Geschäftsidee. Lassen Sie ihrer persönlichen Kreativität also freien Lauf und erweitern Sie die nun folgende Symbolsammlung mit eigenen kreativen Einfällen.

1
2
3
4

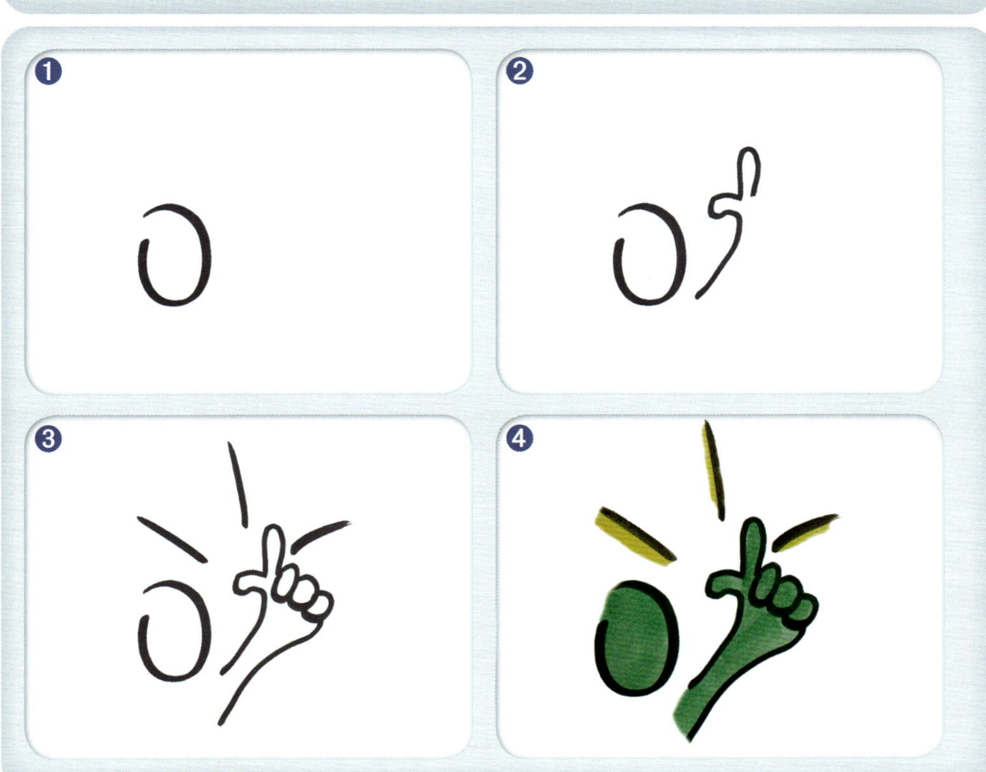
1
2
3
4

1
2
3
4

1
2
3
4

1
2
3
4

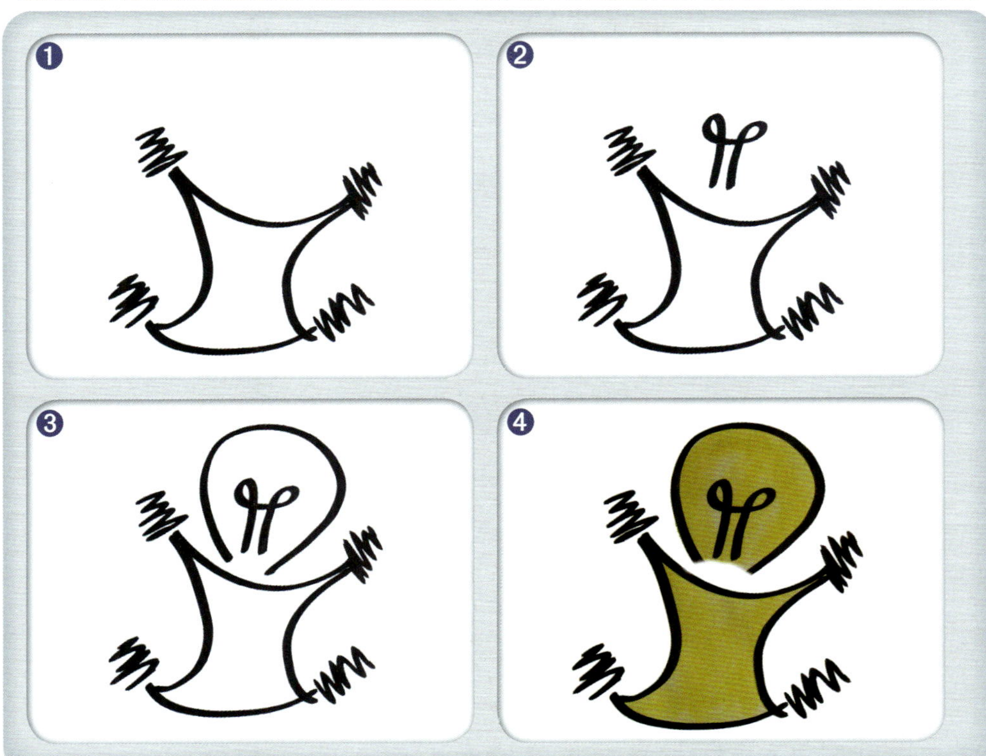
1
2
3
4

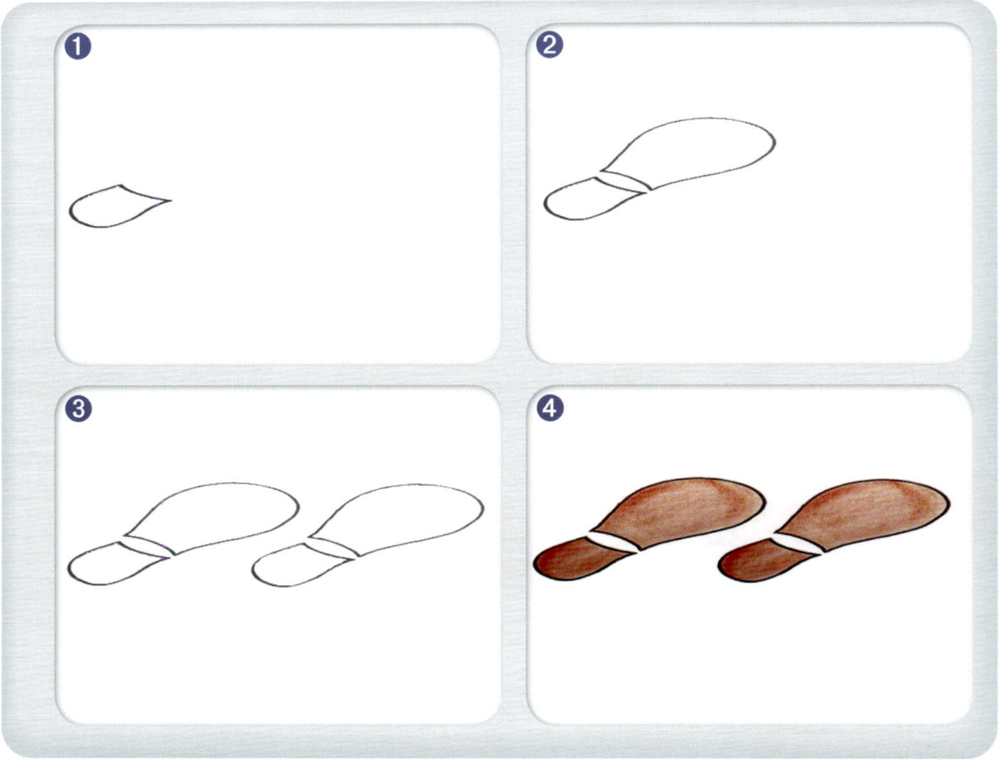
1
2
3
4

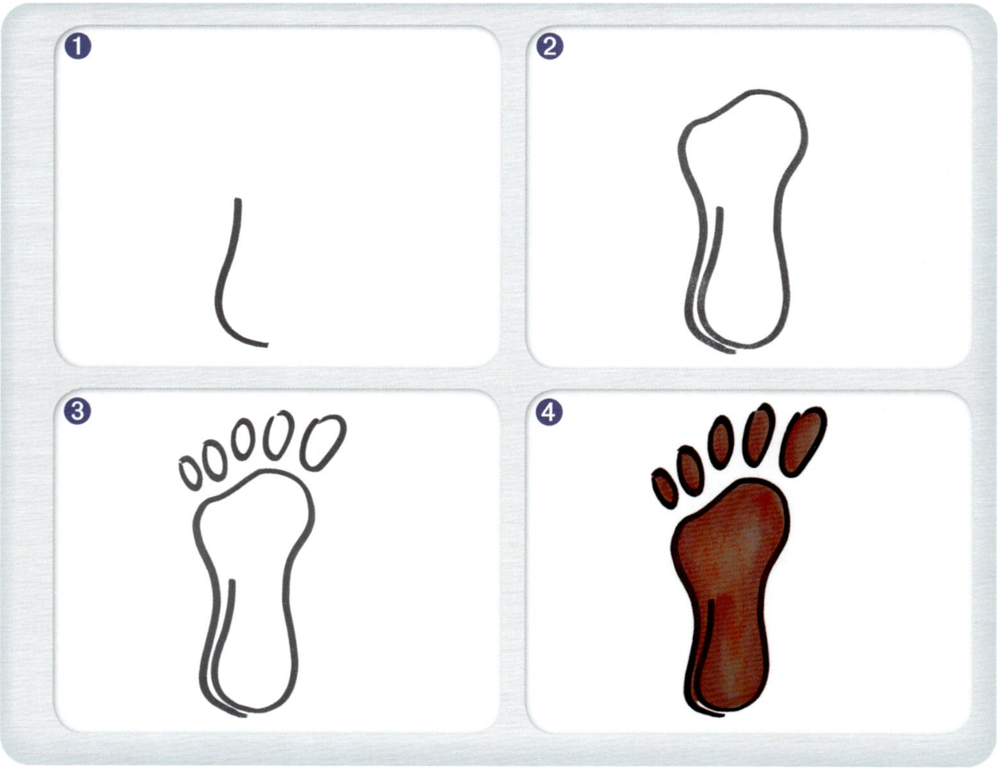
1
2
3
4

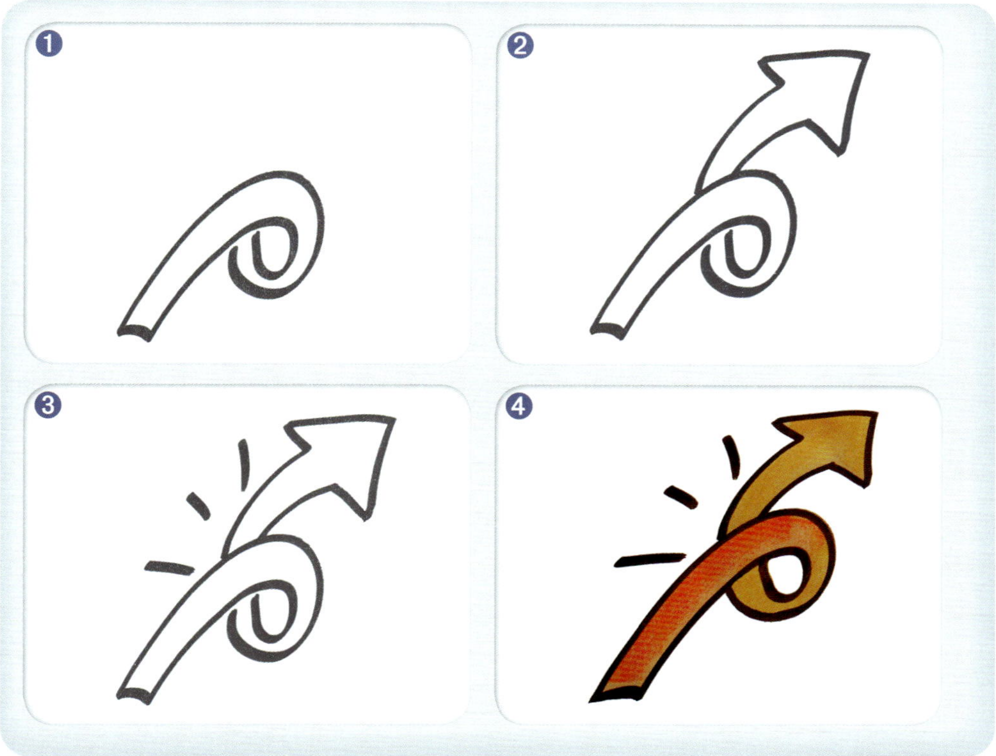
1
2
3
4

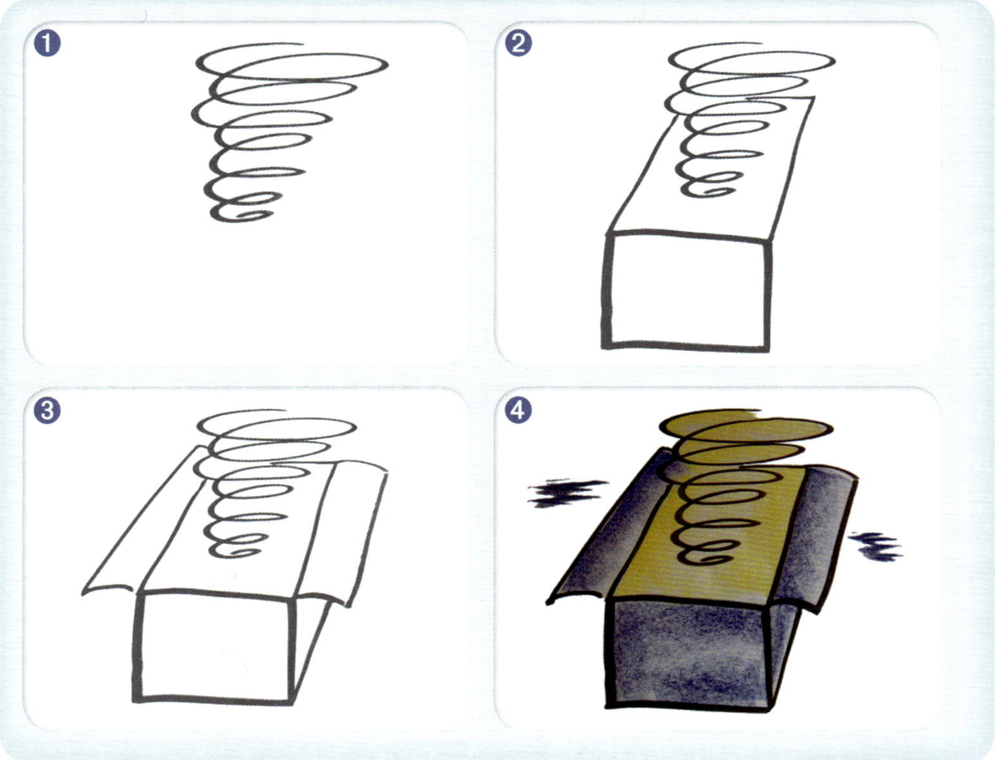
1
2
3
4

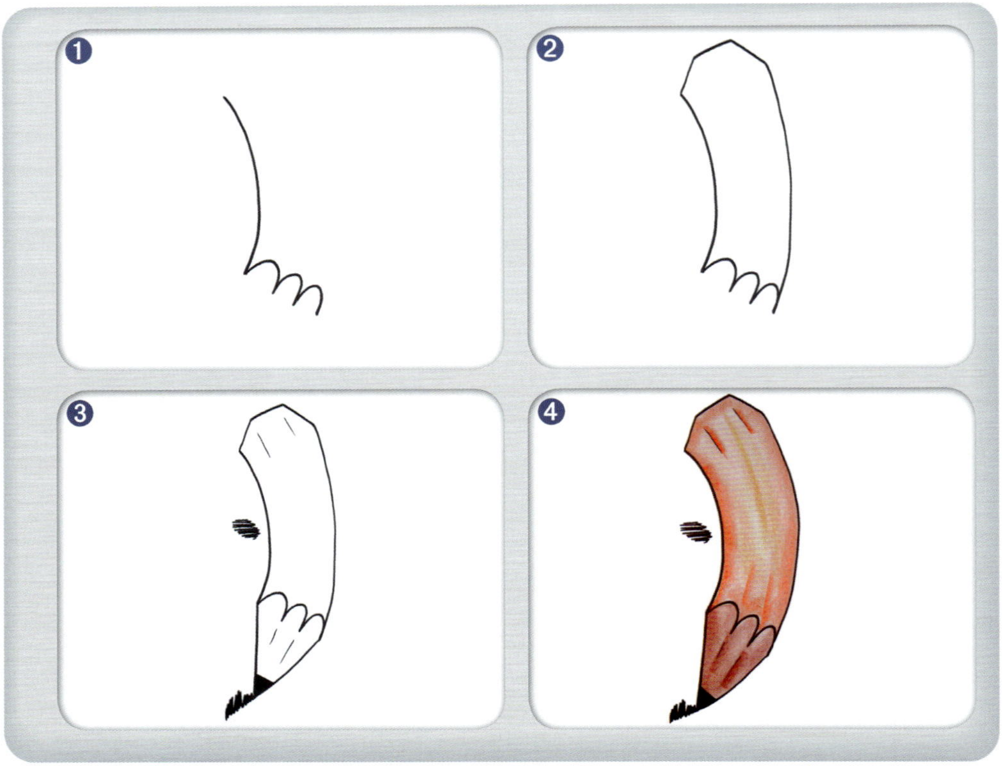
1
2
3
4

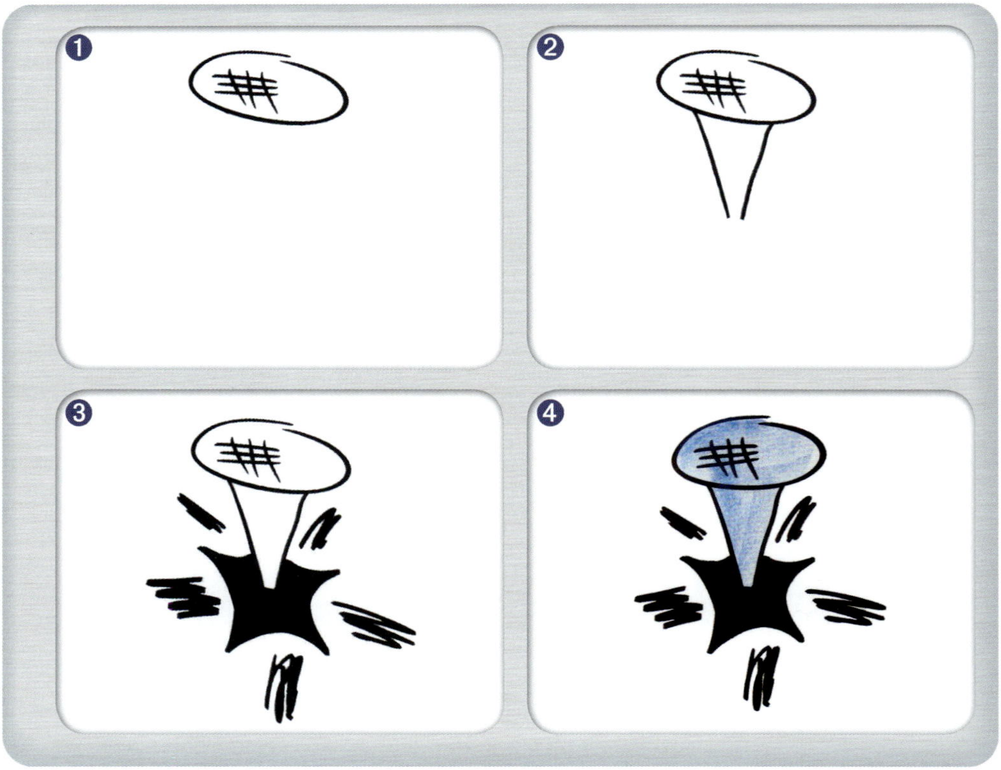
1
2
3
4

1
2
3
4

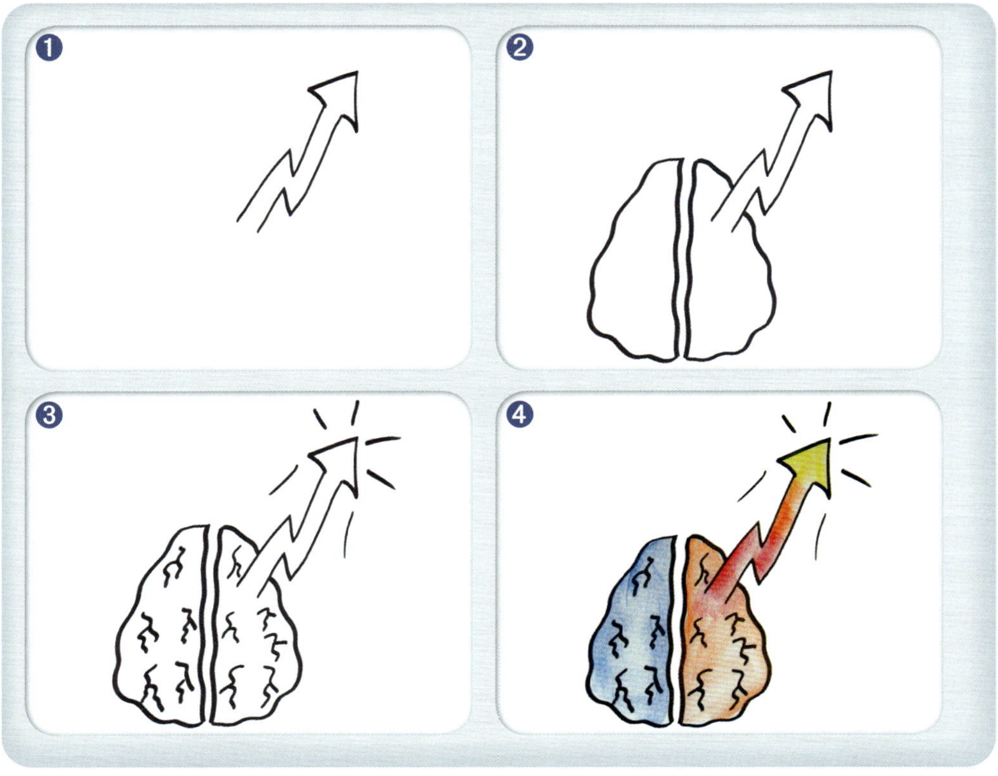
1
2
3
4

Money, Cash und Geld

Bei den folgenden Abbildungen geht es wieder mal nur um eines – das liebe Geld. In vielen Dienstleistungsbetrieben wie beispielsweise Banken oder Versicherungen spielen Geldsymbole eine wichtige Rolle. Damit werden Begriffe wie Kapital, Vermögen, Schulden, Rendite, Preissteigerung, Kosten, Gewinn bis hin zur Bilanz visualisiert. Zeichnungen von Geldstücken, Geldscheinen oder dem bildhaften Sack voll Geld sind dazu bestens geeignet.

Durch den zusätzlichen Einsatz von Farben kann die Wirkung weiter erhöht werden. So stellen violett gezeichnete Banknoten (500-€-Scheine) in Europa einen höheren Wert gegenüber grün gefärbten Banknoten (100-€-Scheine) dar. Gelb als charakteristische Münzenfarbe lässt hingegen zusätzlich die Begriffe Gold und Erfolg assoziieren. So wirkt ein gezeichneter Haufen oder Stapel Geldmünzen oft als eine sehr große Geldmenge (in Analogie zu Dagobert Duck). Setzen Sie daher speziell bei Geldsymbolen Farben bewusst ein und steigern Sie damit den visuellen Ausdruck.

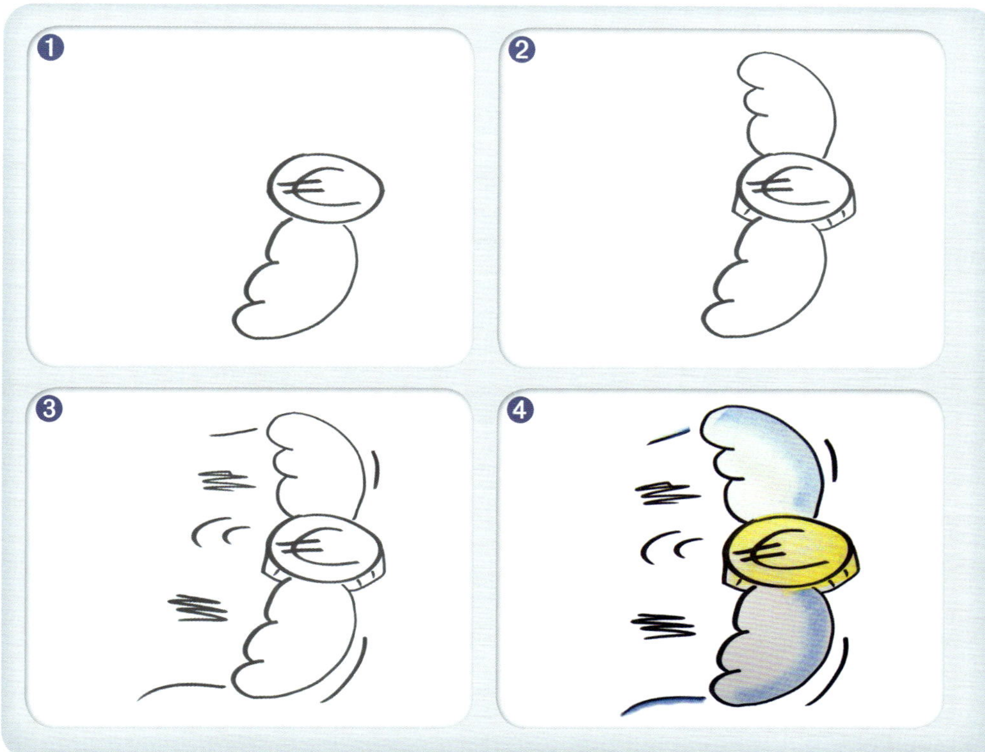
1
2
3
4

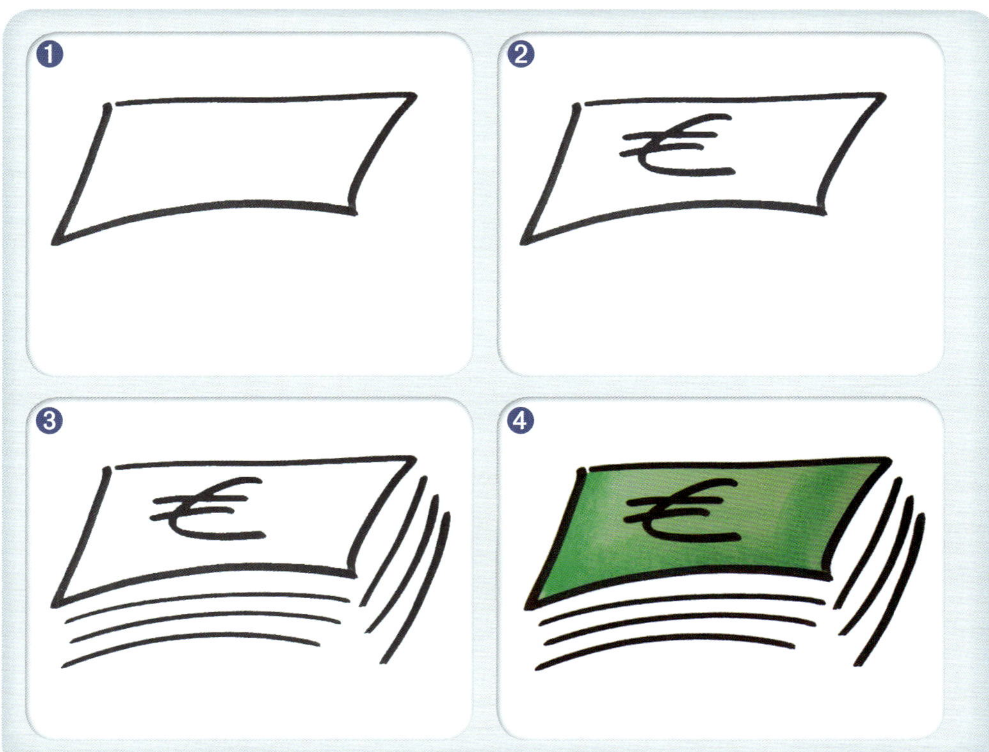
1
2
3
4

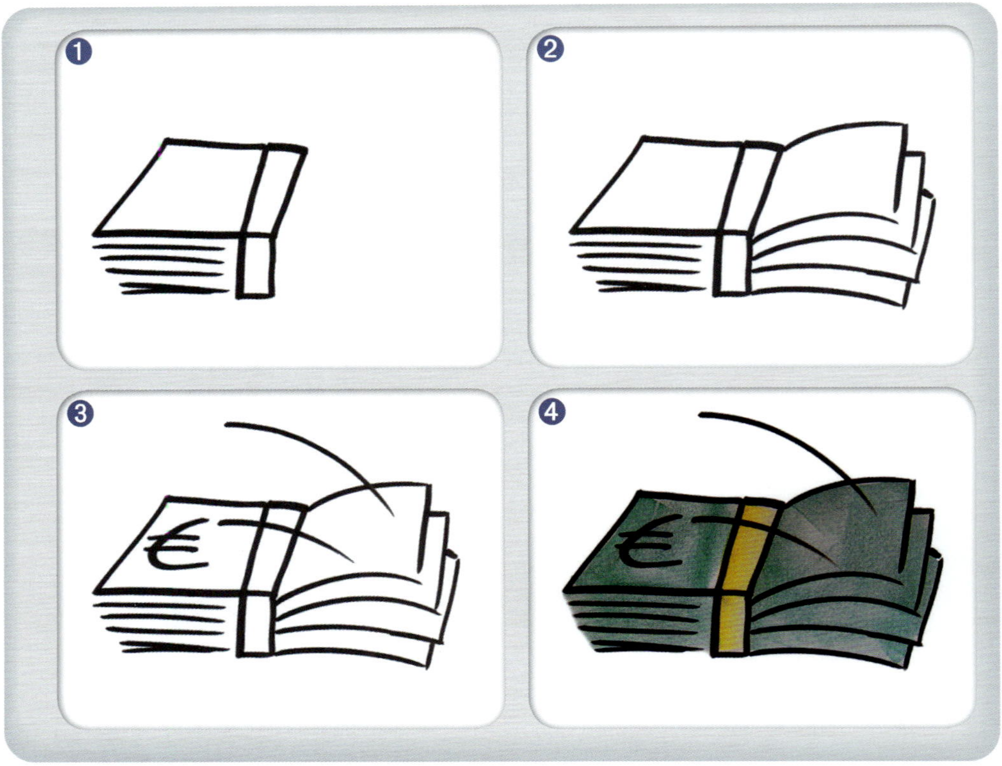
1
2
3
4

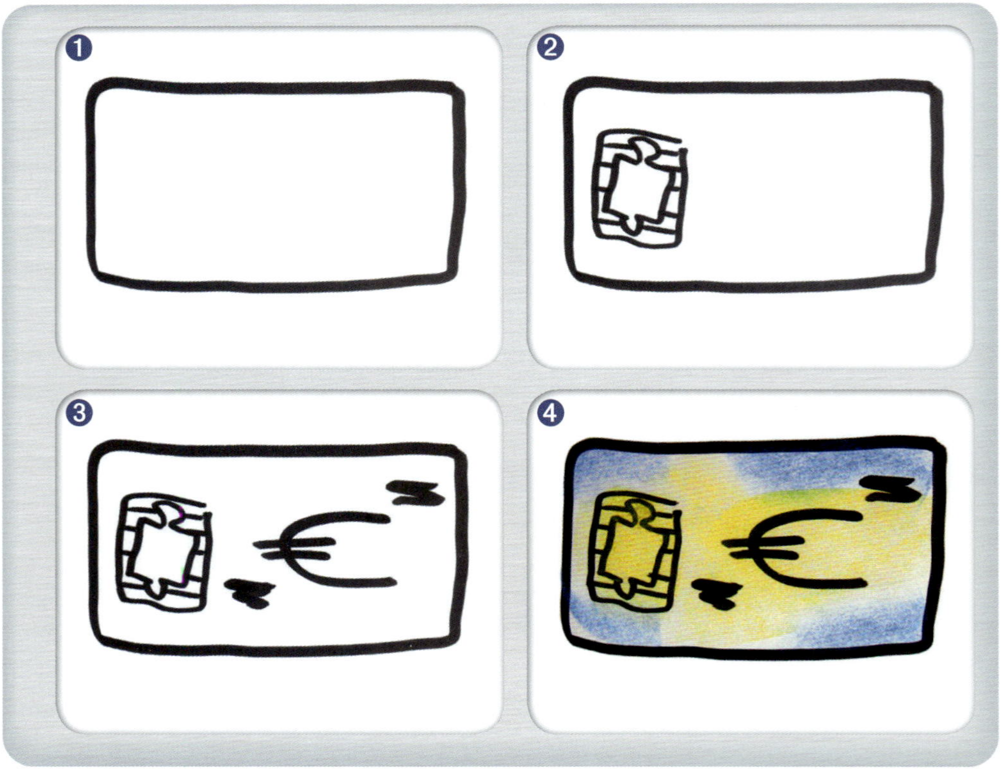
1
2
3
4

1
2
3
4

1
2
3
4

1
2
3
4

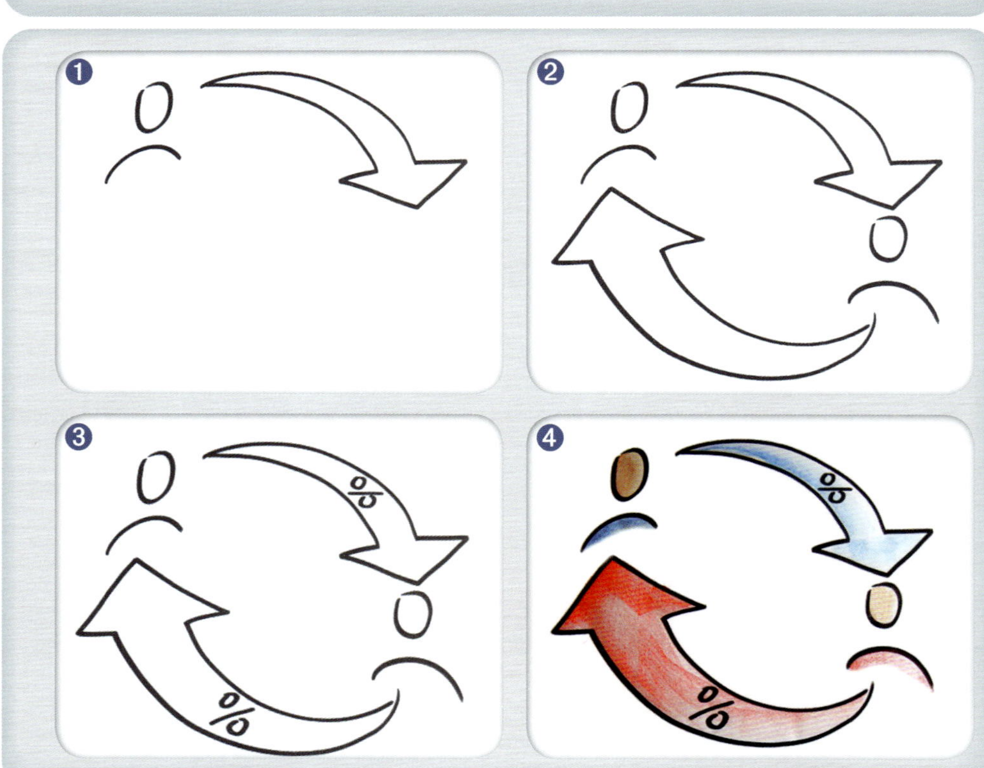
1
2
3
4

1
2
3
FONDS
4
FONDS

1
2
3
AG
Aktie
4
AG
Aktie

1
2
3
4

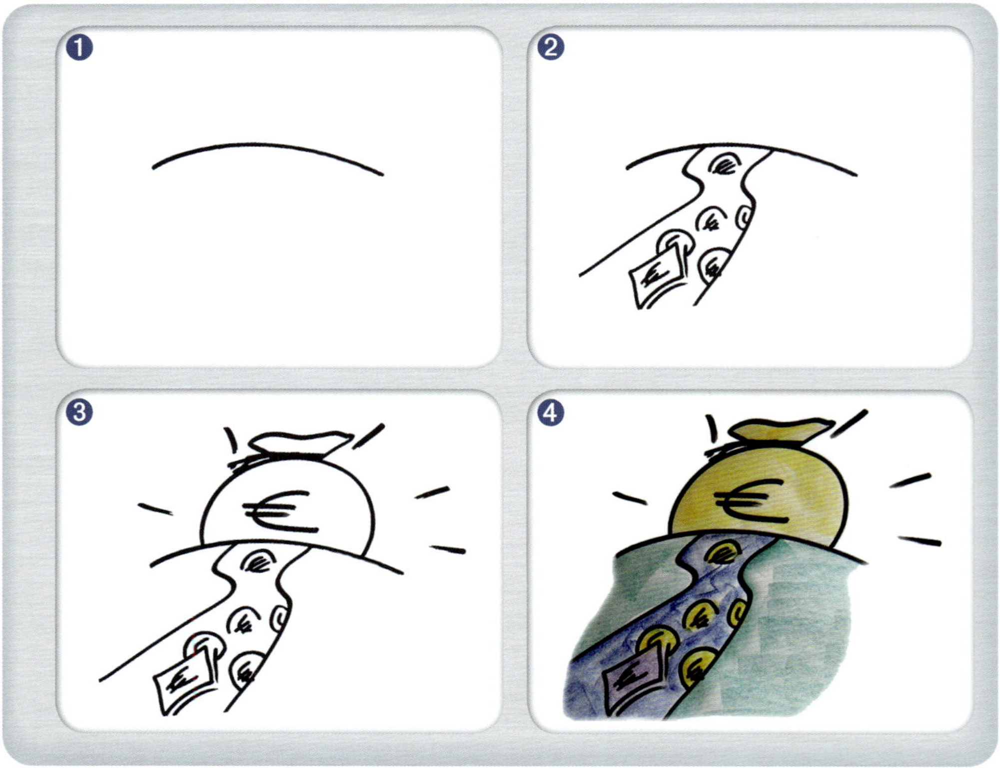
1
2
3
4

1
2
3
4

1
2
3
4

1
2
Wertanalyse
3
Wertanalyse
4
Wertanalyse

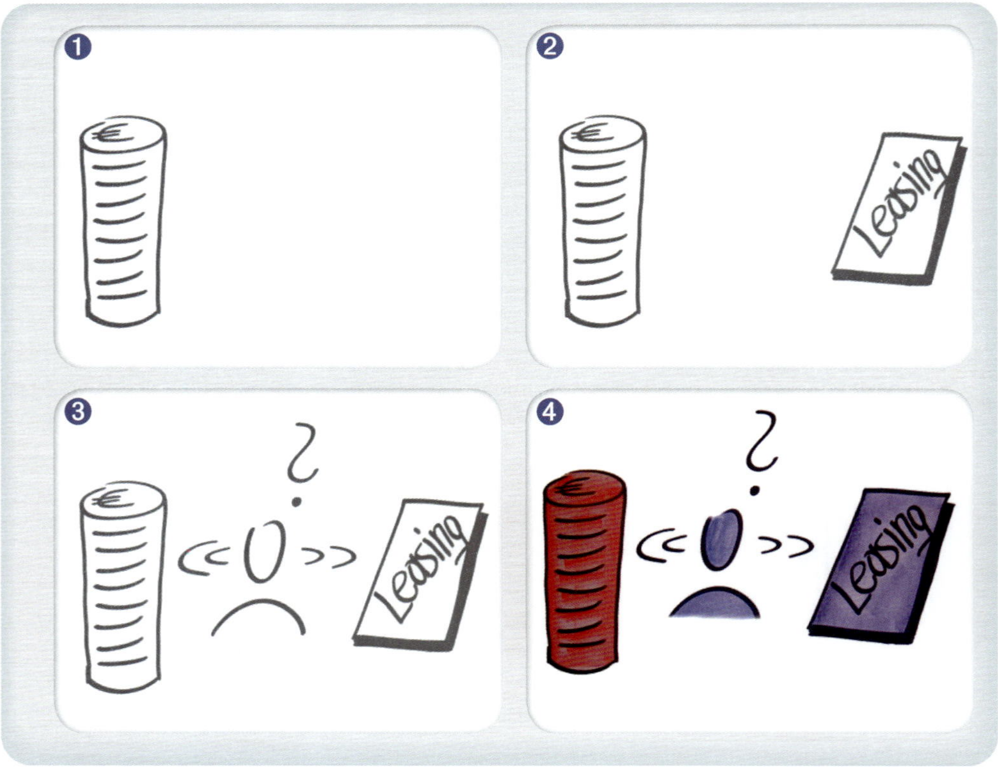
1
€
2
€
Leasing
3
€
Leasing
4
€
Leasing

1
2
3
4

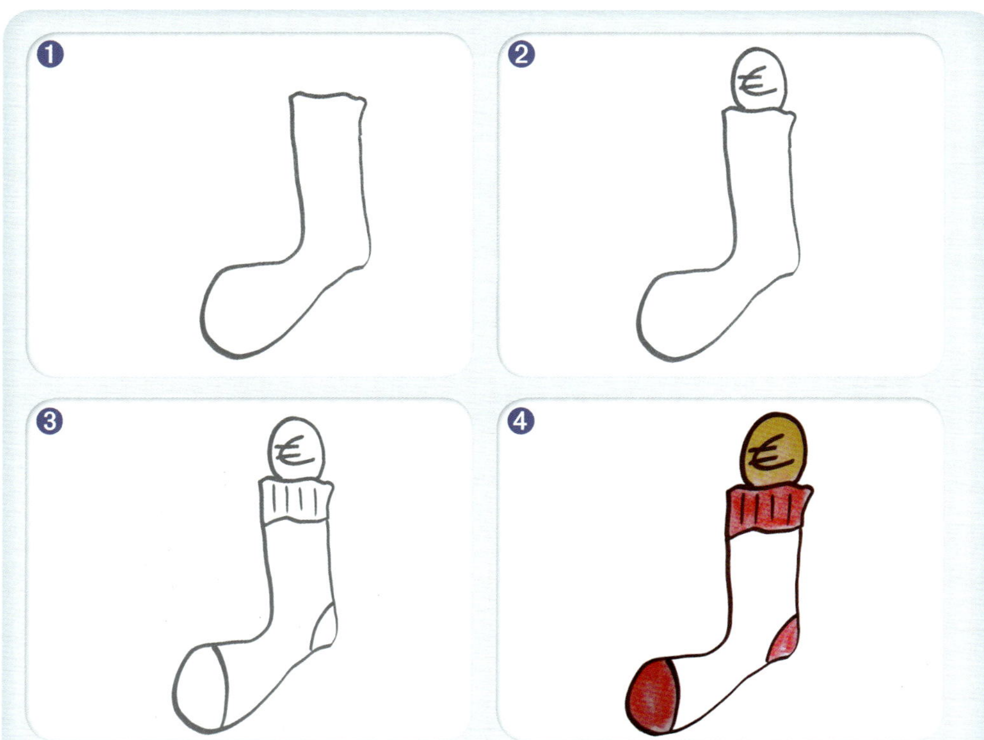
1
2
3
4

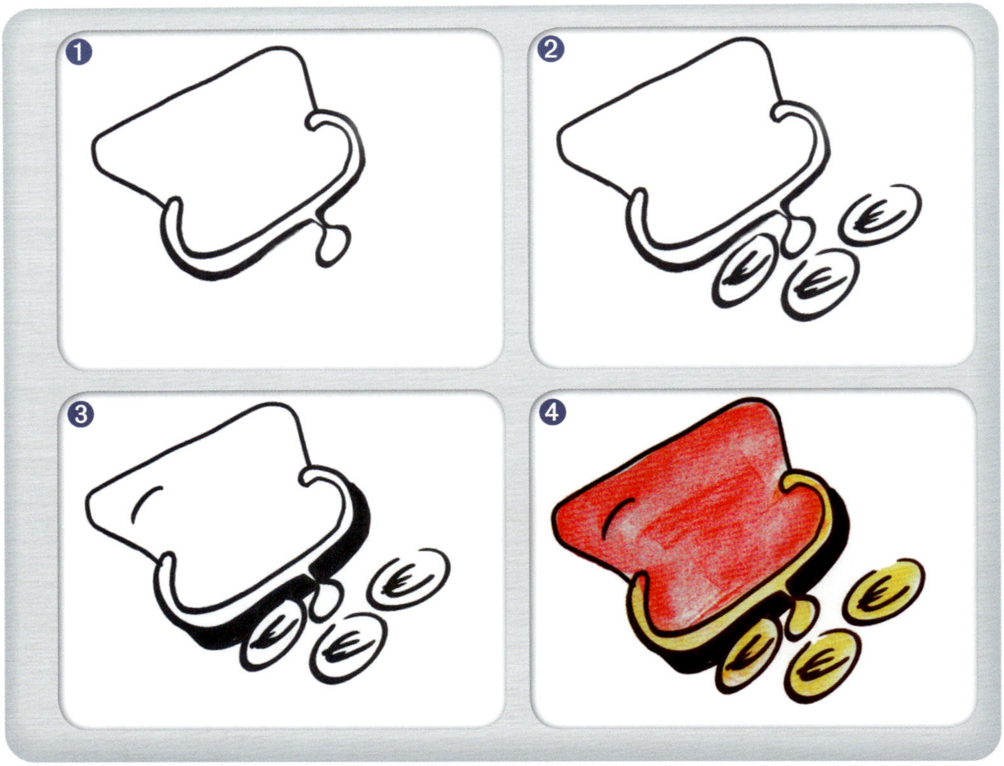
1
2
3
4

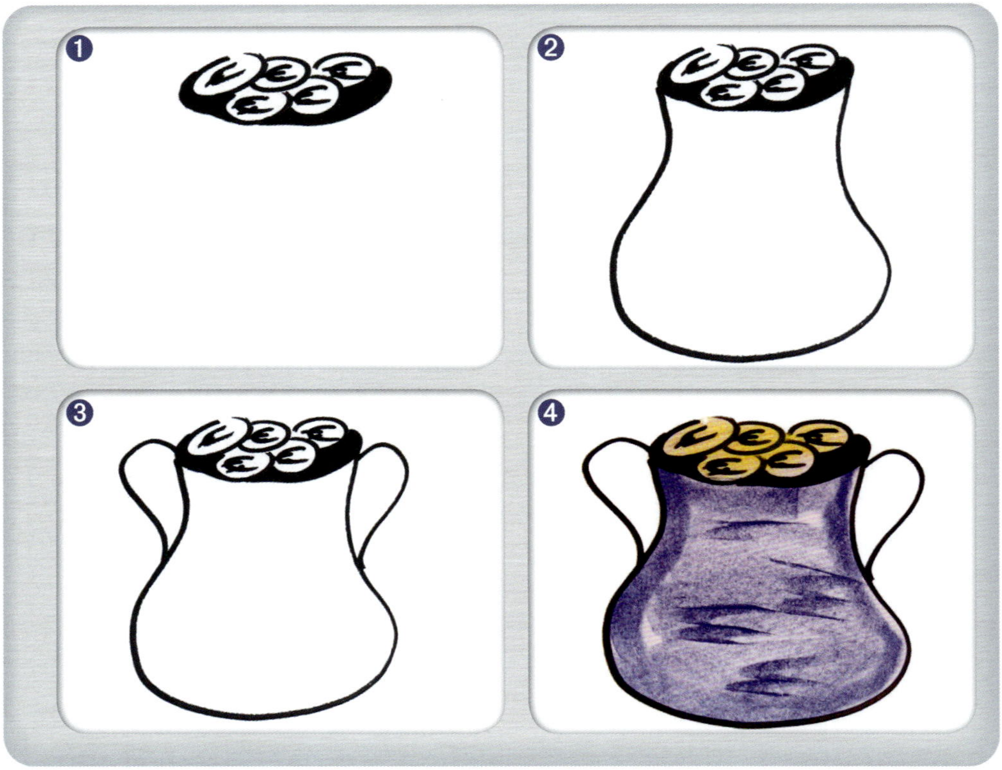
1
2
3
4

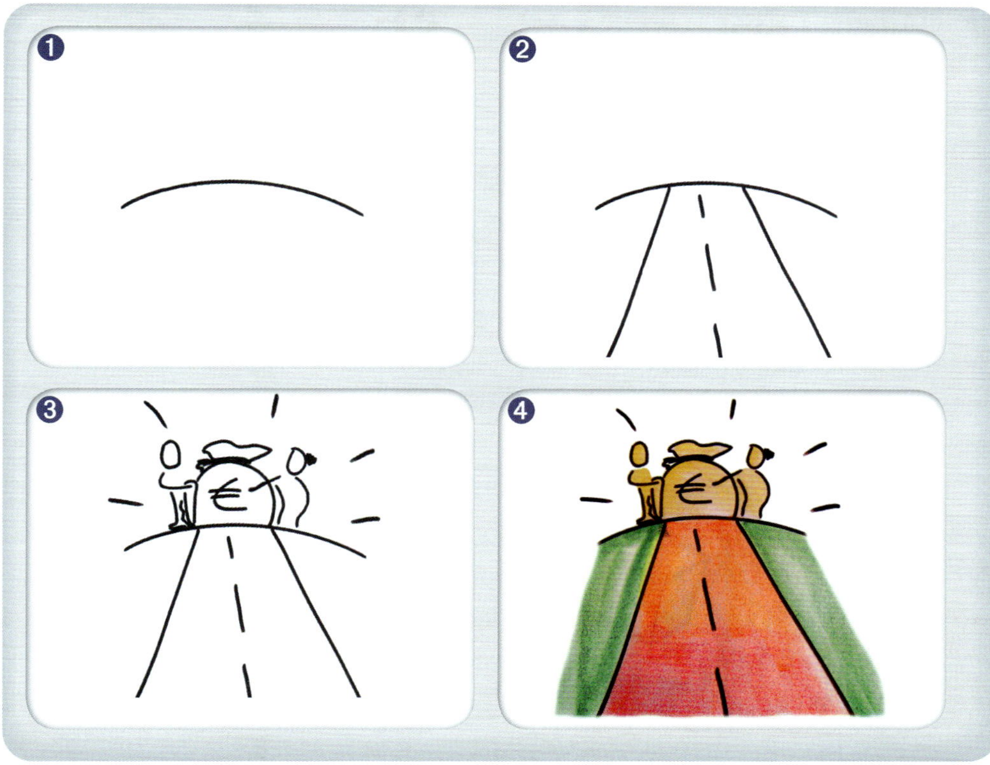
1
2
3
4

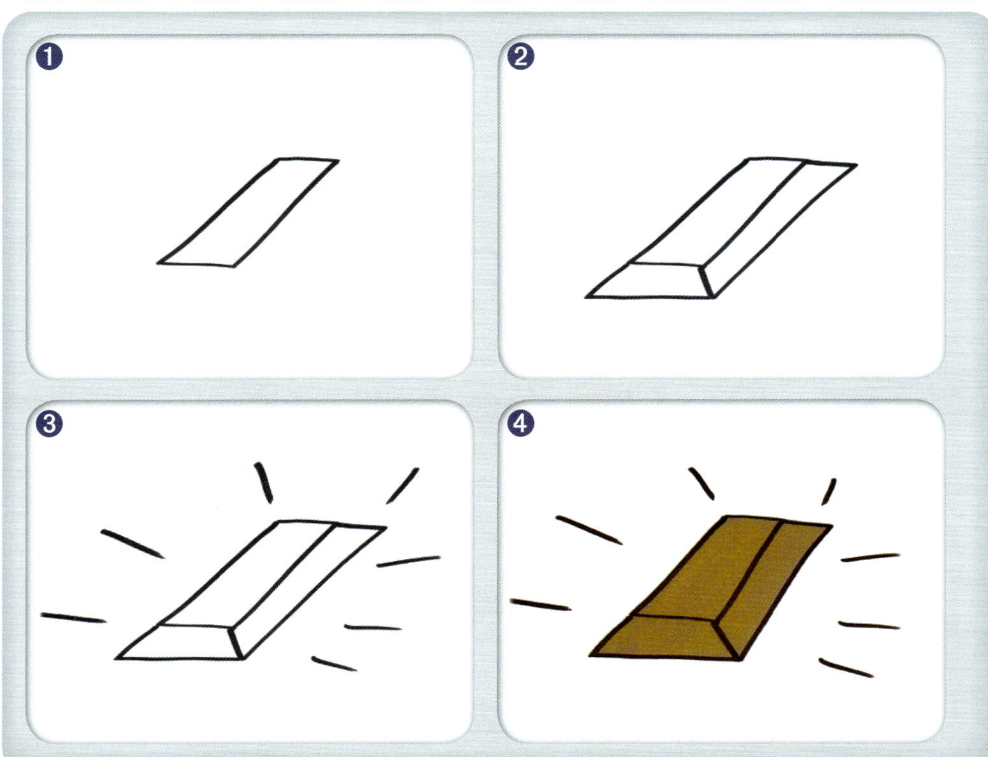
1
2
3
4

Pfeilformen

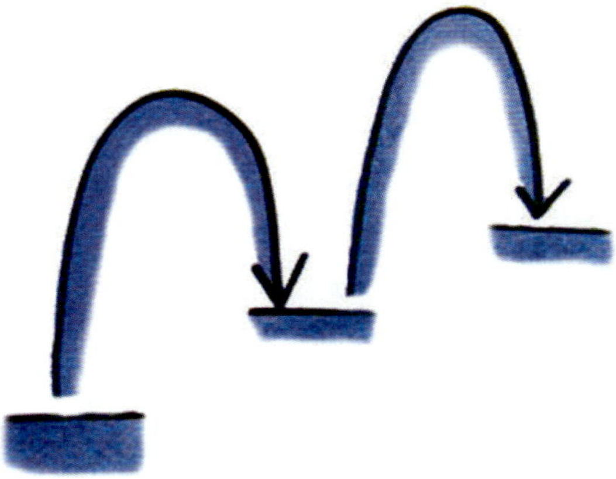

Pfeile in den unterschiedlichsten Arten, Formen und Kombinationen gehören zu jenen visuellen Symbolen, welche bei Pencil Selling unerlässlich sind und daher fast eine übergeordnete Bedeutung besitzen. Diese Formen schaffen Beziehungen, geben Richtungen an und lassen Über- und Unterordnungen rasch erkennen. Ich kenne kein Symbol, durch das sich Fortschritt, Rückschritt, Ab- und Aufwärtstendenzen und alle Richtungen unseres Koordinatensystems auf so einfache Art darstellen lassen. Eine besondere Eigenheit ist die Vielfalt an Kombinationsmöglichkeiten mit anderen geometrischen Formen. Einige davon haben Sie ja wahrscheinlich bei den anderen Symbolen in diesem Buch bereits entdeckt. Pfeile sind wahrscheinlich auch jene Formen, die uns die beste Möglichkeit bieten, mit bereits vorgefertigten elektronischen Präsentationen zu arbeiten und daraus ein Gesamtbild erstehen zu lassen.

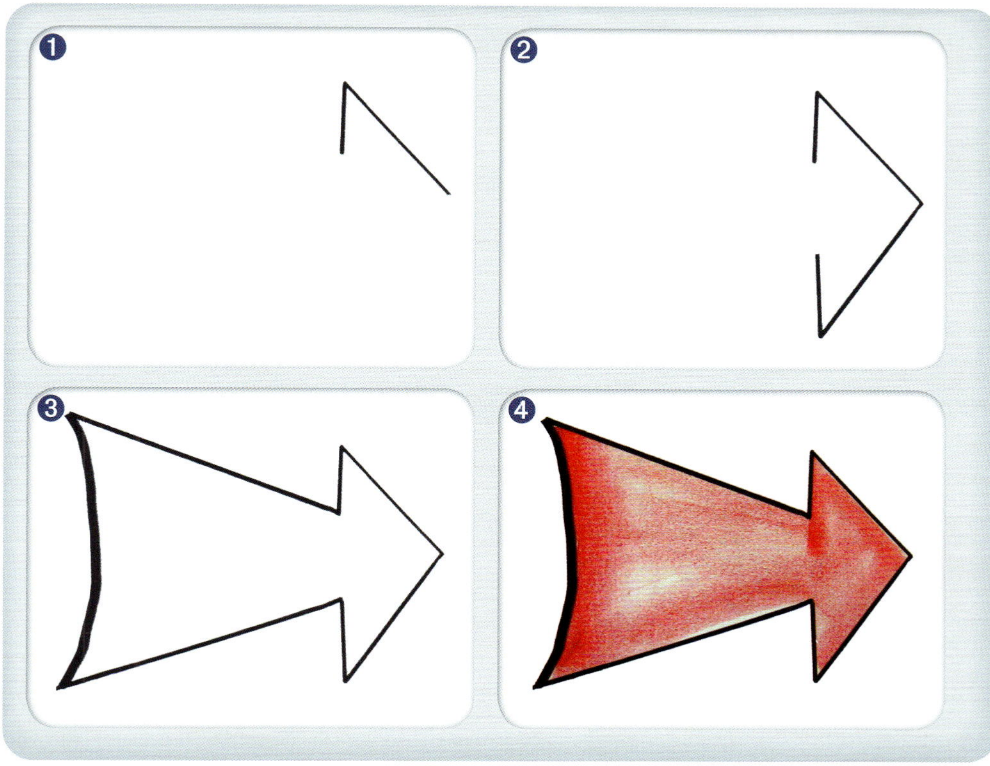
1
2
3
4

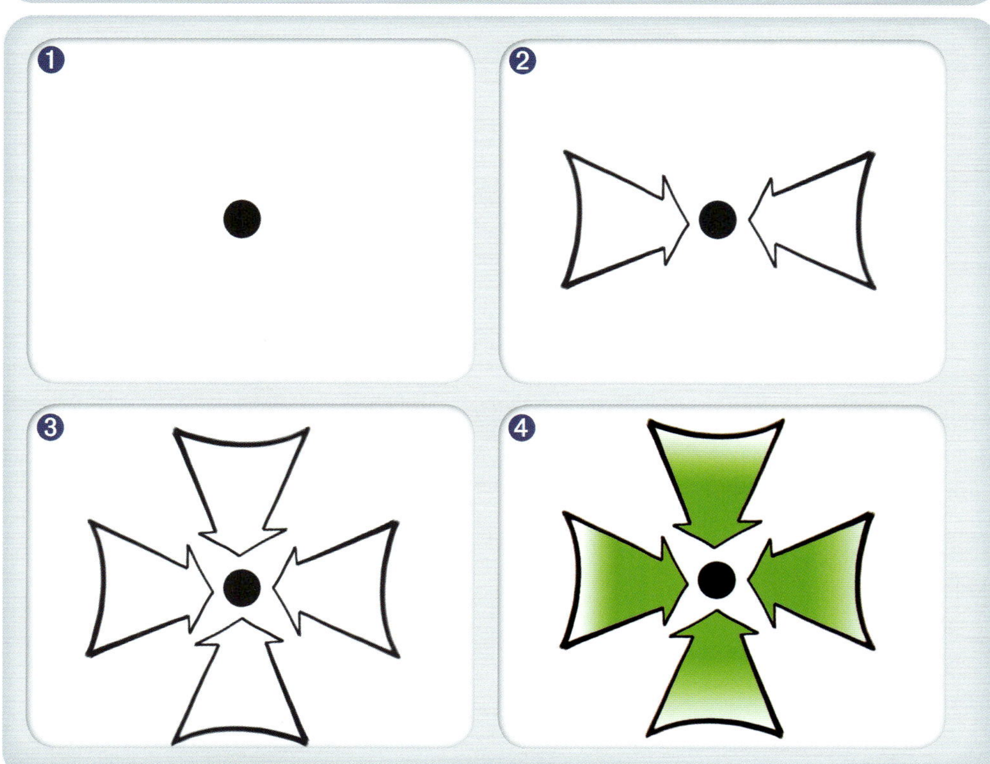
1
2
3
4

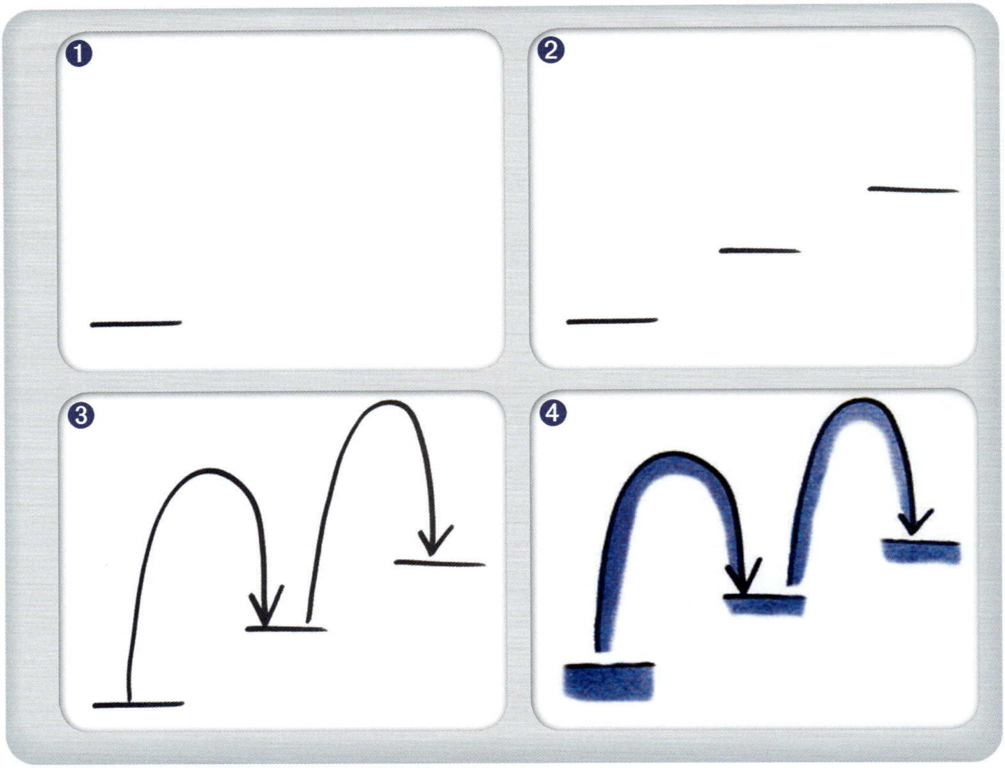
1
2
3
4

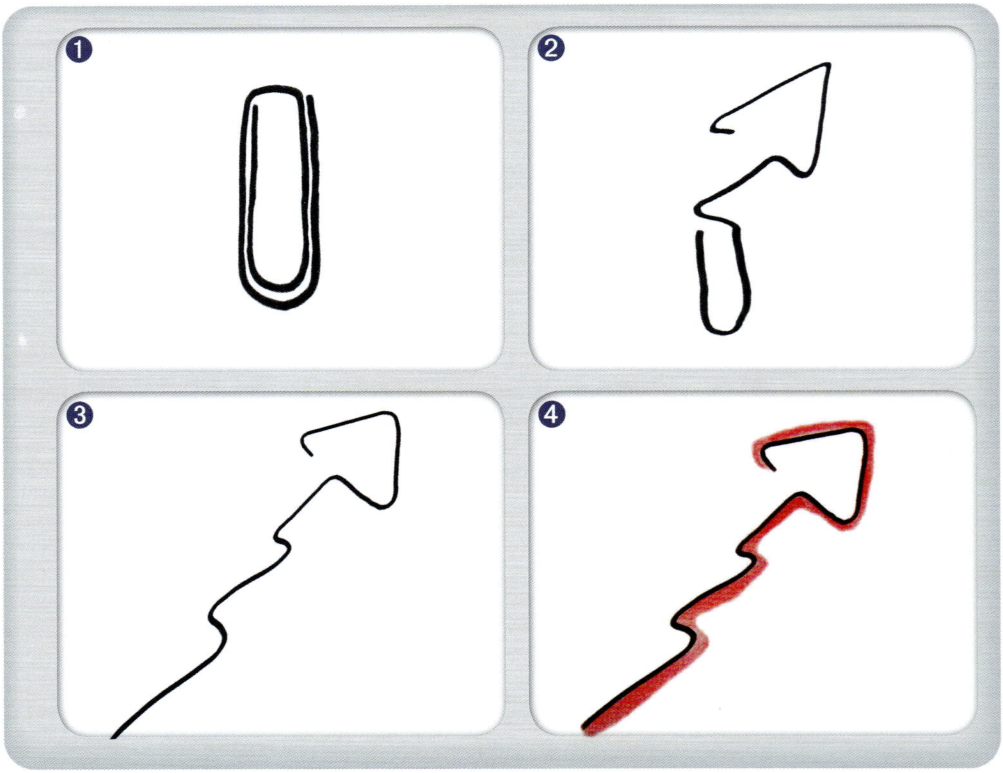
1
2
3
4

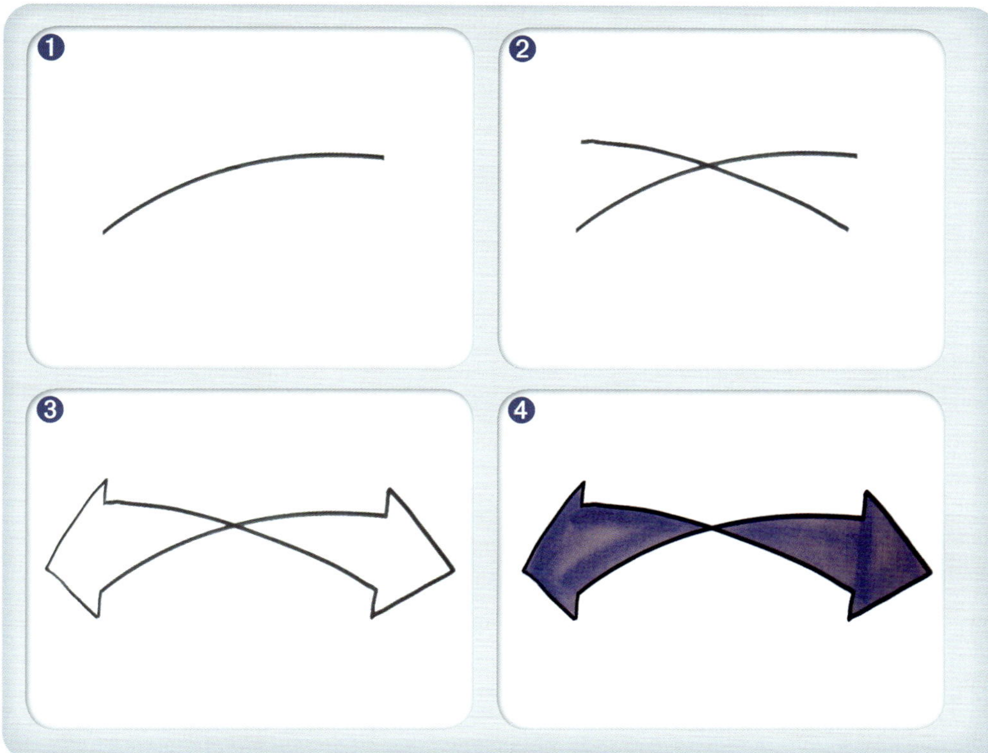
1
2
3
4

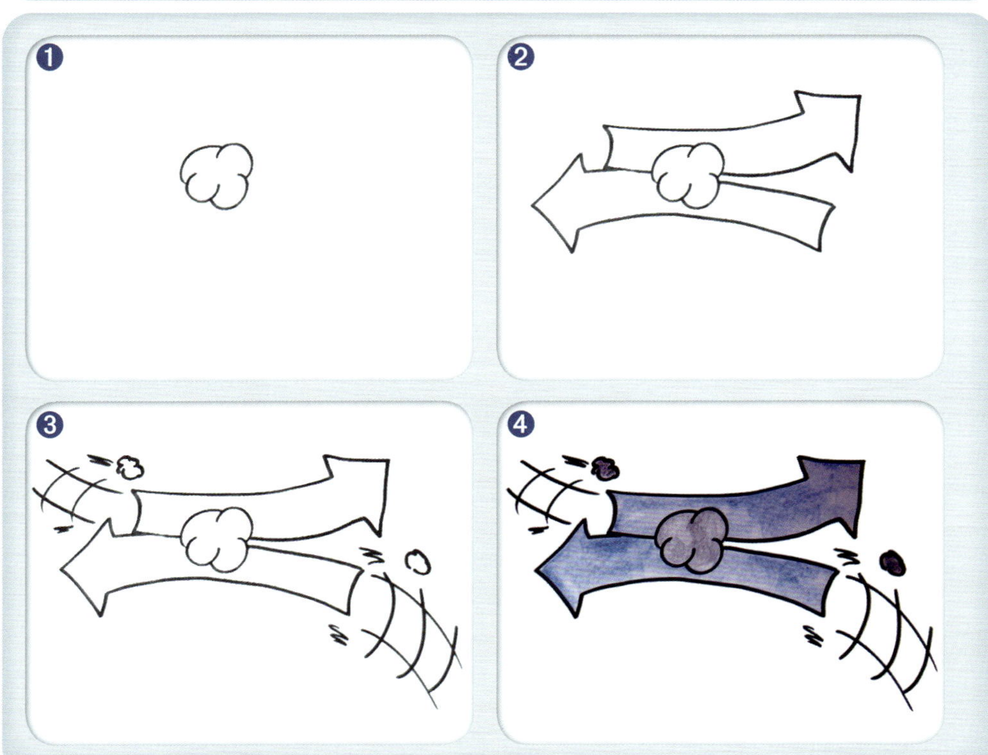
1
2
3
4

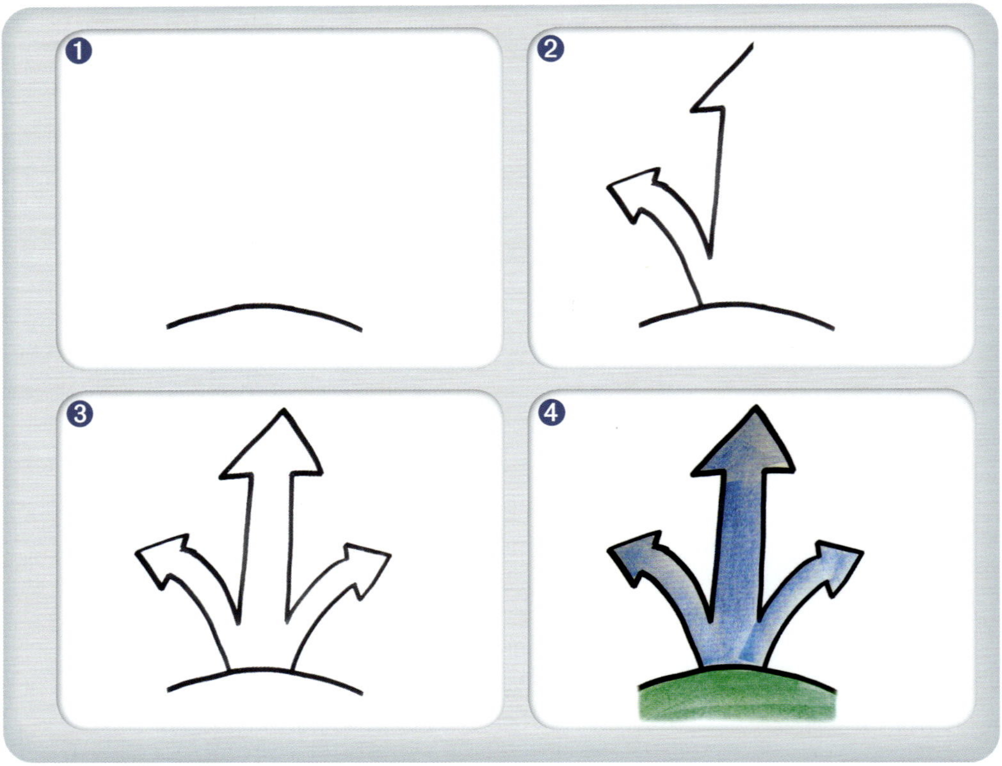
1
2
3
4

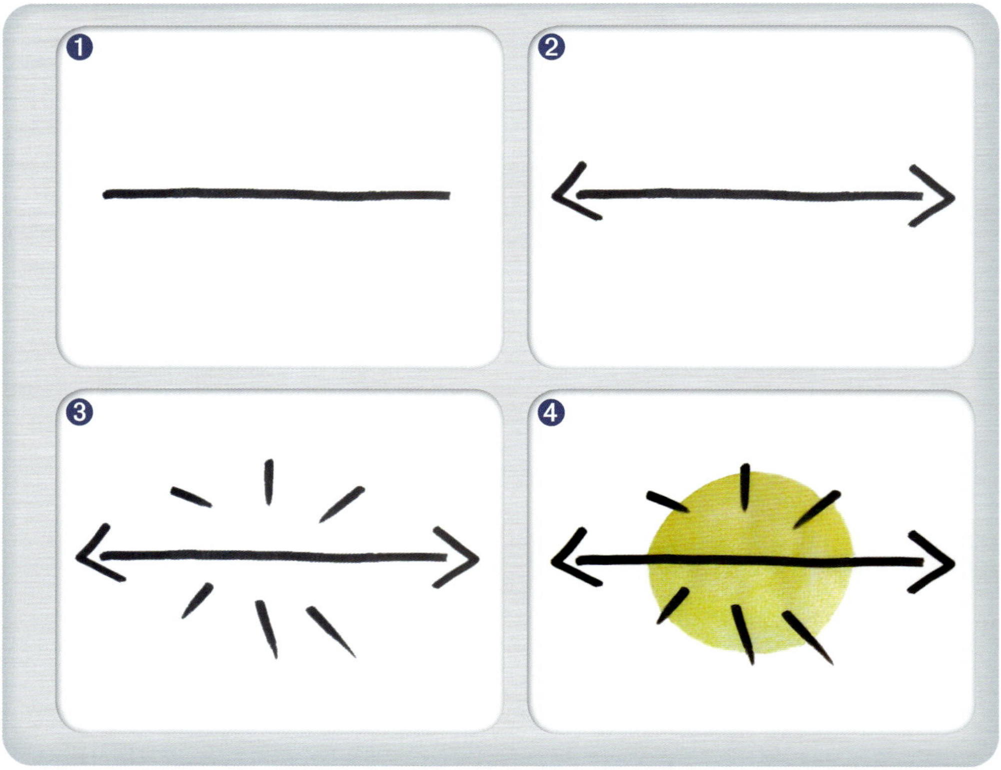
1
2
3
4

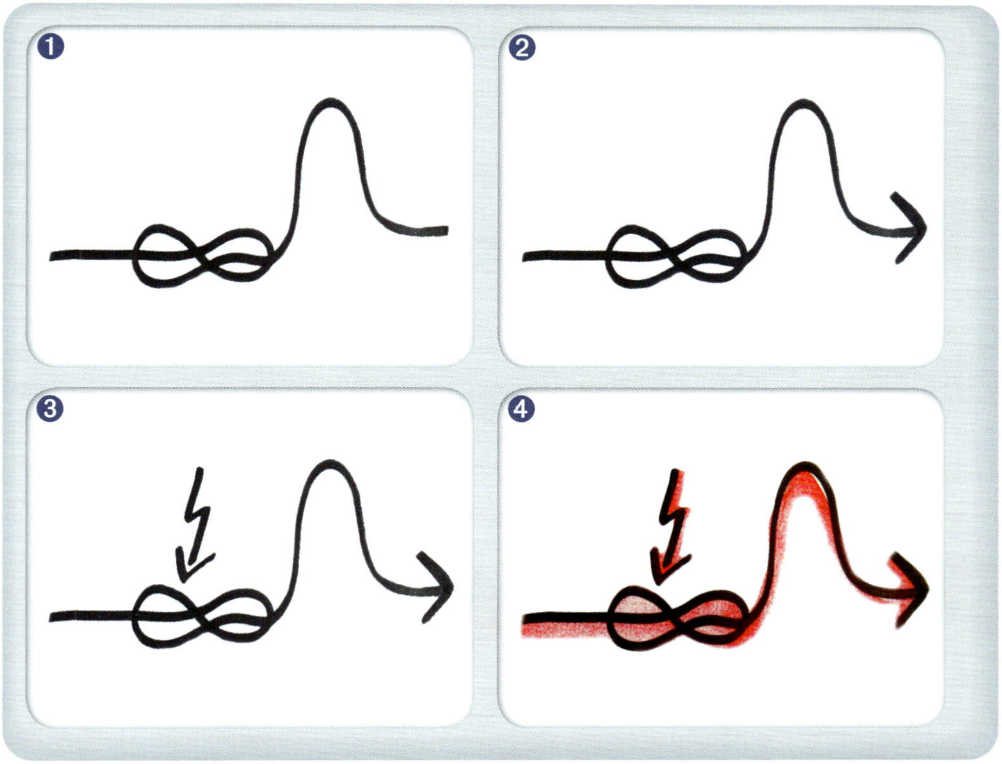
1
2
3
4

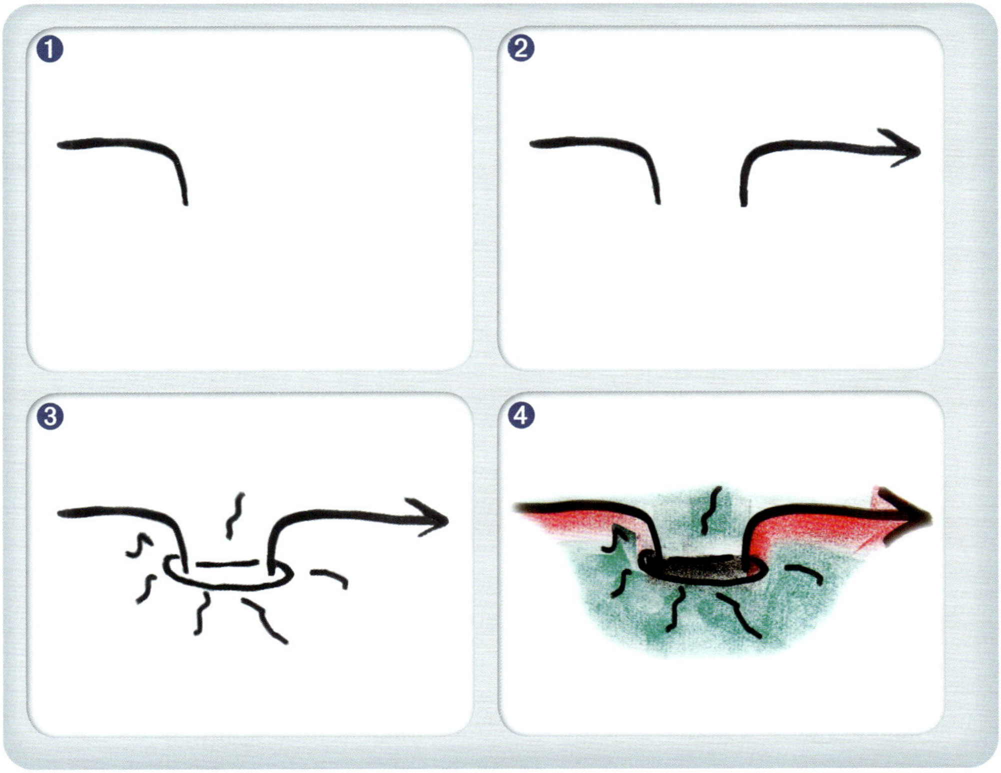
1
2
3
4

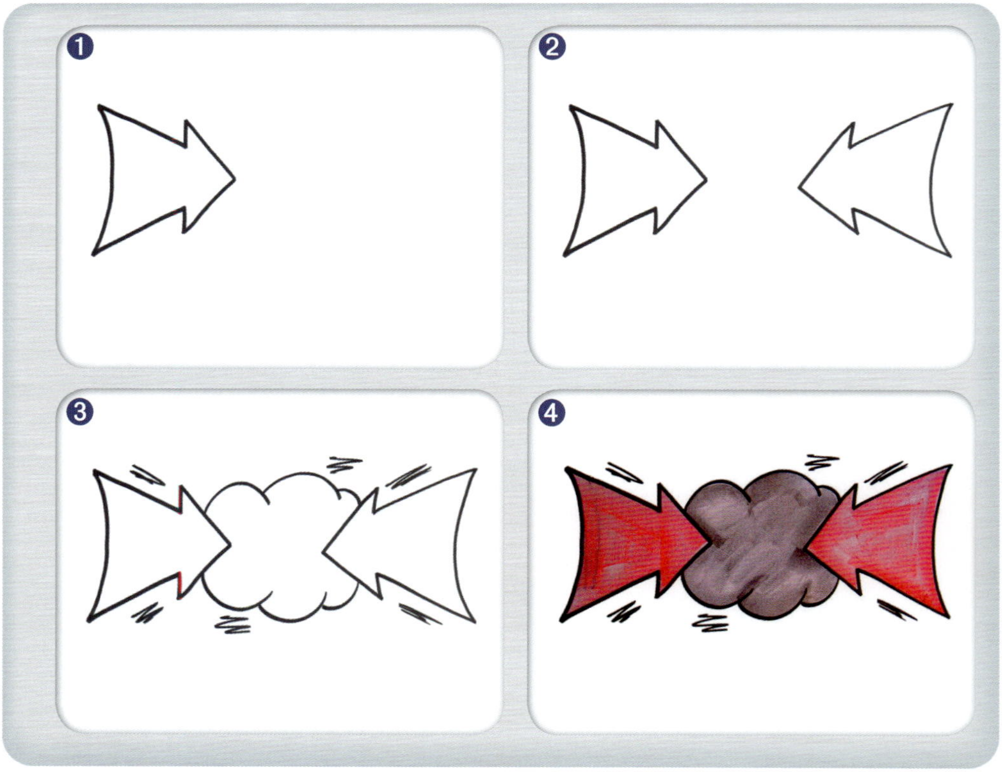

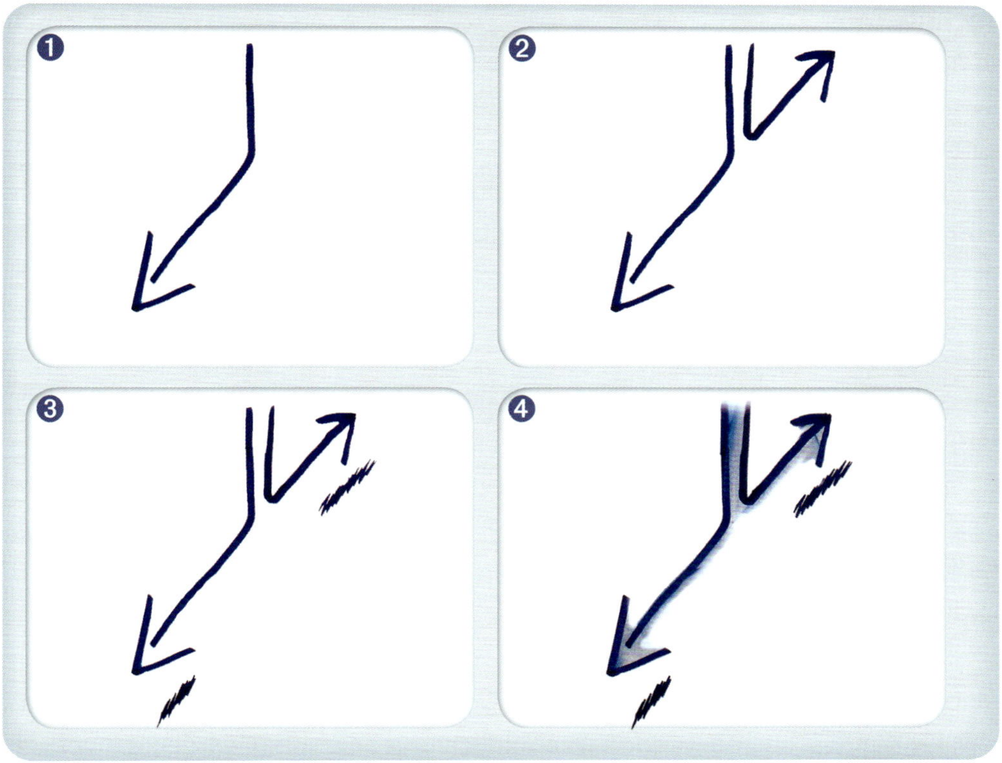
1
2
3
4

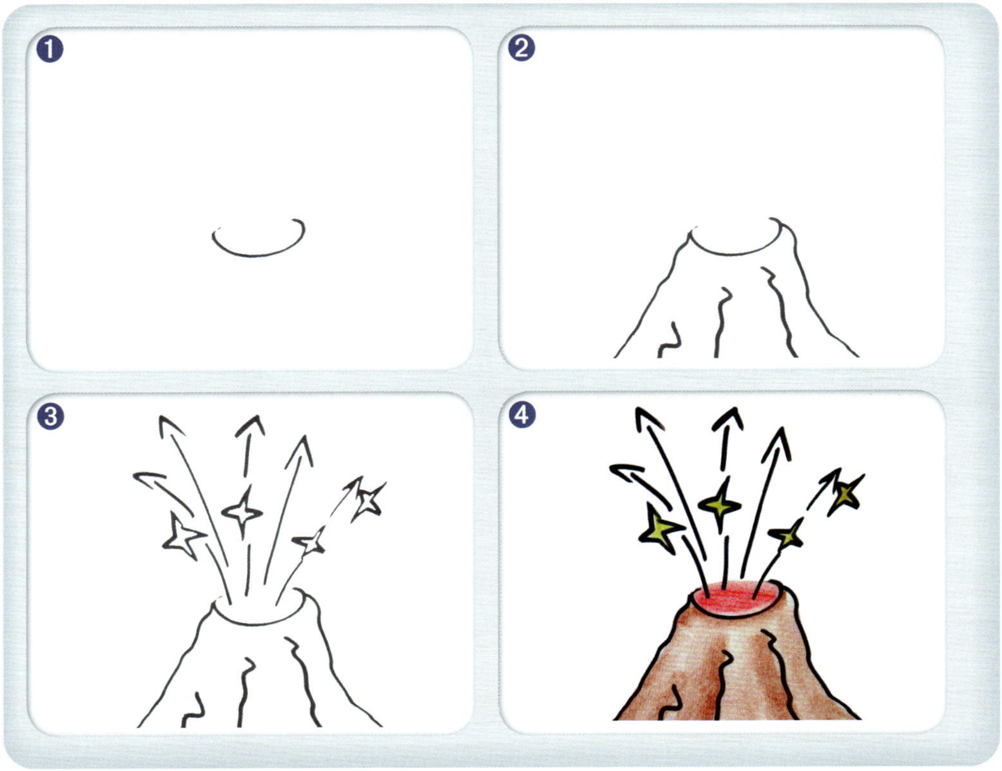
1
2
3
4

Technik

In der Welt der Präzision und Genauigkeit finden eine Vielzahl von normierten Symbolen und Standards ihre Verwendung. Dies führt auch so manchmal zu einer gewissen Nüchternheit bei Publikationen und Präsentationen. Die Sprache von Technikern/Technikerinnen in eine für die Allgemeinheit verständliche Form zu bringen und dabei keine inhaltlichen Qualitätsverluste in Kauf nehmen zu müssen, das ist die Herausforderung für die Visualisierung mit der freien Hand.

Als langjährigem Impulsgeber des ersten österreichischen Referenzlabors für Luftgütemessungen der Europäischen Union war es auch mir immer wichtig, komplexe fachliche Inhalte in diversen Presseaussendungen und vor laufenden TV-Kameras allgemein verständlich vermitteln zu können. Auch damals bediente ich mich bereits visueller Darstellungen, ohne mich zu sehr im Fachjargon zu verlieren.

Heute visualisiere ich für Unternehmen technische Inhalte, sodass diese vor allem für Kundinnen und Kunden verständlich und begreifbar werden. Eingesetzt werden diese Darstellungen in technischen Publikationen, bei Präsentationen und Verkaufsgesprächen. Einige meiner Auftraggeber zählen diese Art der Informationsvermittlung mittlerweile zum eigenen USP (unique selling position). Nicht zuletzt wird durch diese Art der Visualisierung der Erinnerungswert von Informationen wesentlich gesteigert, zusätzlich wird der gewünschte Werbeeffekt erreicht.

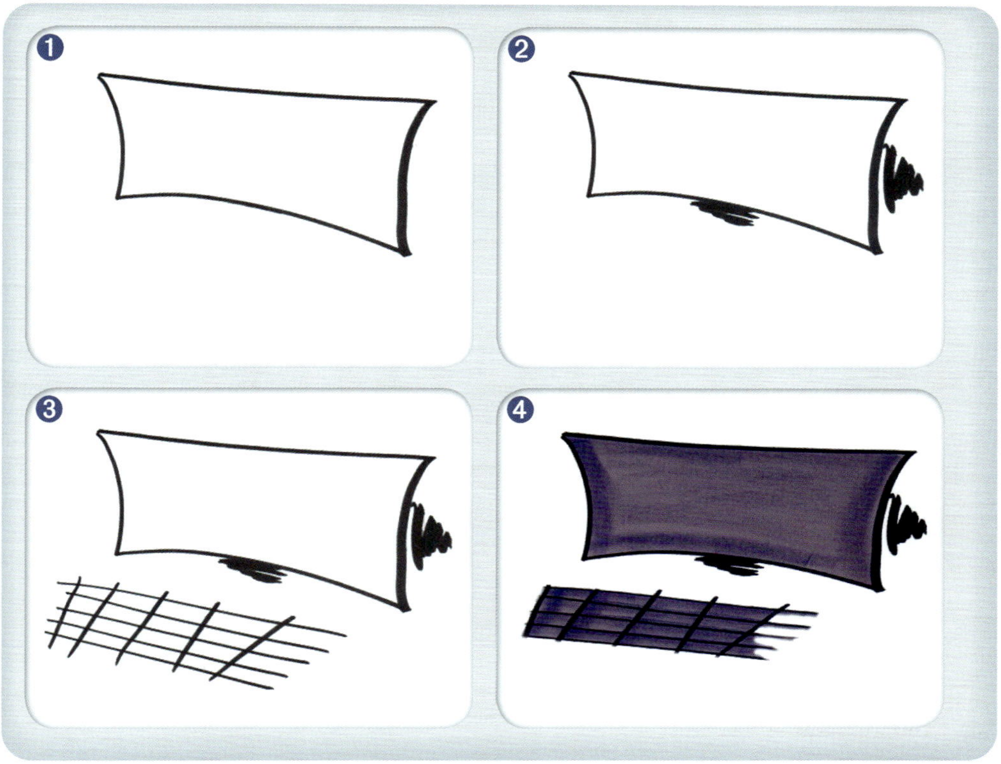
1
2
3
4

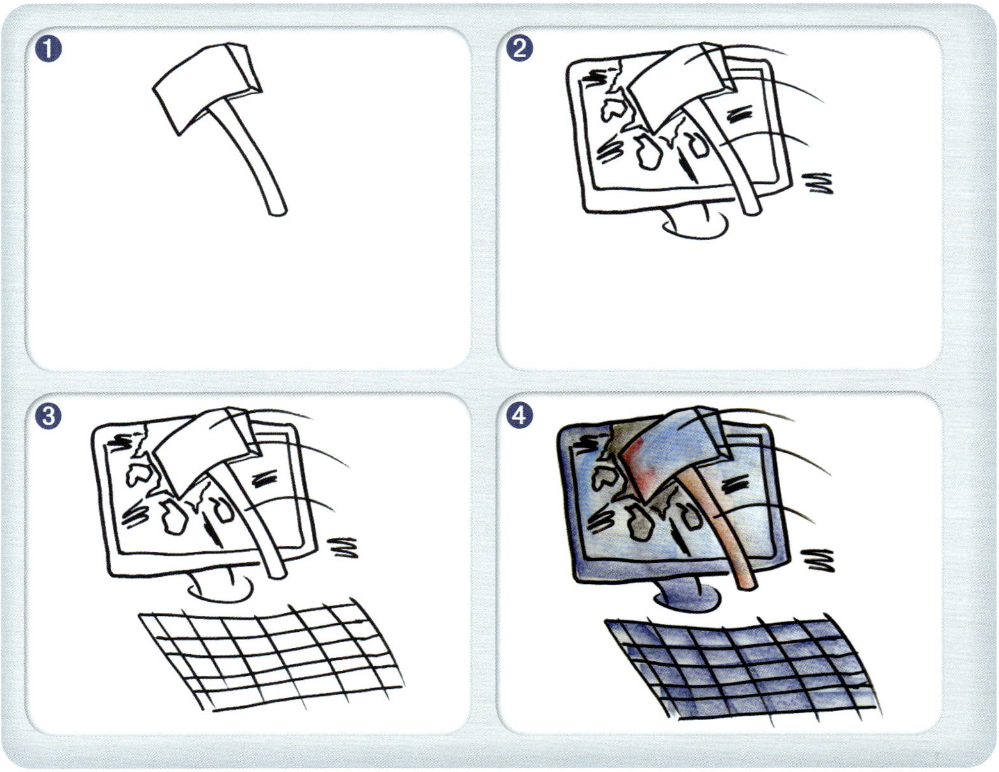
1
2
3
4

1
2
3
4

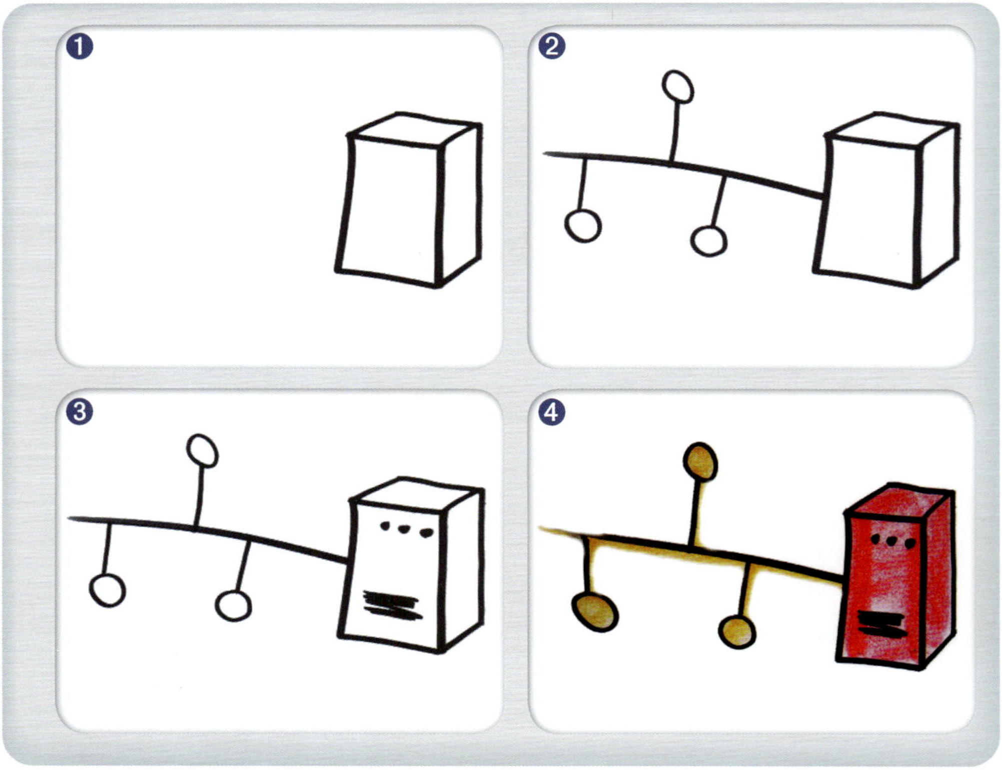
1
2
3
4

1
2
3
4

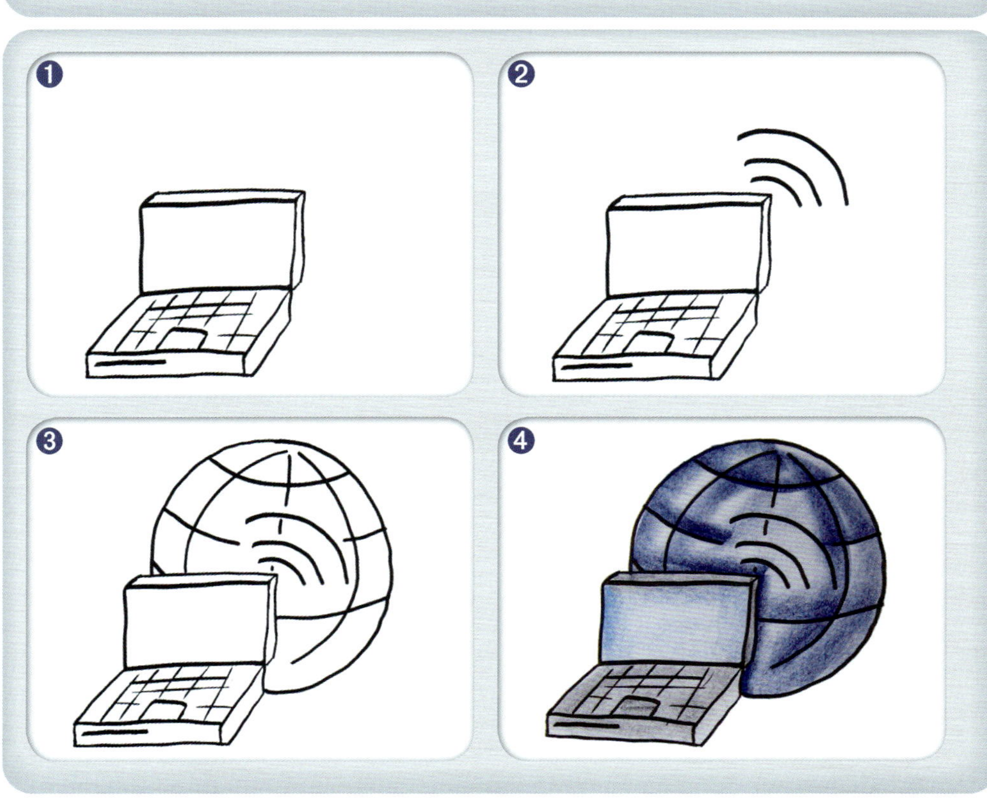
1
2
3
4

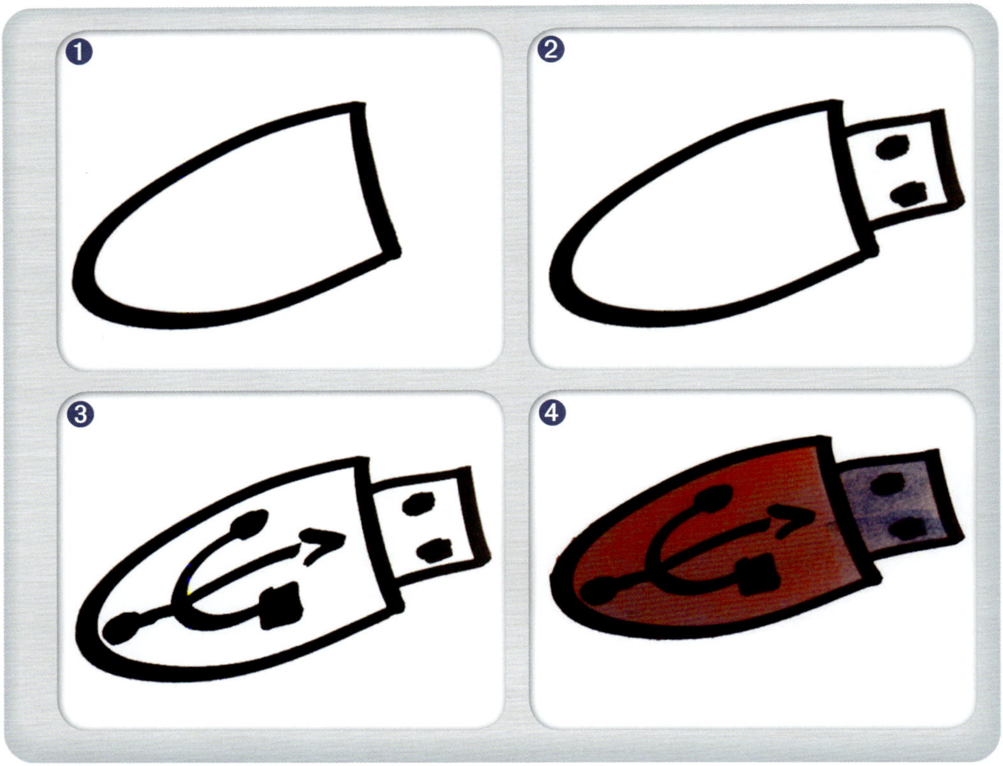

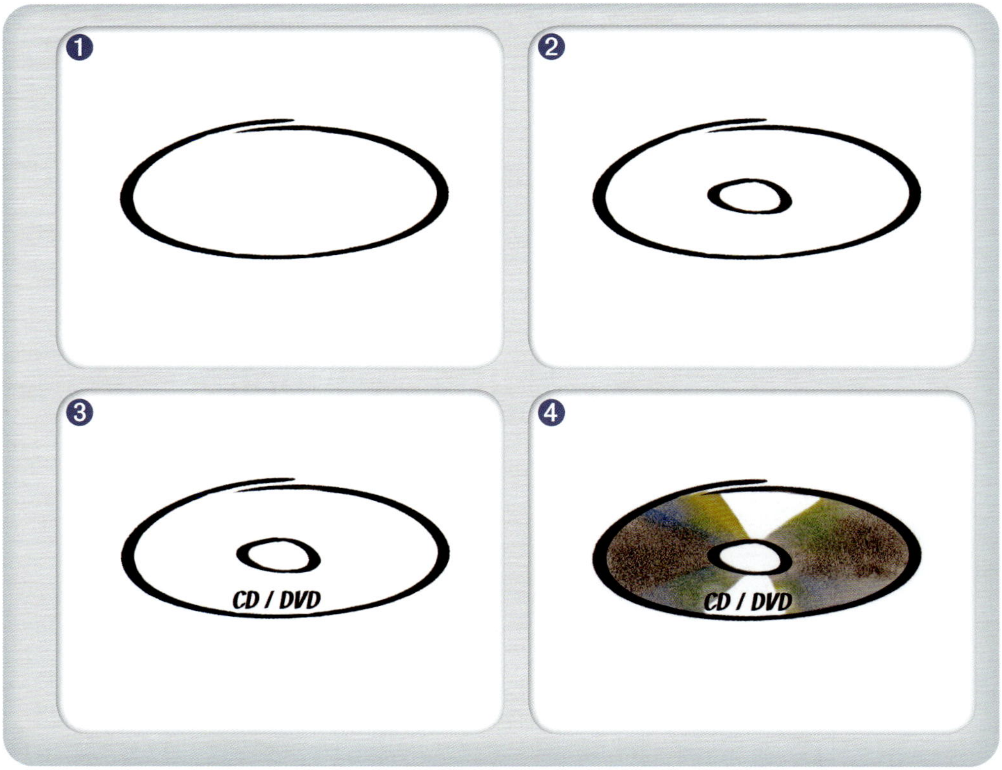
CD / DVD
CD / DVD

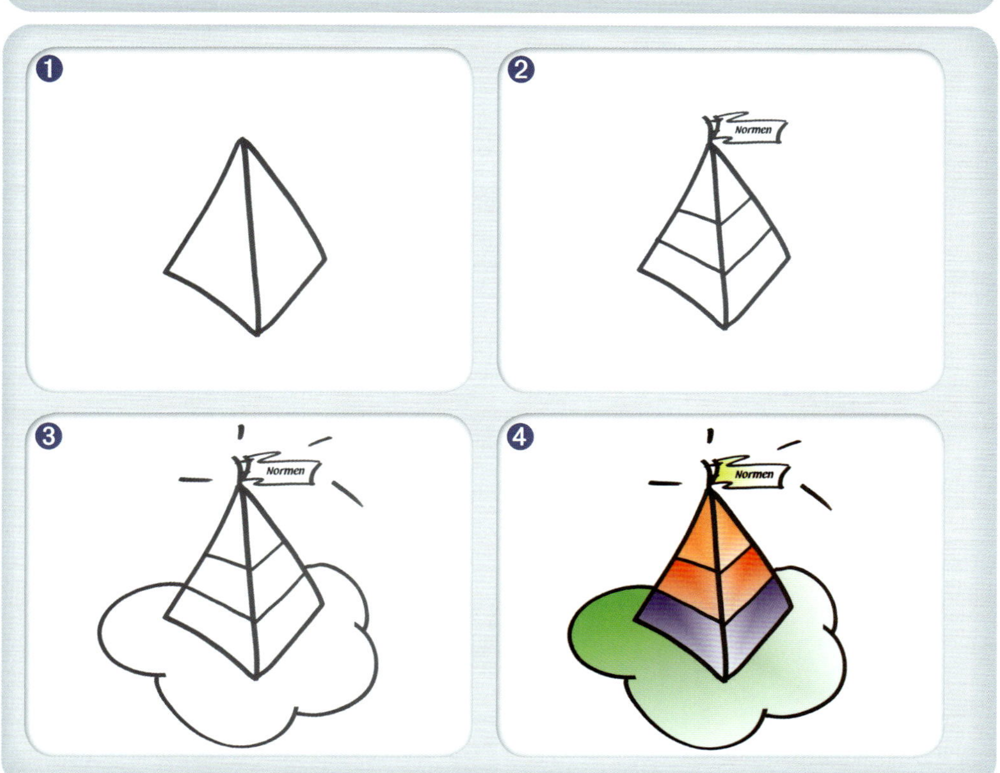
Normen
Normen
Normen

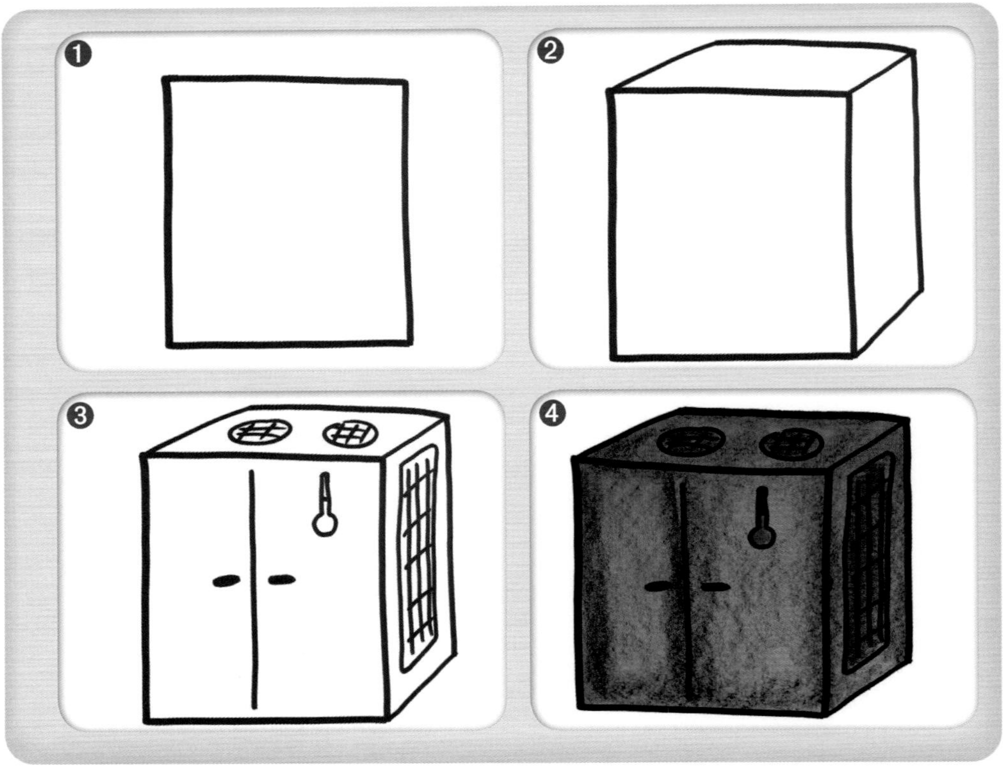

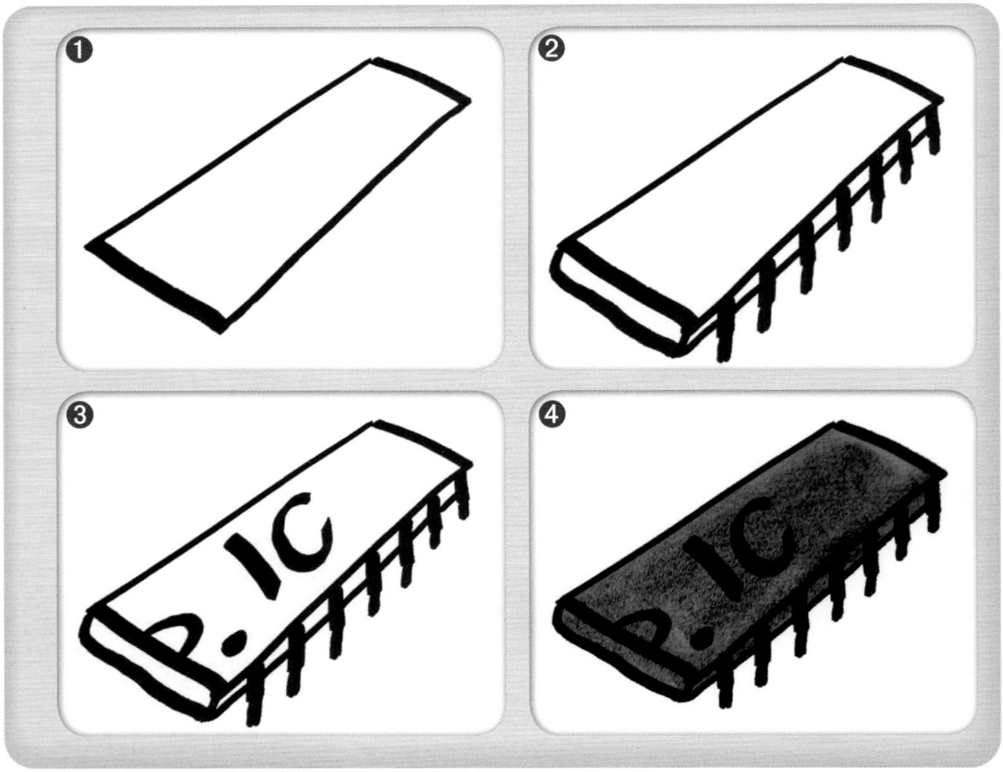
P. IC
P. IC

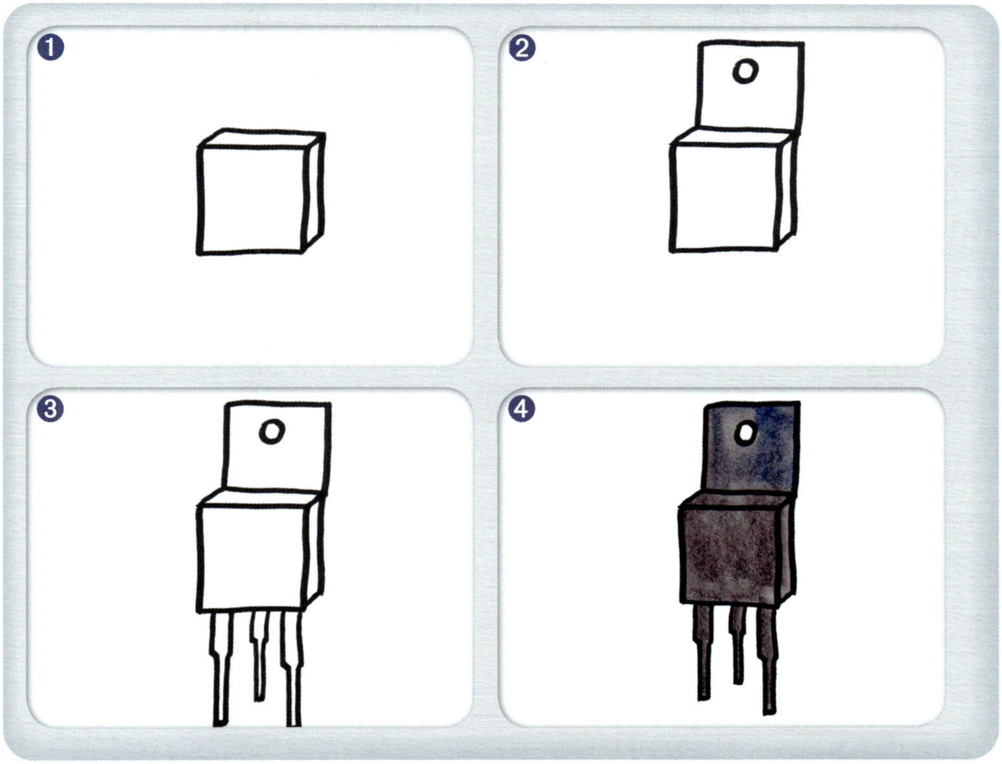
1
2
3
4

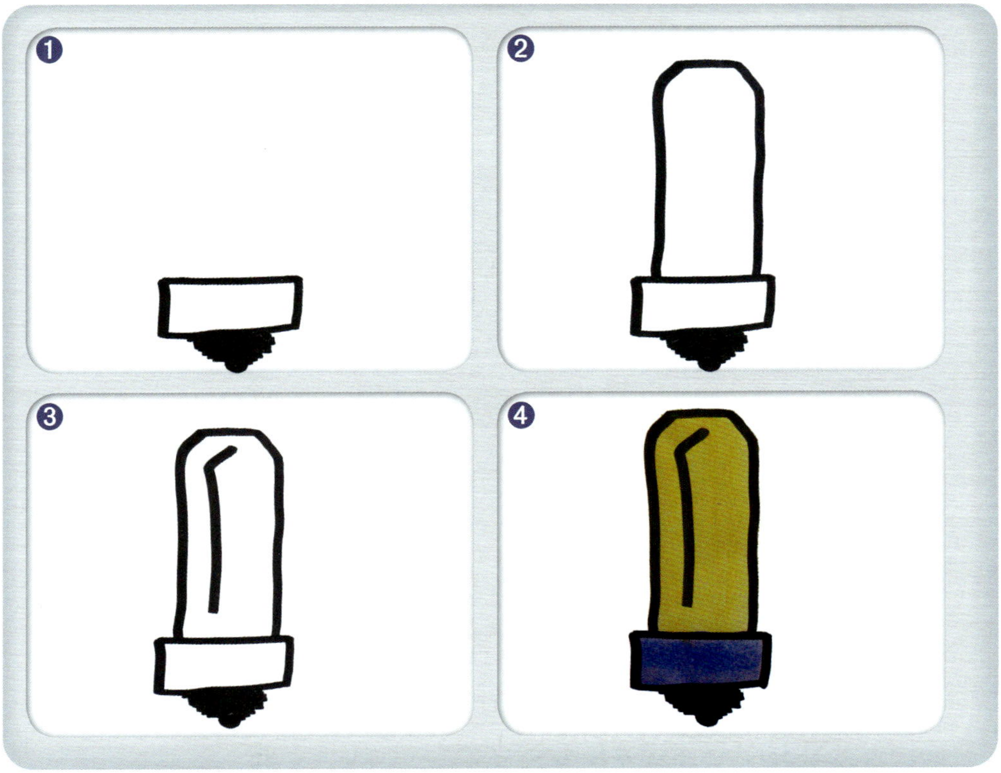
1
2
3
4

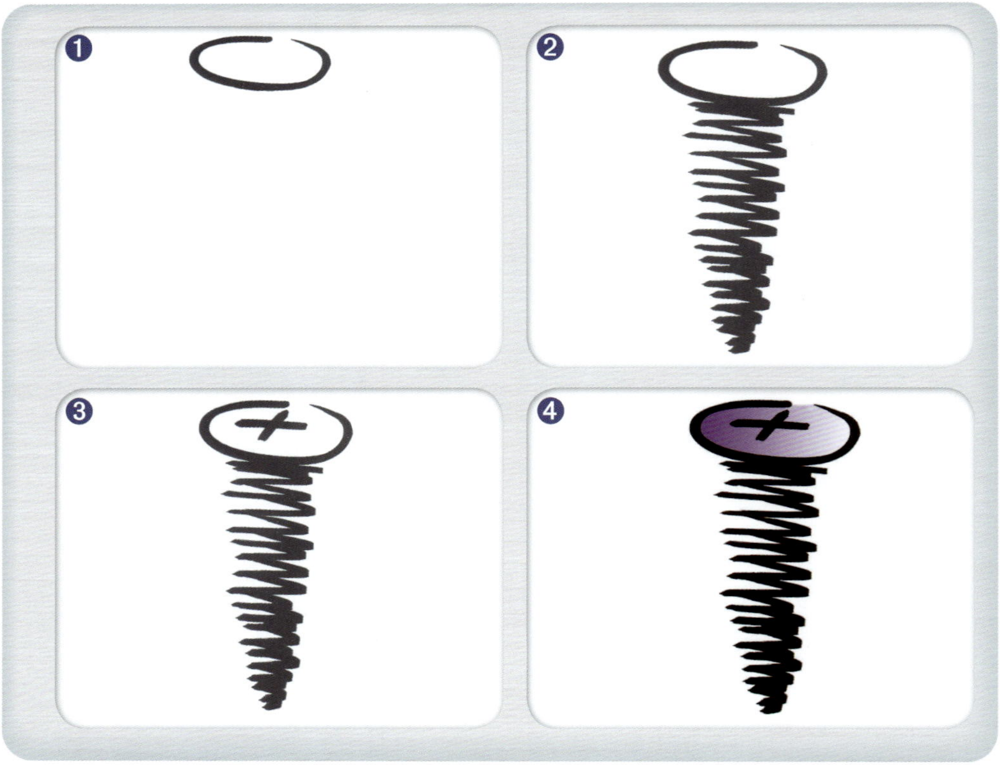
1
2
3
4

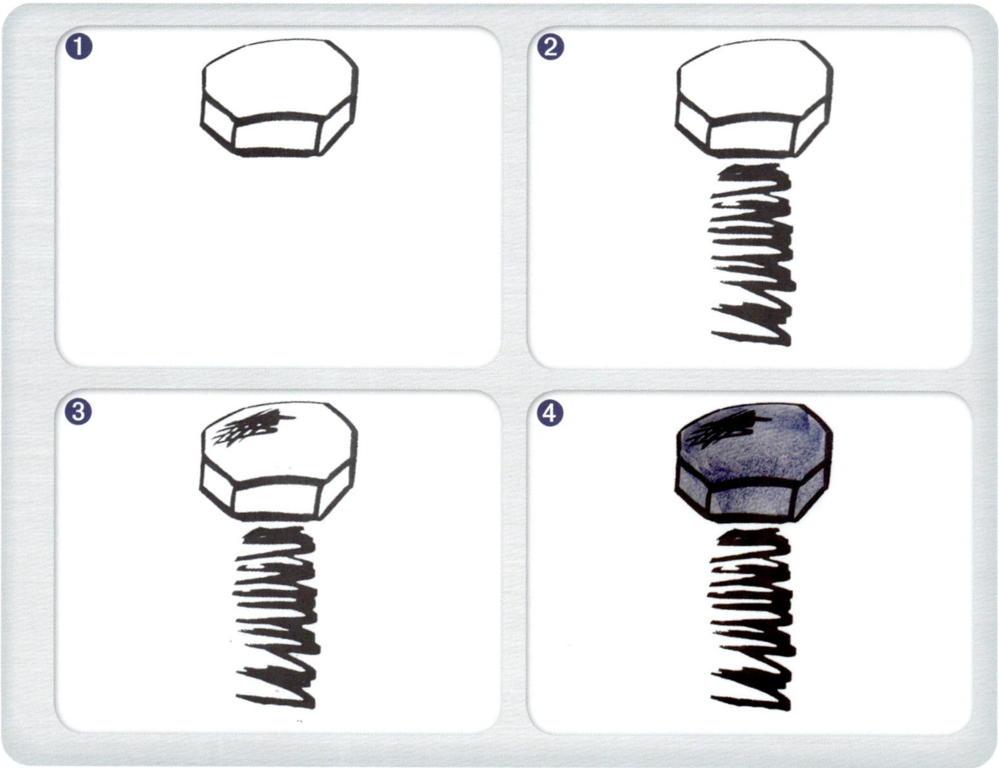
1
2
3
4

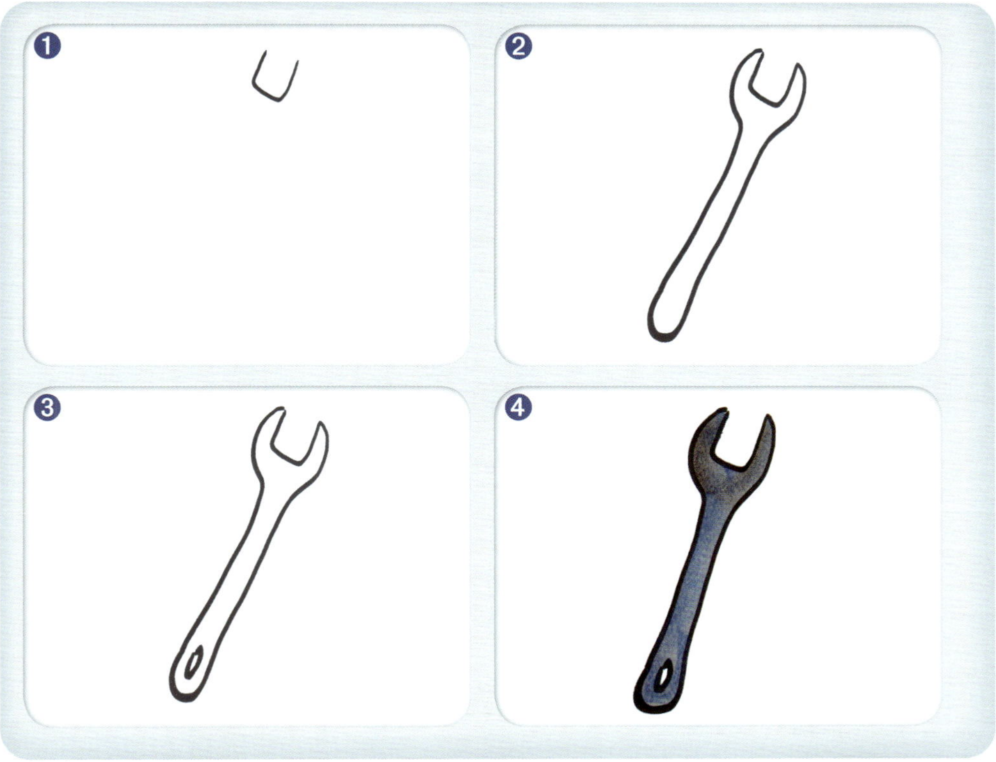
1
2
3
4

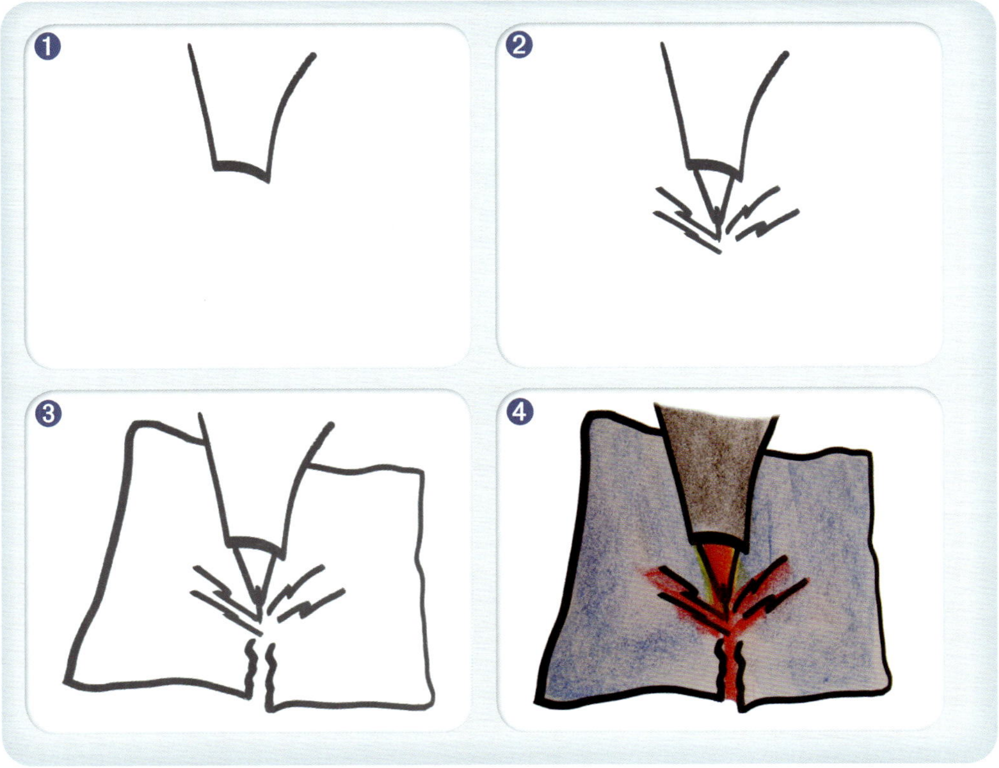
1
2
3
4

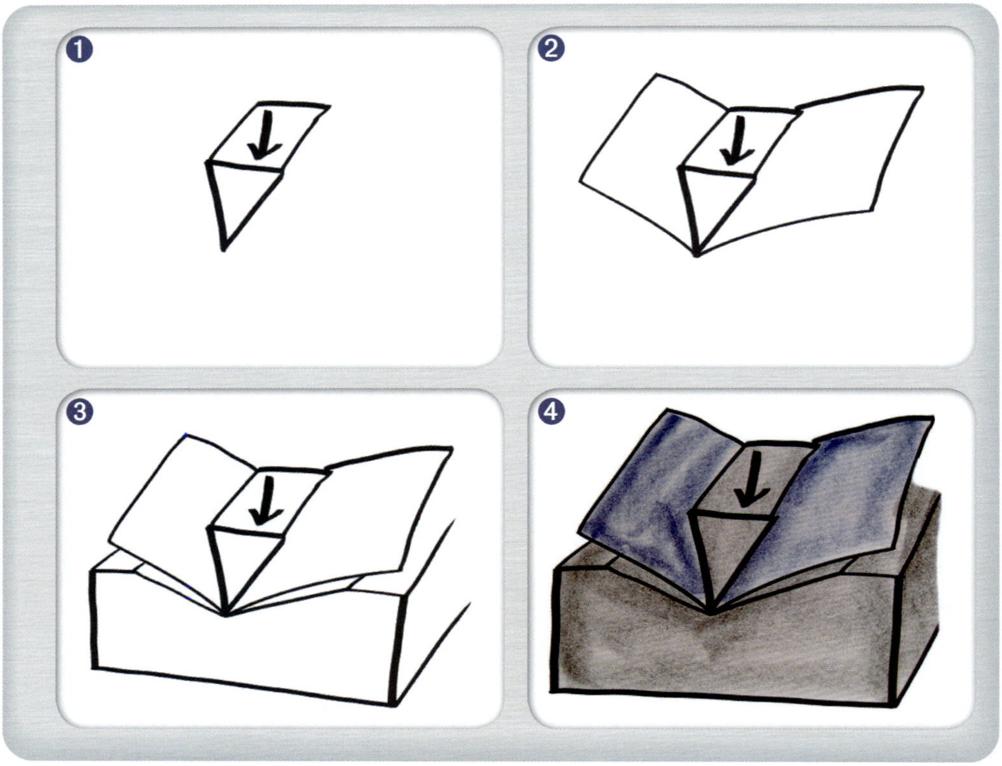
1
2
3
4

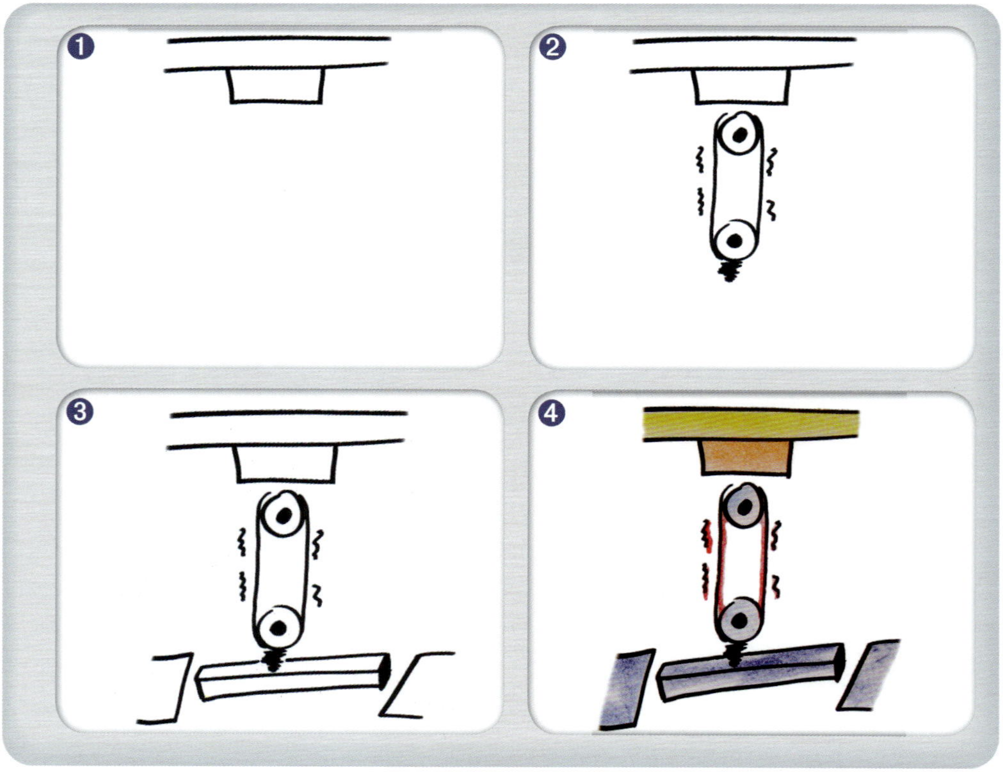
1
2
3
4

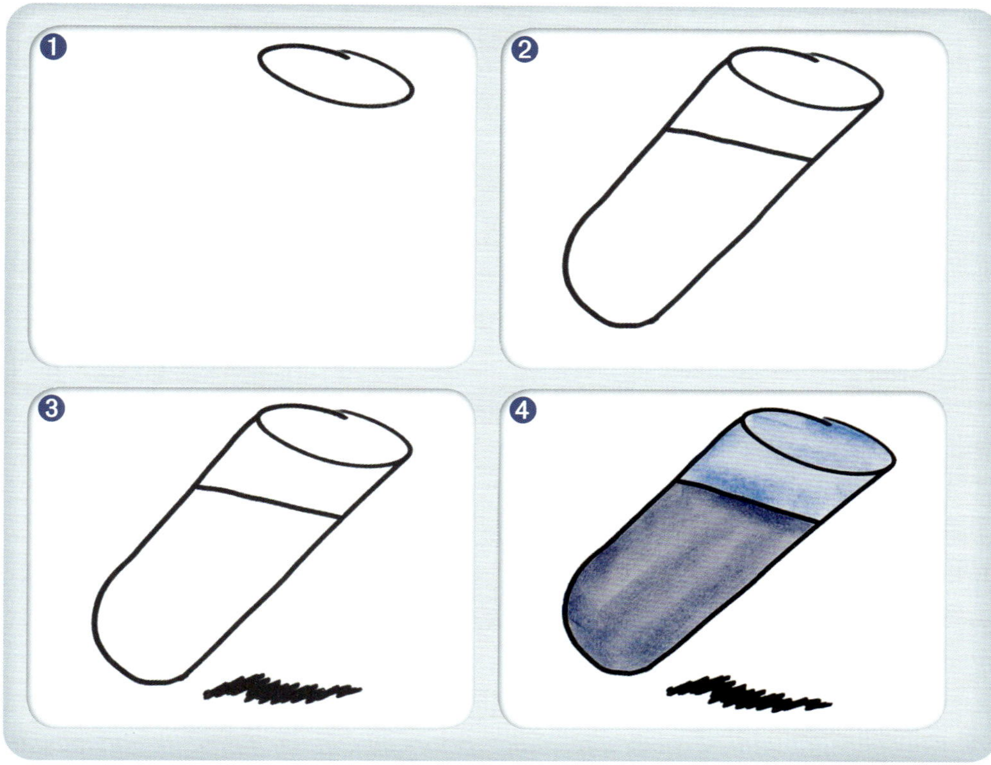
1
2
3
4

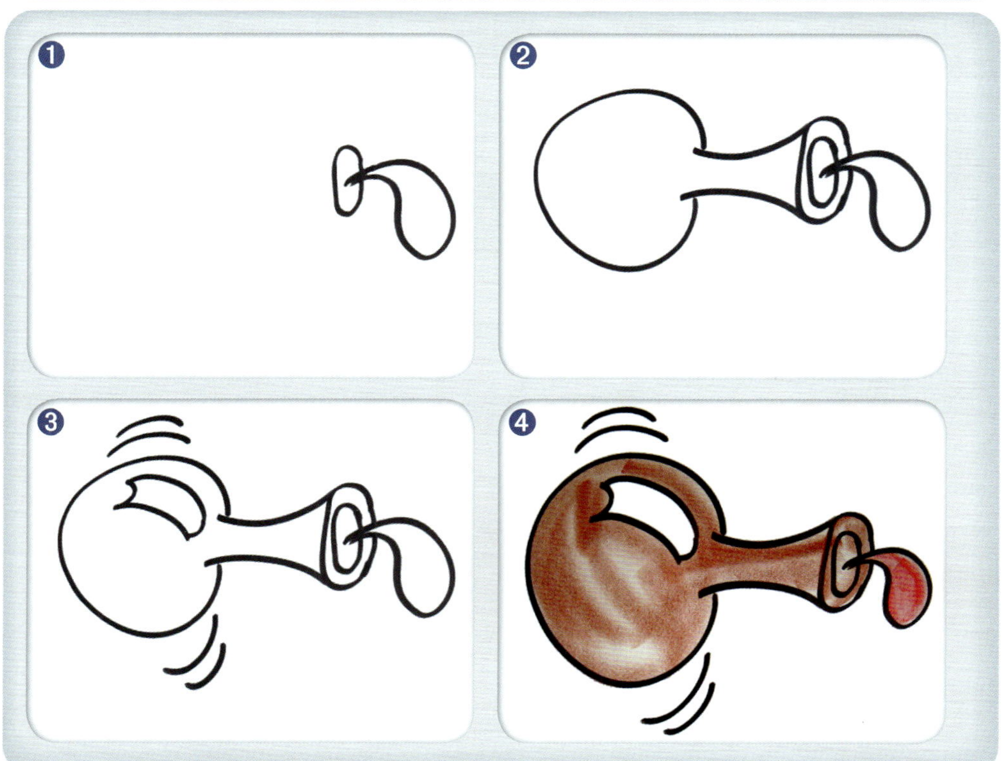
1
2
3
4

Tierisches aus der Berufswelt

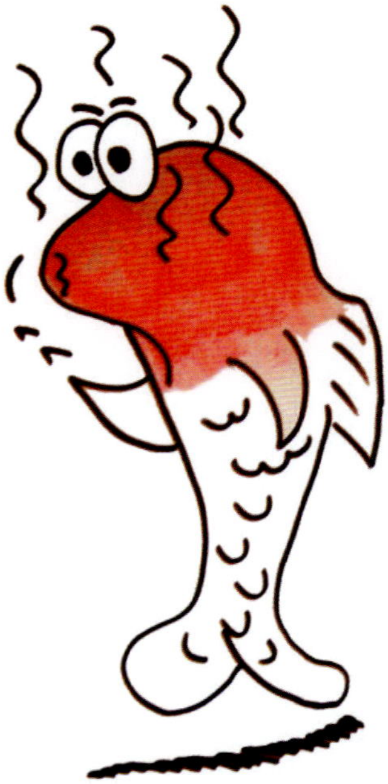

Ganz unterschiedlich werden Sprichwörter aus der Tierwelt im täglichen Umgang miteinander verwendet. So wie ein „Fisch immer beim Kopf zu stinken beginnt“, so hat auch fast jede Gruppe ihr „schwarzes Schaf“. Mit diesen oder ähnlichen Redewendungen kann man daher meist eine sehr treffende oder pointierte Aussage machen.

Hier zum Visualisieren ein paar der bekanntesten und flottesten Sprüche: Eine „lahme Ente“, das „Schneckentempo“ oder der „Affenzahn“ sind oft Umschreibungen des Arbeitstempos. Meist ist natürlich irgendwo „der Hund begraben“ oder „eine Katze beißt sich in den Schwanz“. „Sei kein Frosch“ wiederum beinhaltet die Aufforderung „Versuch es doch – trau dich!“. Ein „Hirsch“ oder eine „Gans“ zu sein ist nicht unbedingt ein Kompliment, da ist man als „Eule“ oder „Hahn im Korb“ schon besser dran. Der „Spatz in der Hand“ ist bekanntlich besser als die „Taube auf dem Dach“. Auch ein „sturer Esel“ hat so seine Probleme. Ebenso wie das viel zitierte „Dreckschwein“. Wobei „die Sau raus lassen“ viel aufwendiger zu zeichnen ist. Viele reden genau so viel wie ein Papagei. Und wenn wir schon bei den exotischen Tierarten sind, dürfen Affe, Nilpferd und Walross als liebevoll gemeinte Bezeichnung für manche Mitmenschen nicht fehlen. Soweit das Wichtigste aus der Welt der Tiere. Jetzt hoffe ich, dass Ihnen der „tierische Humor“ in Zukunft leichter von der Hand gehen wird.

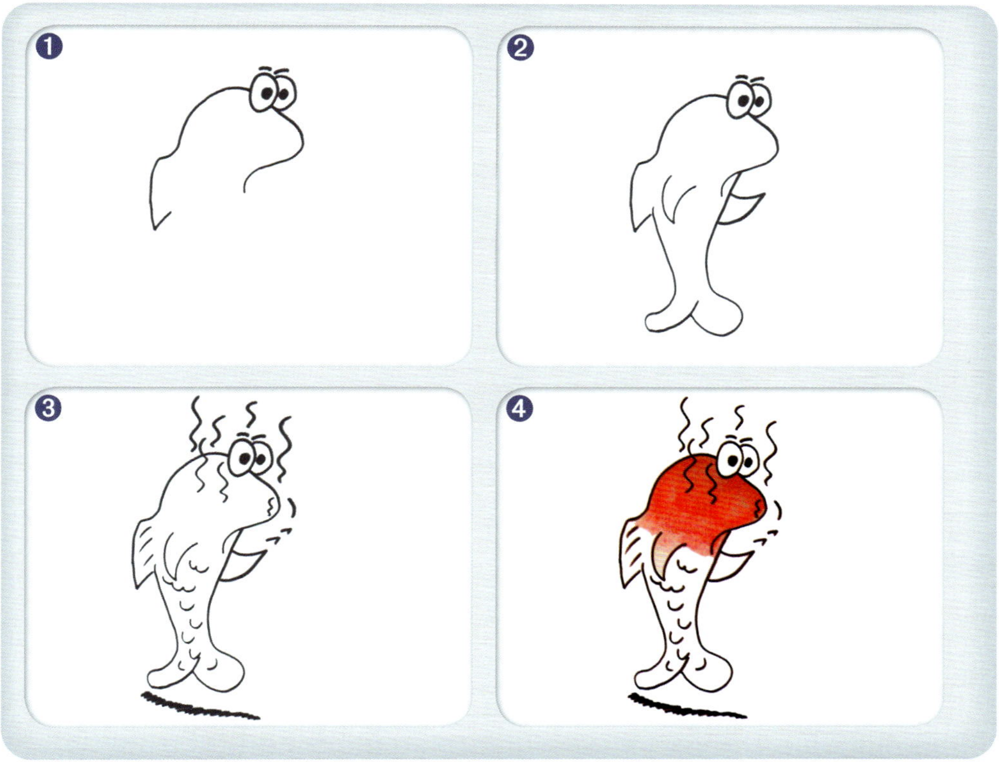

1
2
3
4

1
2
3
4

1
2
3
4

1
2
3
4

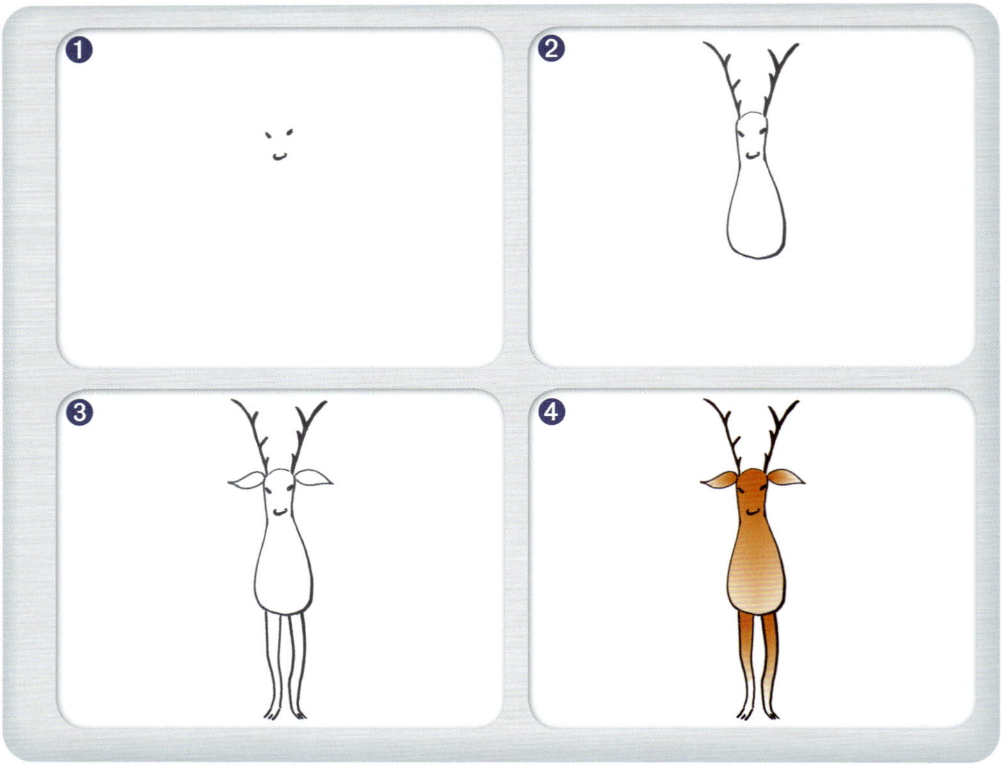

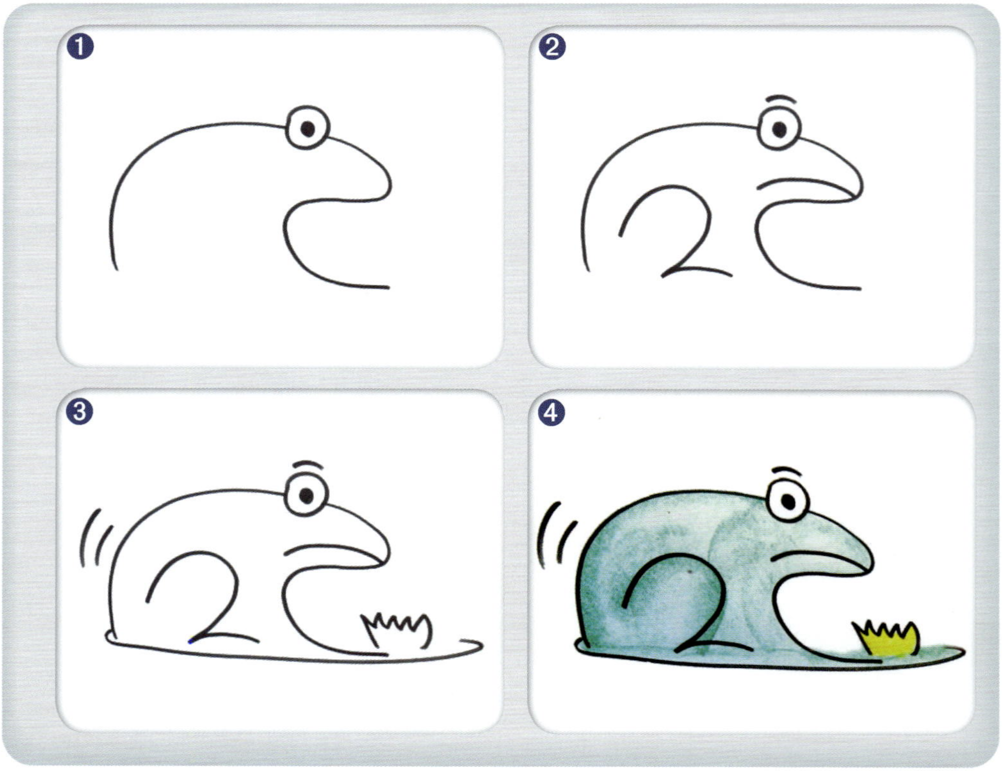

1
2
3
4

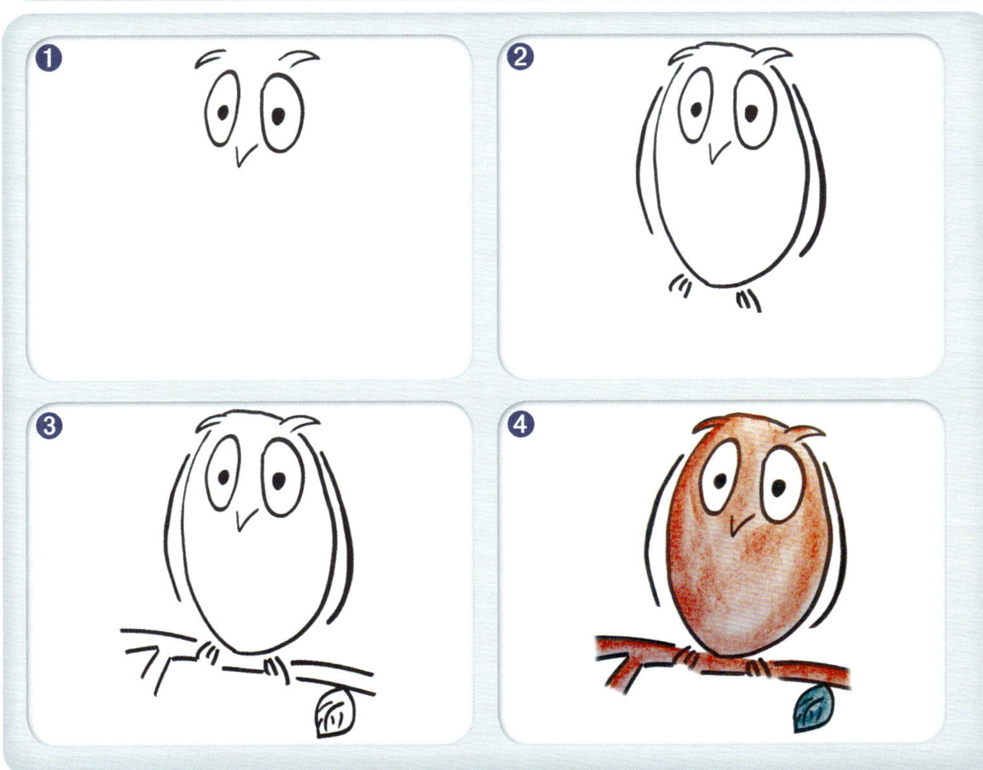
1
2
3
4

1
2
3
4

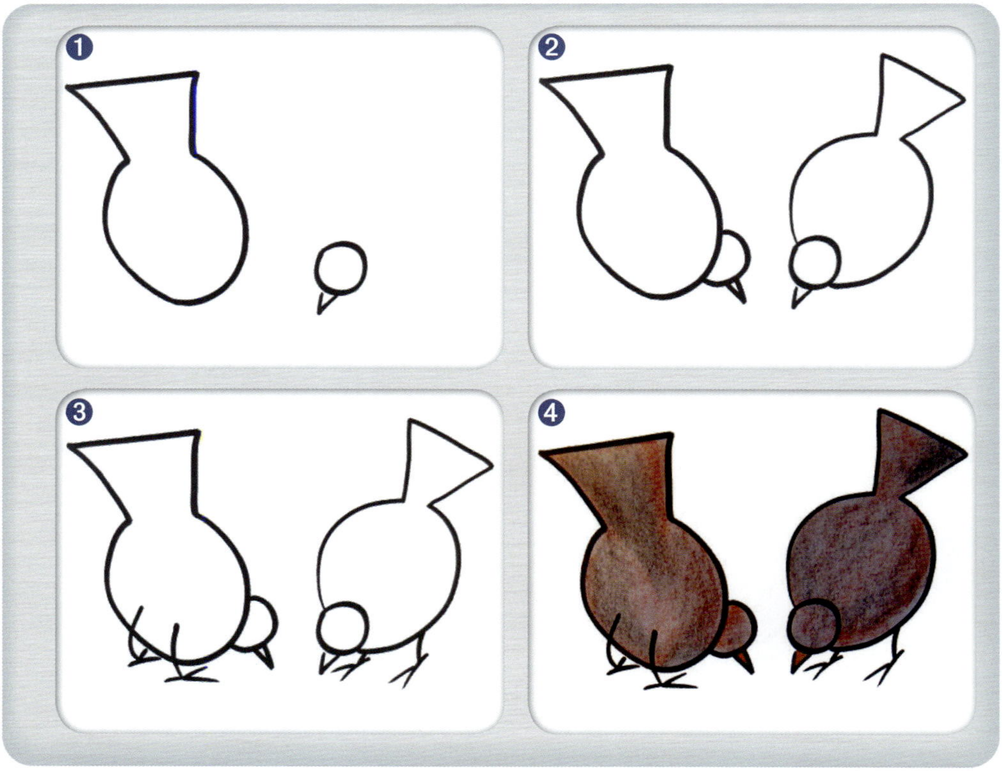
1
2
3
4

1
2
3
4

1
2
3
4

1
2
3
4

1
2
3
4

Vertrieb

Der Vertrieb als das wichtigste Kernelement jedes Unternehmens umfasst eine Vielzahl von Tätigkeiten. Eine Auswahl von Symbolen, welche typische Begriffe im Handel beschreiben, ist in diesem Abschnitt dargestellt. Der Markt, das Angebot, der Wareneinkauf, die Akquise und ein erfolgreicher Vertragsabschluss lassen sich vor allem bei Vetriebsschulungen, Kundengesprächen und Unternehmensdarstellungen sinnvoll einsetzen. Die Gefahr, sich bei der Vielzahl von Begrifflichkeiten sich im Fachjargon zu verlieren, besteht hier abermals. Daher empfehle ich gerade in diesem Thema wiederum die Reduzierung statt Konstruierung von detailbehafteten Inhalten. Beschränken Sie sich auf jene Bilder, welche Menschen aufgrund ihrer täglichen Erfahrung vor allem im privaten Bereich kennen.

Beispiel:
Der Begriff „Warenkorb“ als Einkaufskorb oder Einkaufswagen dargestellt, bewirkt eine regelmäßige gedankliche Wiederholung der damit verknüpften Informationen. Dasselbe gilt für den Marktstand als Symbol für ein Warenangebot oder ein Siegel für Qualität und Qualitätsmerkmale. Hier noch ein weiteres Beispiel für eine Verkaufsschulung, um die richtige Vorgangsweise bei einem Verkaufsgespräch gedanklich zu verankern: Begrüßung – Beziehung zum Kunden aufbauen – Bedarfsermittlung – Produktpalette anbieten – Verkaufsabschluss.

Was meinen Sie, mit welchen Symbolen lassen sich diese fünf Phasen eines Verkaufsgesprächs visualisieren? Möglicherweise so: Figur mit ausgestreckter Hand – Pfeil zum Kunden – Sprechblase mit Fragezeichen – gefüllter Karton – Papier mit Siegel und Aura.

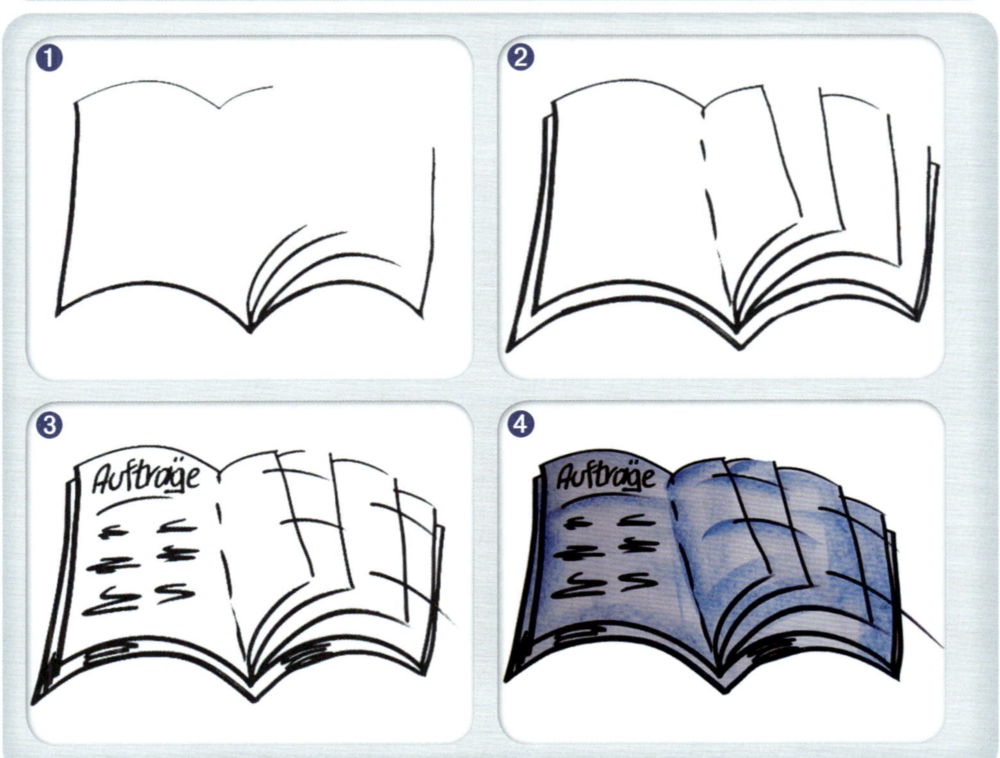
Aufträge
Aufträge

1
2
3
Kunden
4
Kunden

1
2
3
Push
4
Push

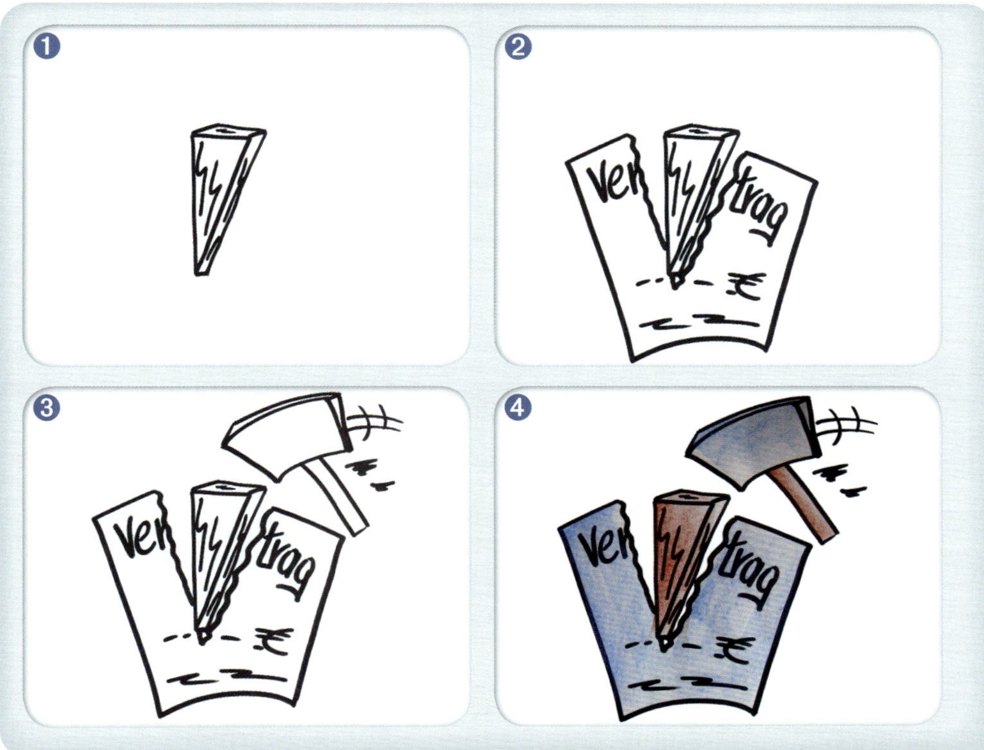
Ver
trag

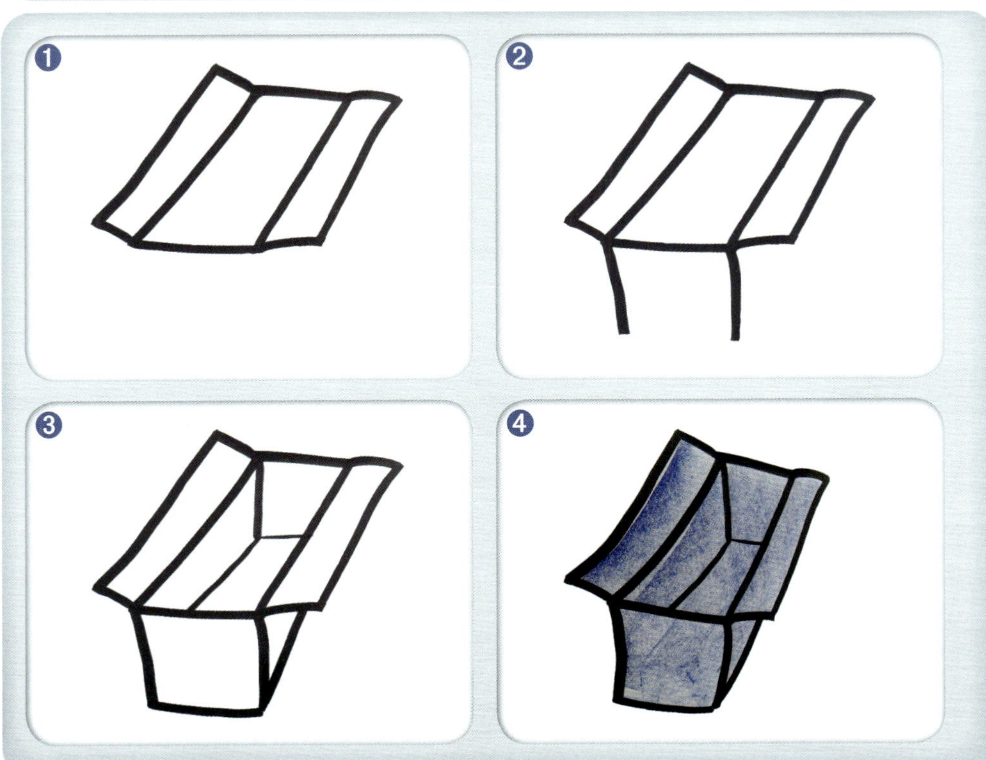

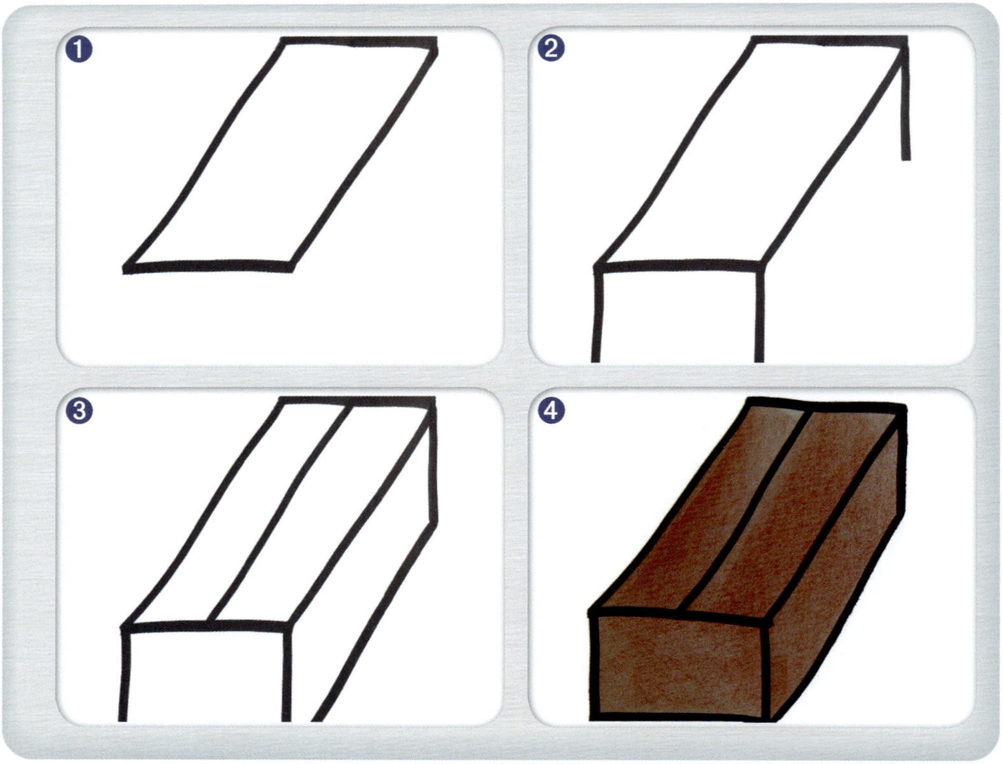
1
2
3
4

1
2
3
4

1
2
3
SALE
4
SALE

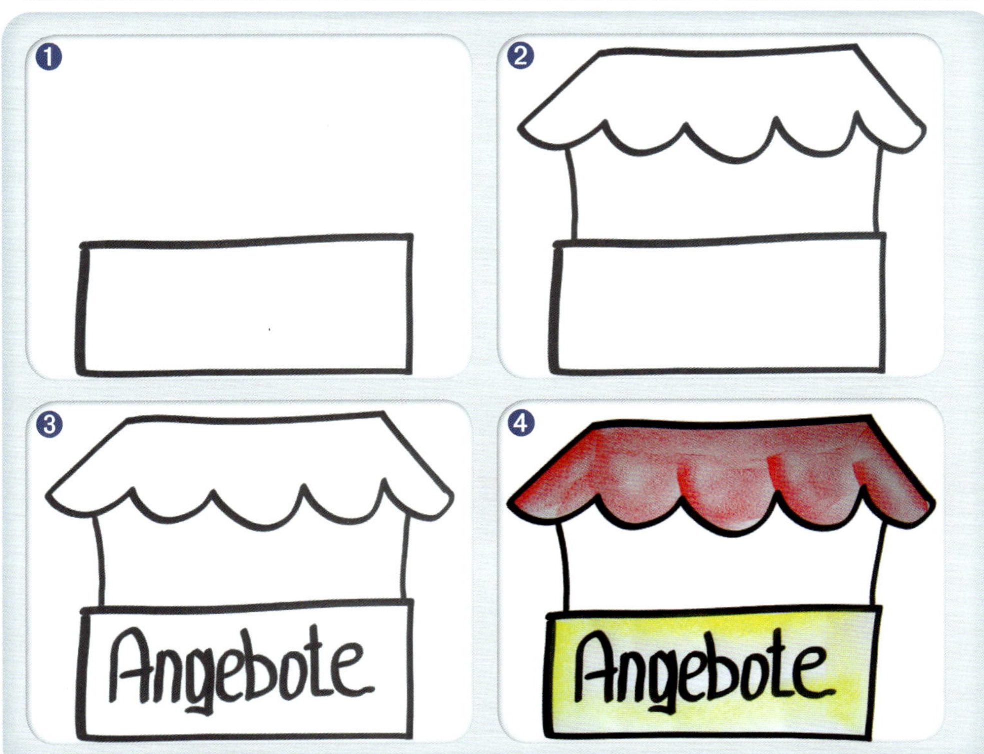
1
2
3
Angebote
4
Angebote

1
2
3
€5,-
€2,-
4
€5,-
€2,-

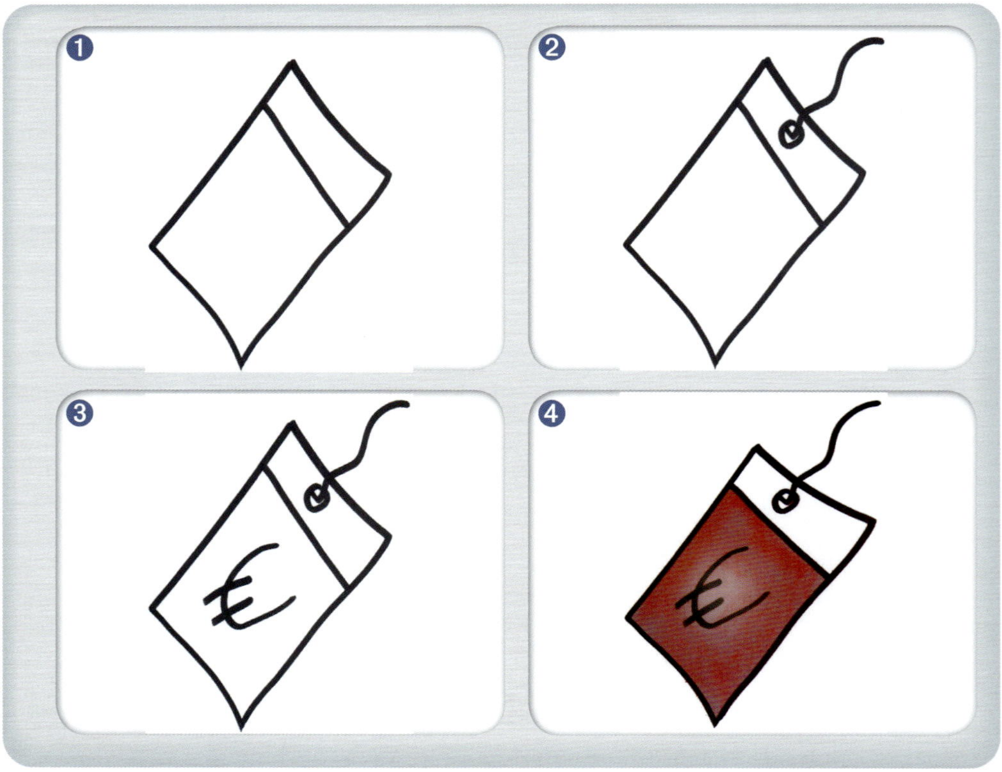
1
2
3
€
4
€

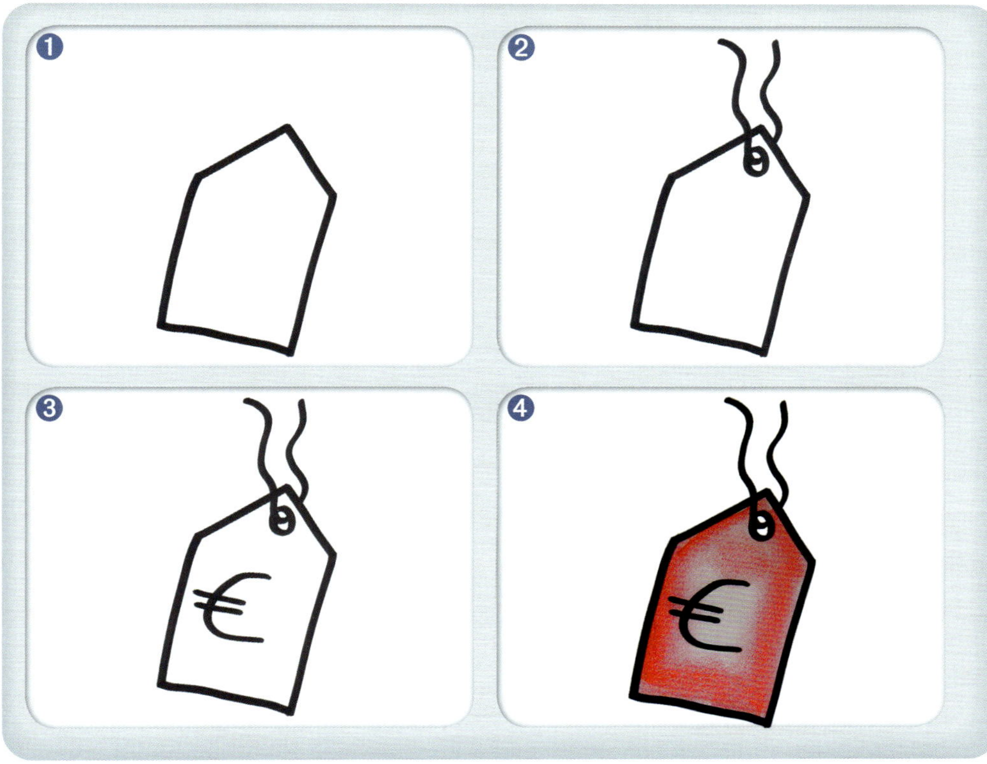
1
2
3
€
4
€

1
2
3
Einkauf
4
Einkauf

Waren
Waren

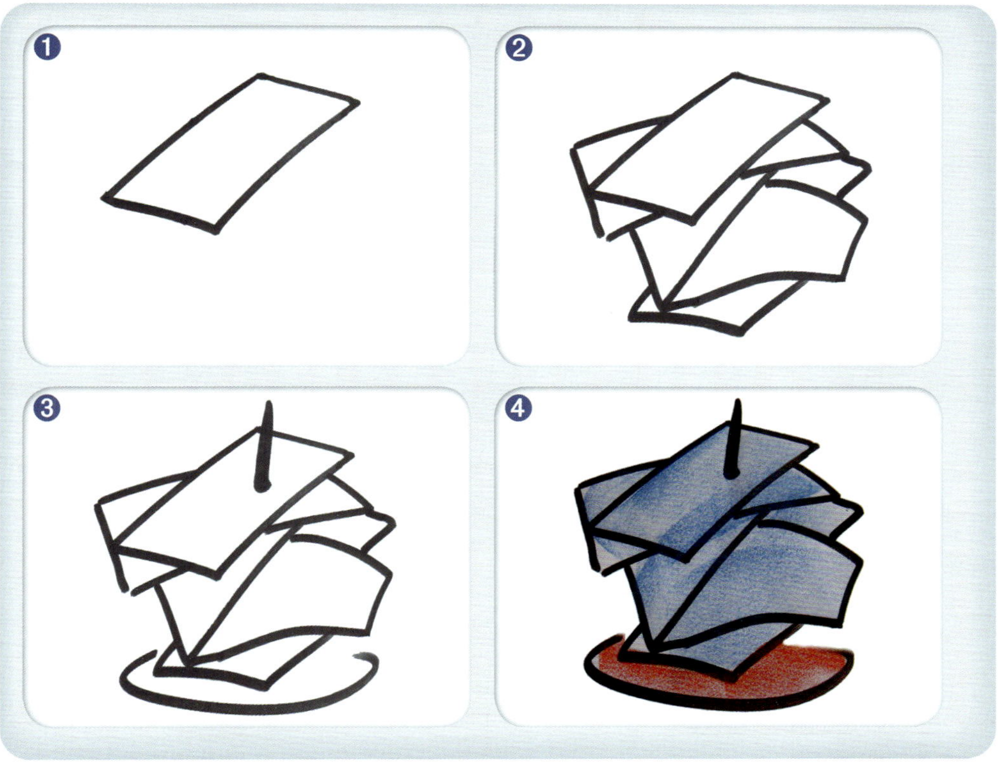
1
2
3
4

1
2
3
€€€€
4
€€€€

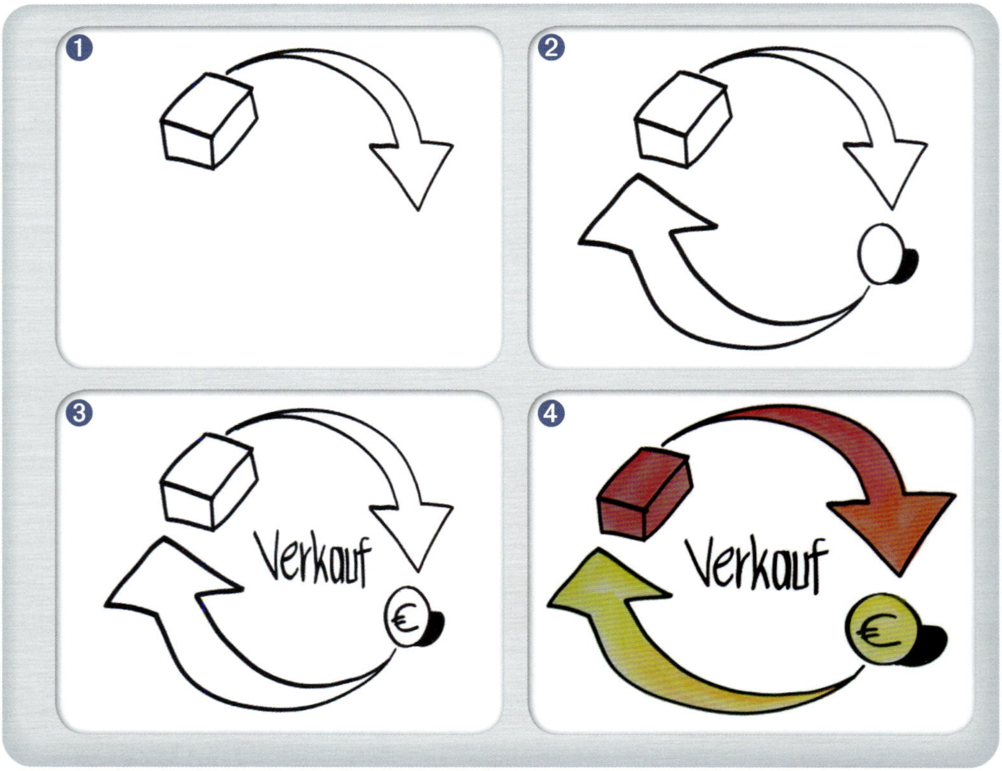
Verkauf
€

1
2
3
Reklamation
4
Reklamation

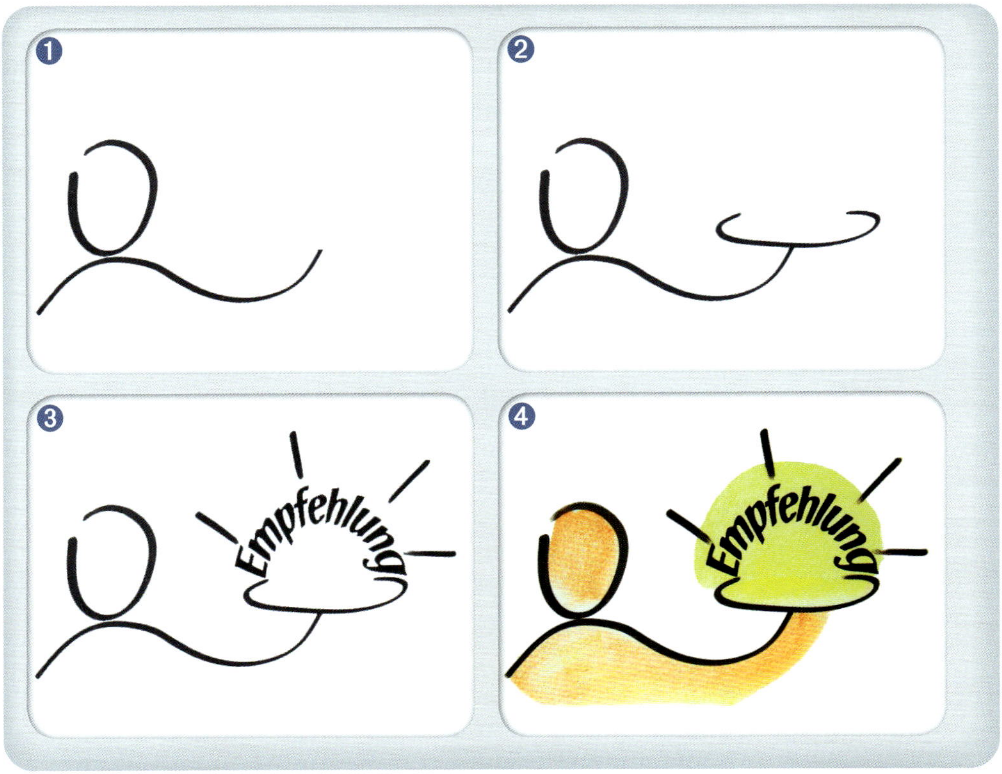
1
2
3
Empfehlung
4
Empfehlung

Verkehrsmittel

Fahrzeuge für Personen- und Güterverkehr gehören nicht unbedingt zu den einfachsten und am schnellsten zu zeichnenden Formen. Einrad, Fahrrad oder Motorrad sind da gerade noch die Ausnahmen.

Bestimmte Fahrzeugtypen bei Personen- oder Lastkraftwagen mit wenigen Strichen darzustellen, fordert schon mehr zeichnerisches Geschick. Wesentliche Merkmale dabei sind die Form der Scheinwerfer, des Kühlergrills und der Stoßstange. Hier gilt: Eine Vorderansicht ist meist eindeutig erkennbar aber zeitaufwendiger, eine Seitenansicht dynamischer und schneller zu zeichnen.

So wie bei allen Symbolen, die Bewegung ausdrücken sollen, bringen zusätzliche Schattenelemente, Staubwolken und Kondensstreifen eine ausdrucksstarke Dynamik ins Bild. Zu dieser Symbolkategorie gehören natürlich auch Flugzeuge und Schiffe. Beschränken sie sich auch hier auf das Zeichnen der Außenkontur und verlieren sie sich nicht in einzelnen zeichnerischen Details. Diese benötigen in der Regel nur viel Zeit, bewirken aber in den meisten Fällen keine wesentliche Steigerung der Aussagekraft.

1
2
3
4

1
2
3
4

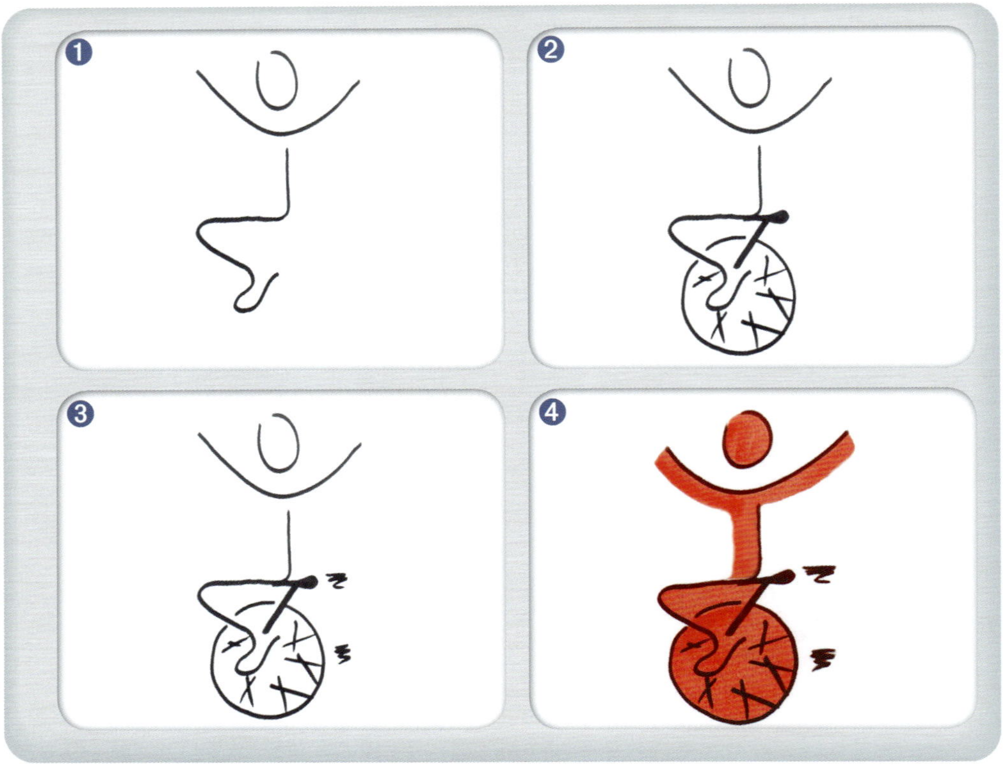
1
2
3
4

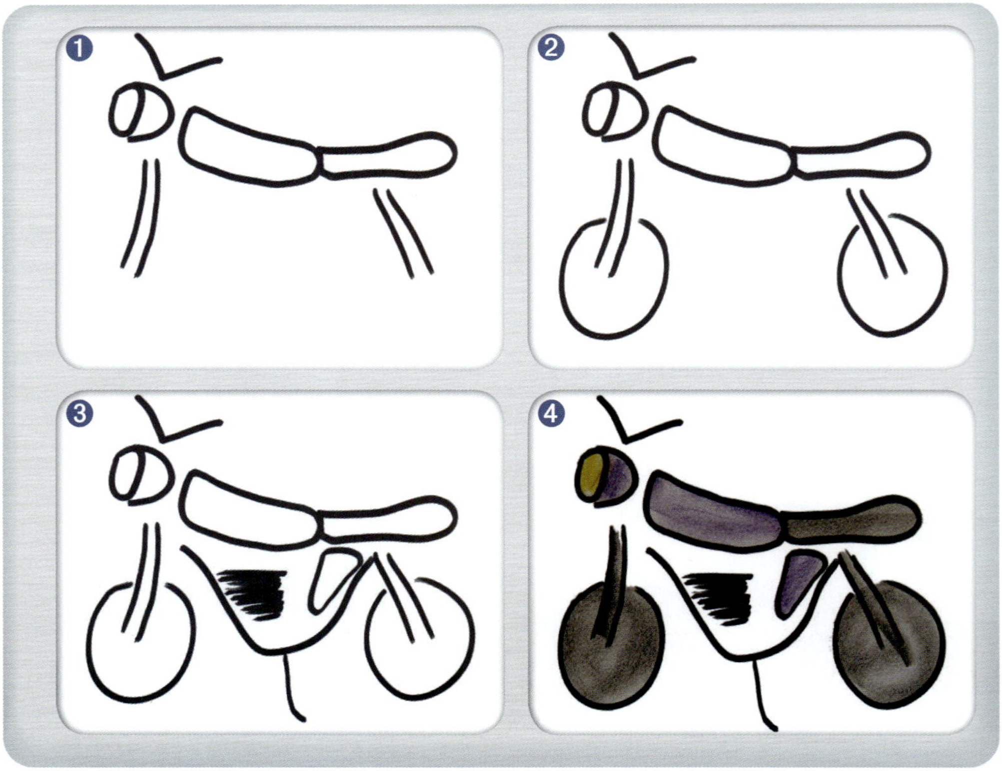
1
2
3
4

1
2
3
4

1
2
3
4

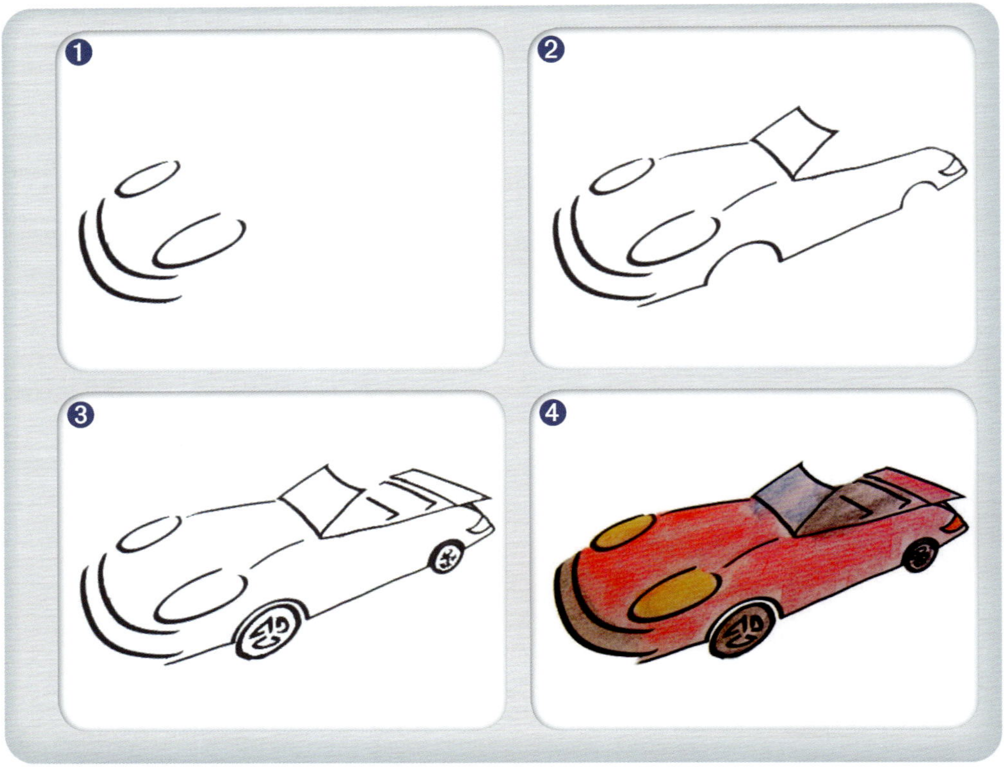

1
2
3
4

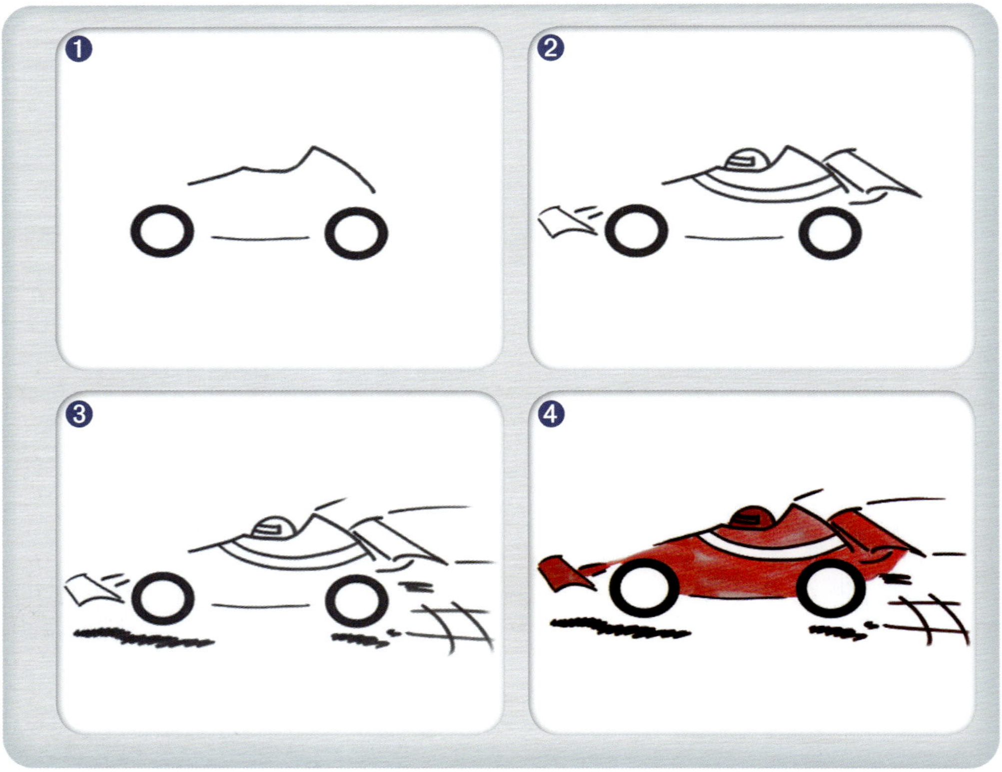

1
2
3
4

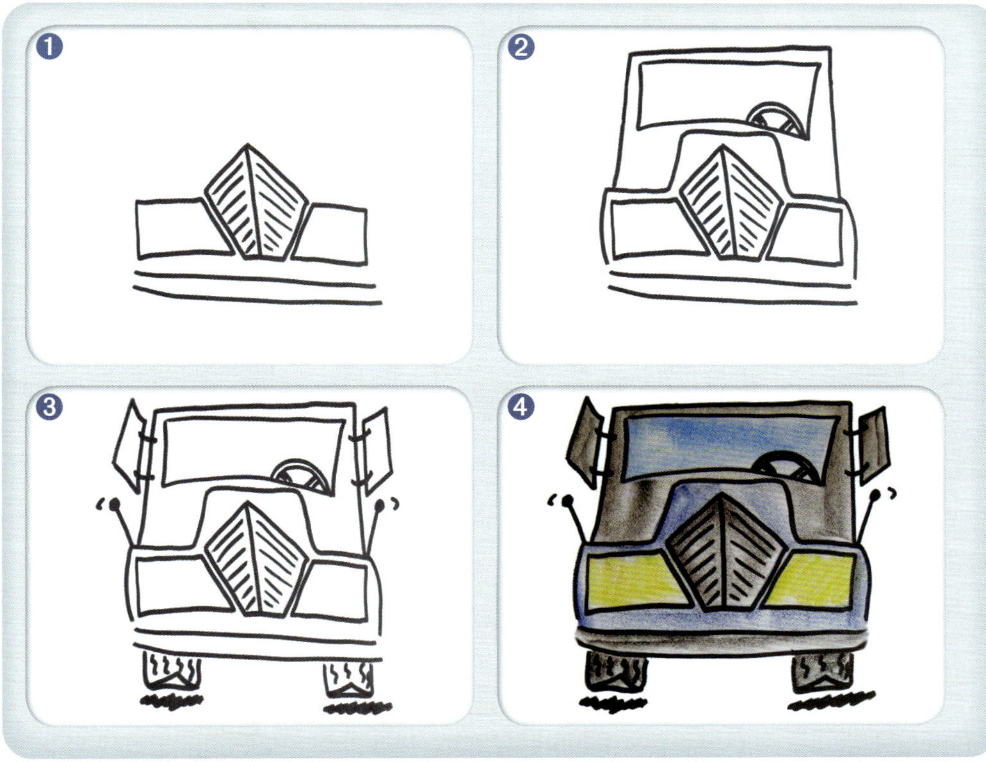
1
2
3
4

1
2
3
4

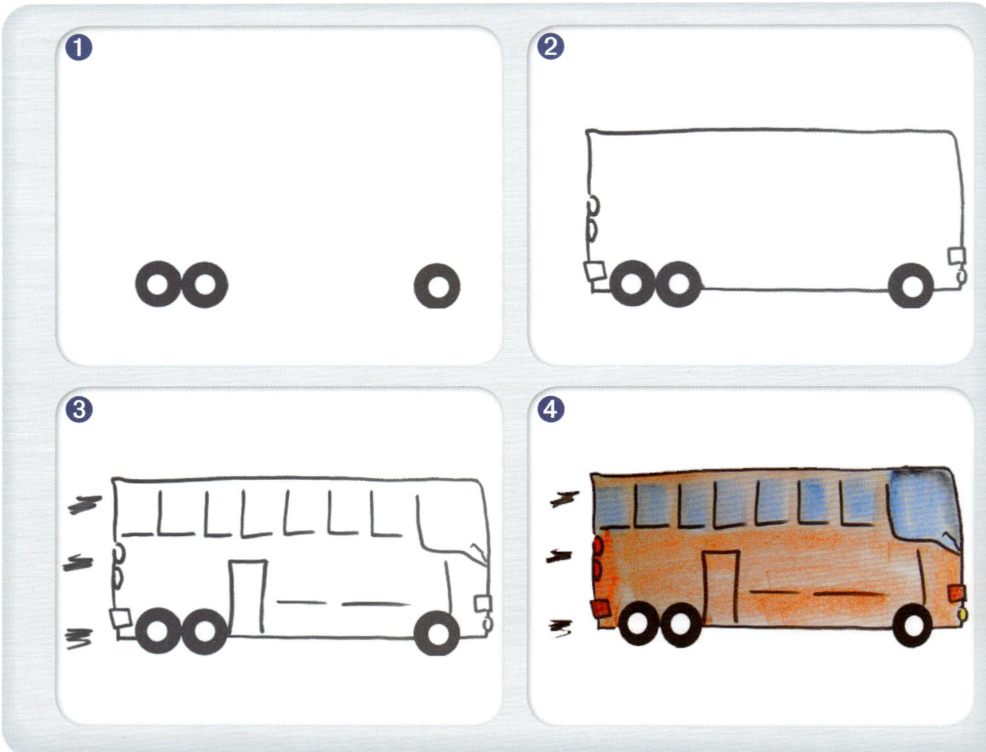
1
2
3
4

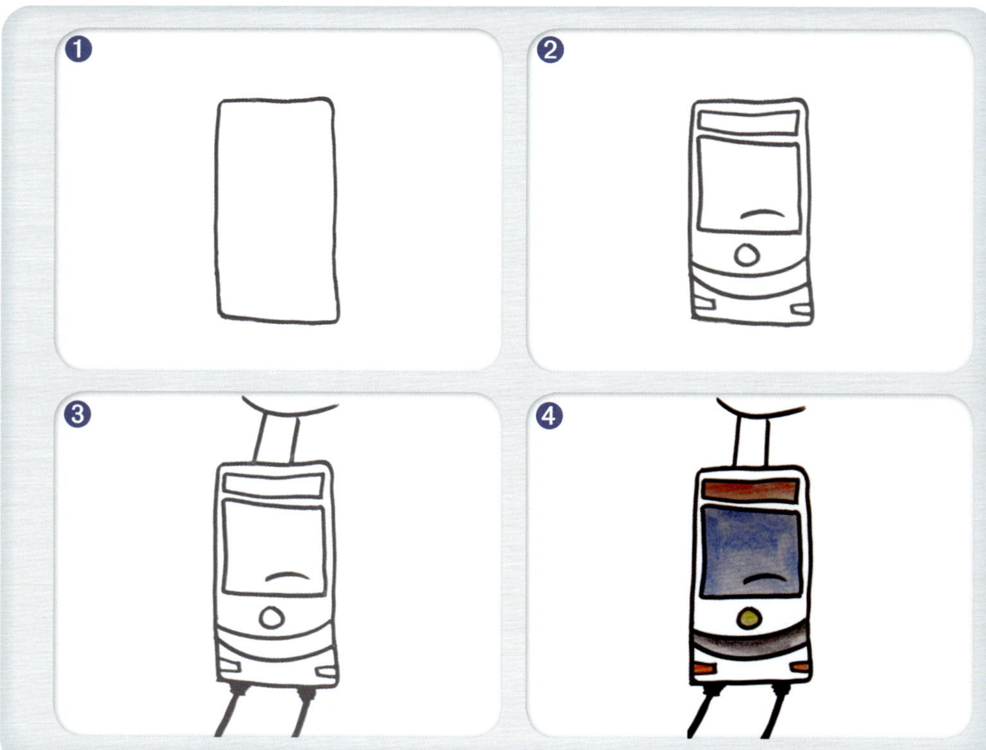
1
2
3
4

1
2
3
4

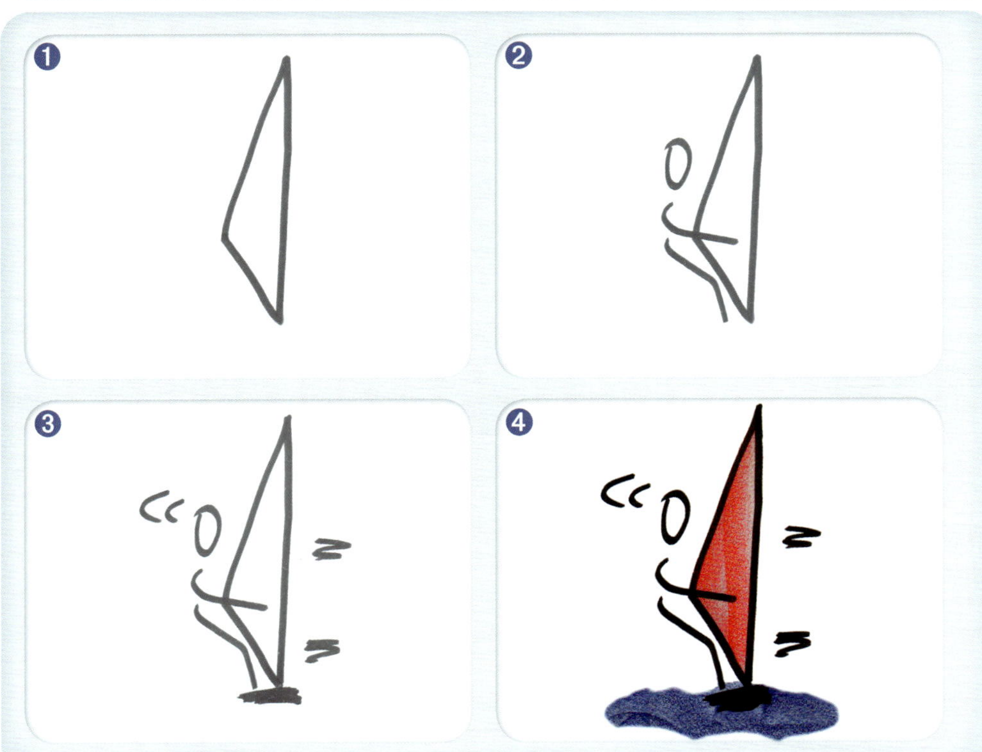
1
2
3
4

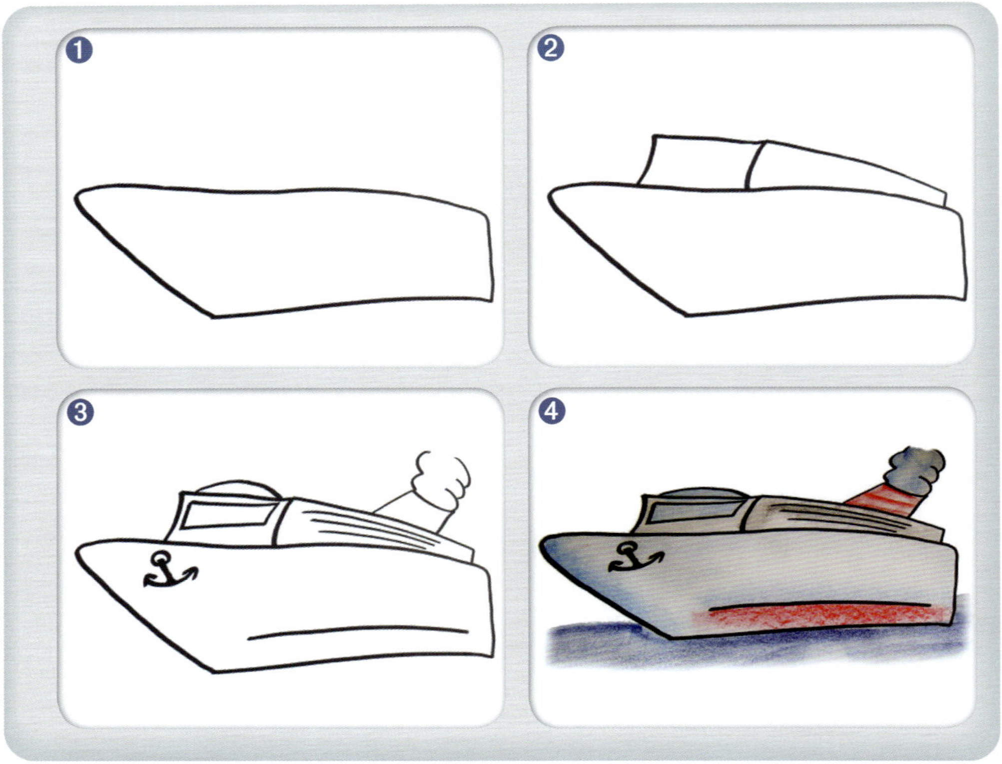
1
2
3
4

1
2
3
4

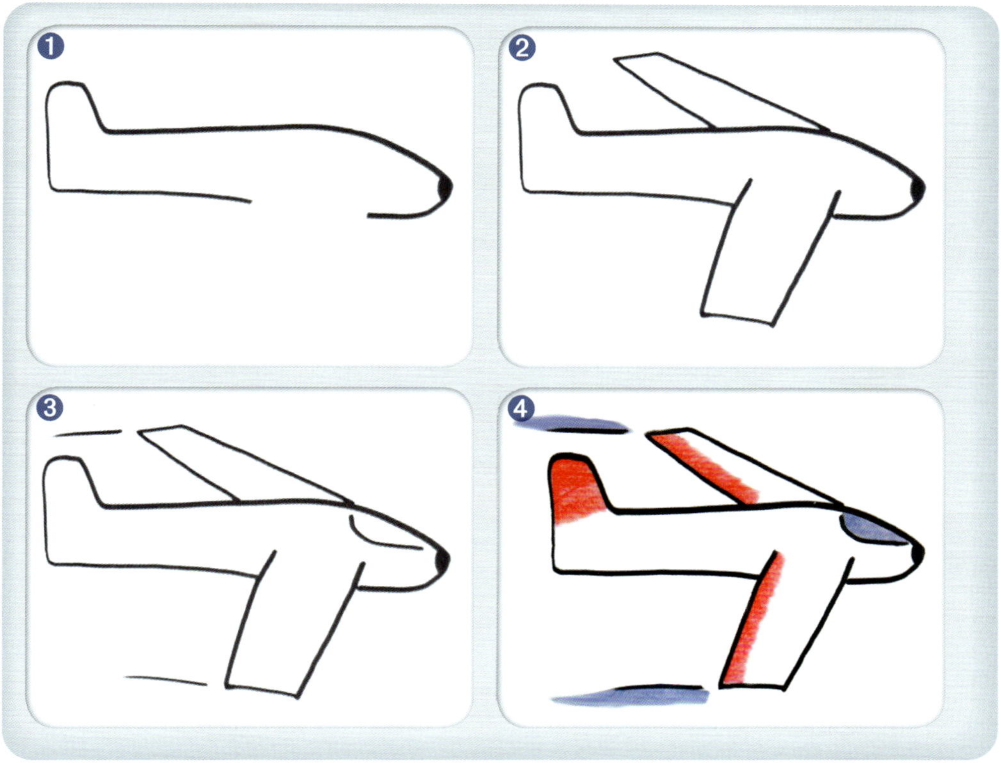
1
2
3
4

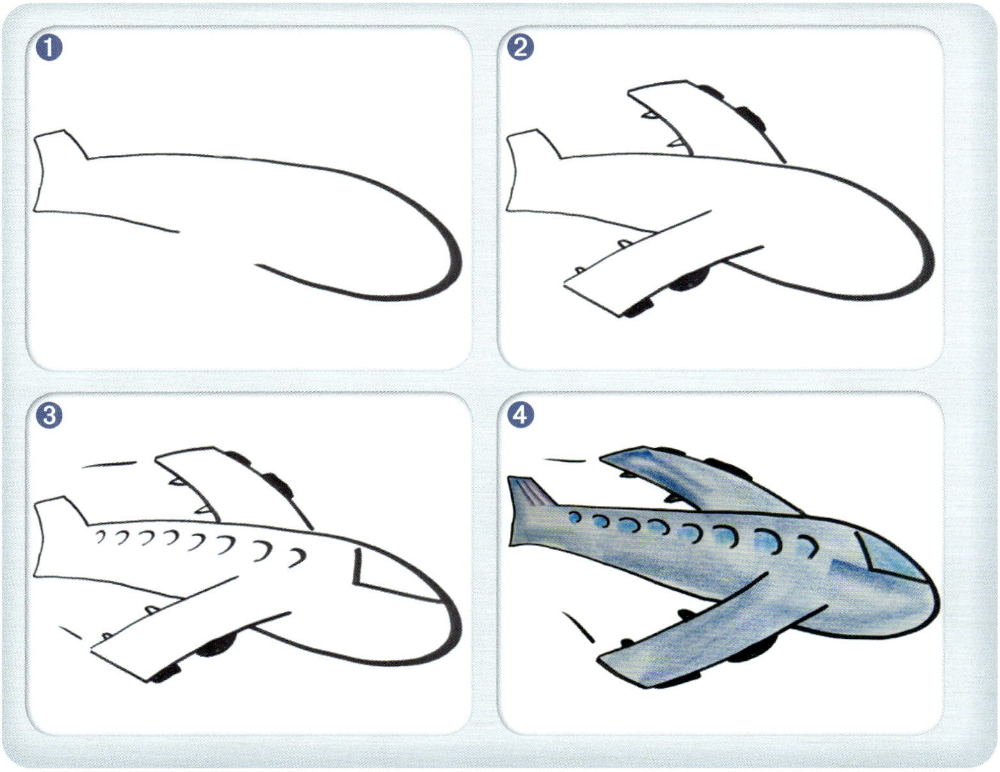
1
2
3
4

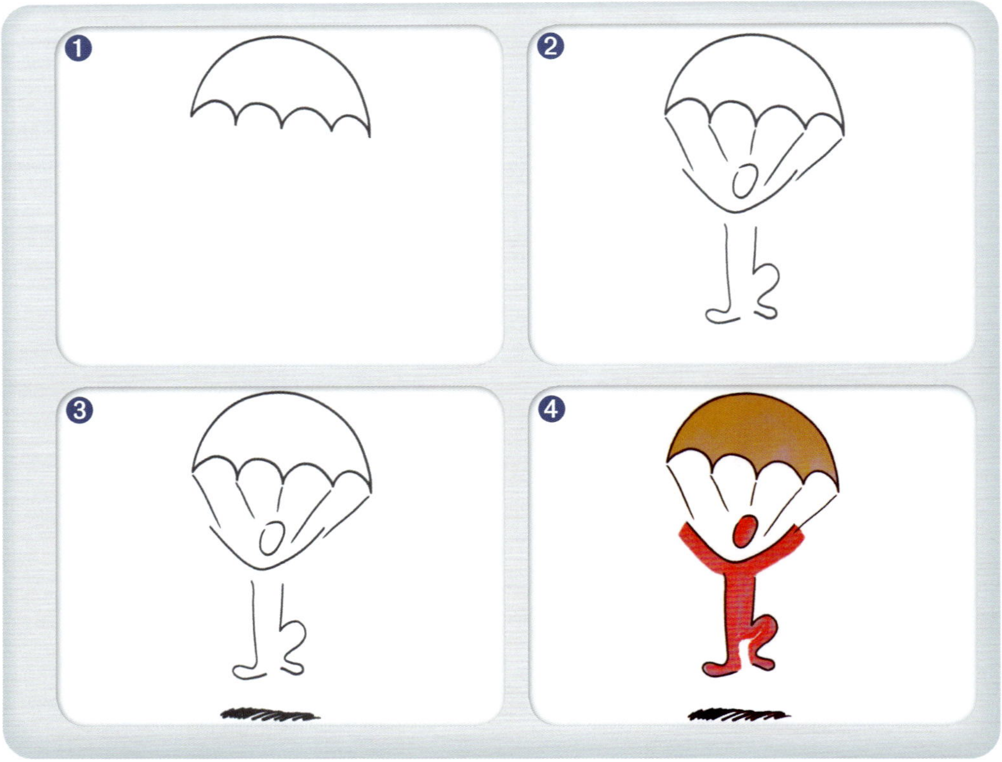
1
2
3
4

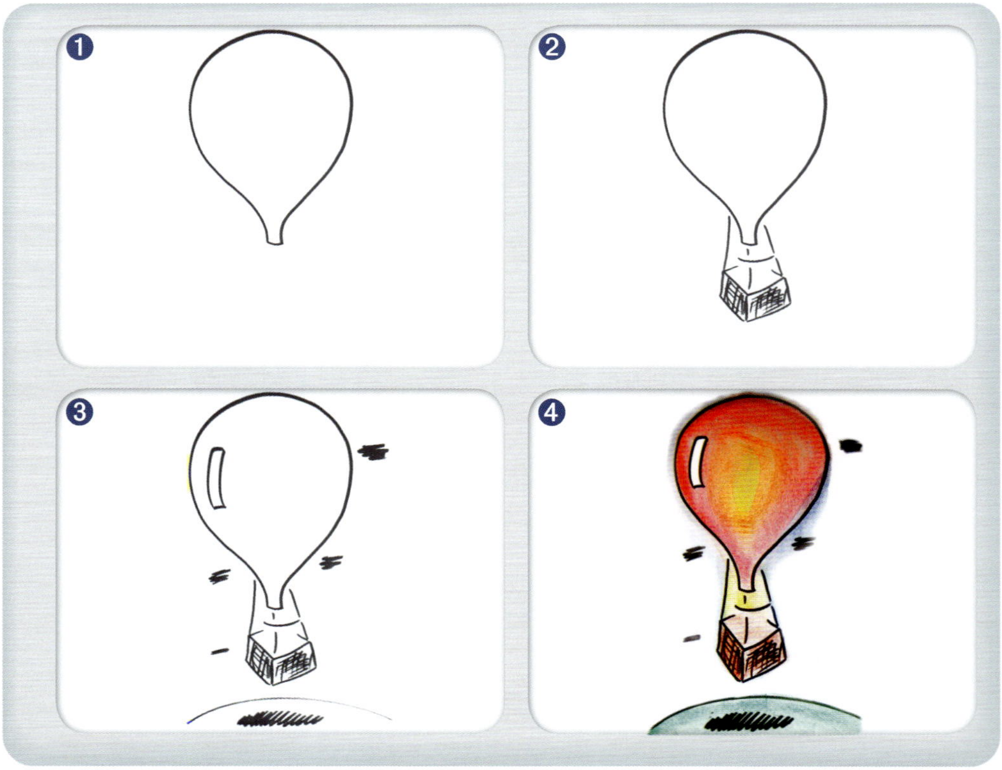
1
2
3
4

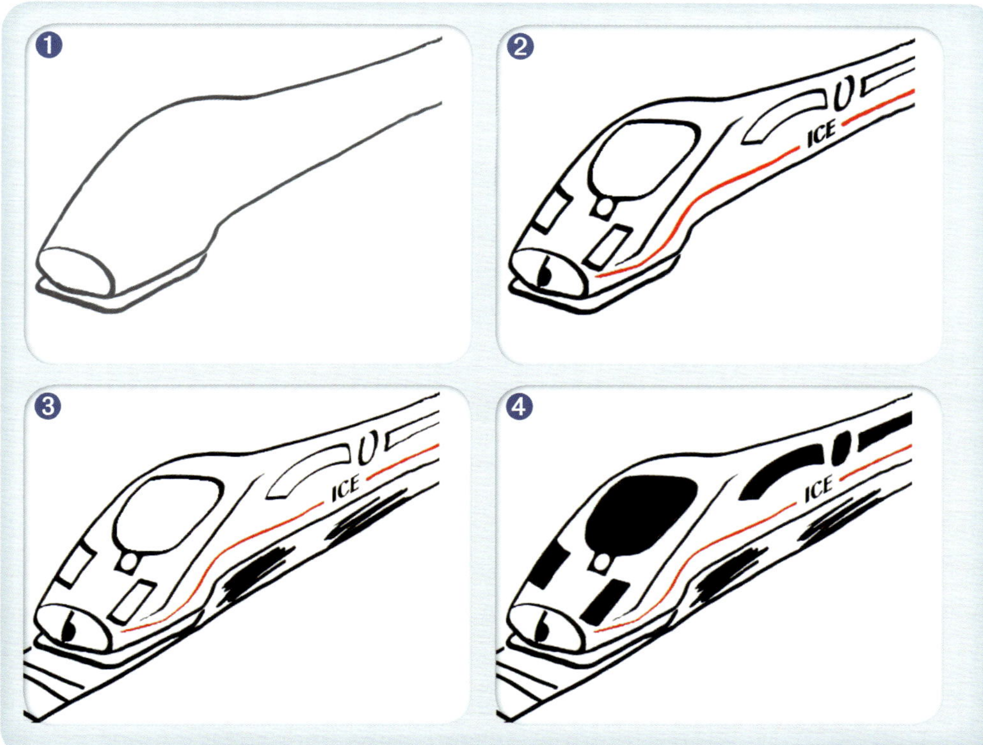
1
2
ICE
3
ICE
4
ICE

1
2
3
4

Visionen und Ziele

Jeder Mensch und jedes Unternehmen hat Visionen und Ziele. Manche definieren und konkretisieren diese im stillen Kämmerlein, andere wiederum innerhalb großartig angekündigter Strategie- und Zielfindungsworkshops. In beiden Fällen leistet die Visualisierung gute Dienste. Zielflagge, Zielscheibe oder ein leuchtender Horizont geben dabei die Richtung im Denken vor.

Mit Pfeilen, Wegen, Straßen oder Flüssen lassen sich die durchzuführenden Zielfindungsprozesse auf eine sehr plakative Art und Weise darstellen. Die dazu erforderlichen Maßnahmen und Aufgaben werden dabei in den Köpfen der betroffenen Personen verankert. Landschaftsähnliche Bilder, die bewusst Analogien zur Natur darstellen, sind auch in diesem Themenfeld eine wertvolle Unterstützung für die Informationsaufnahme und -speicherung.

Mit wenigen Strichen viel Ausdruck erreichen, das sollte auch noch zum Abschluss einer der leitenden Grundsätze sein. Eine gezeichnete Aura, dynamische Schwingungen und die Verwendung von Symbolkombinationen bringen Kraft und Schwung in künftige Zielformulierungen.

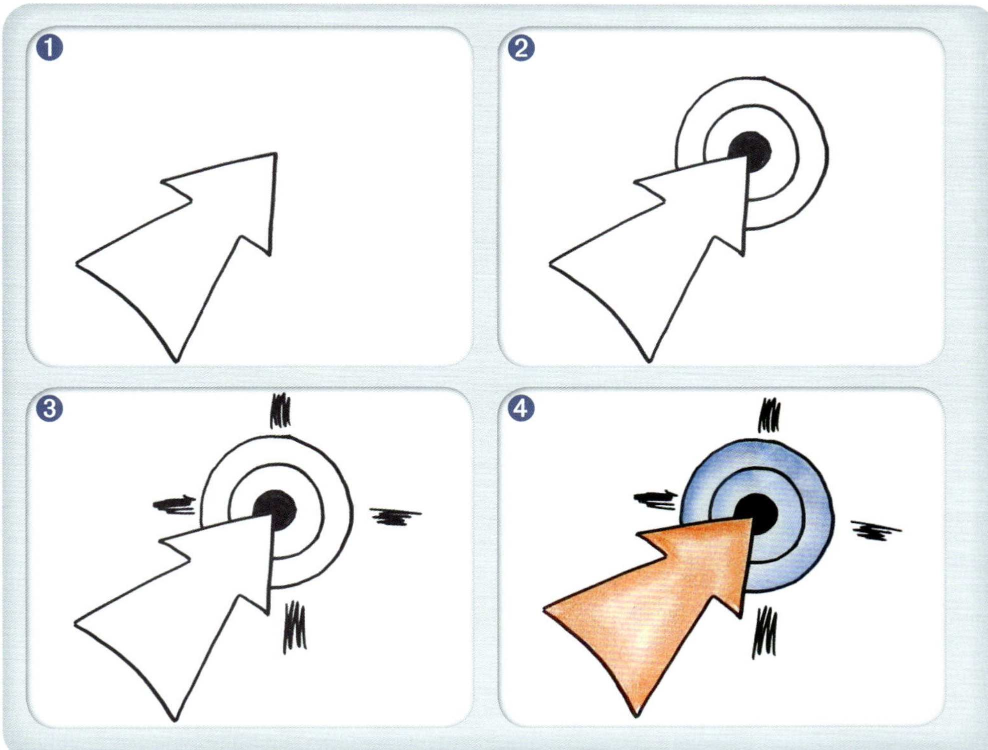
1
2
3
4

1
2
3
4

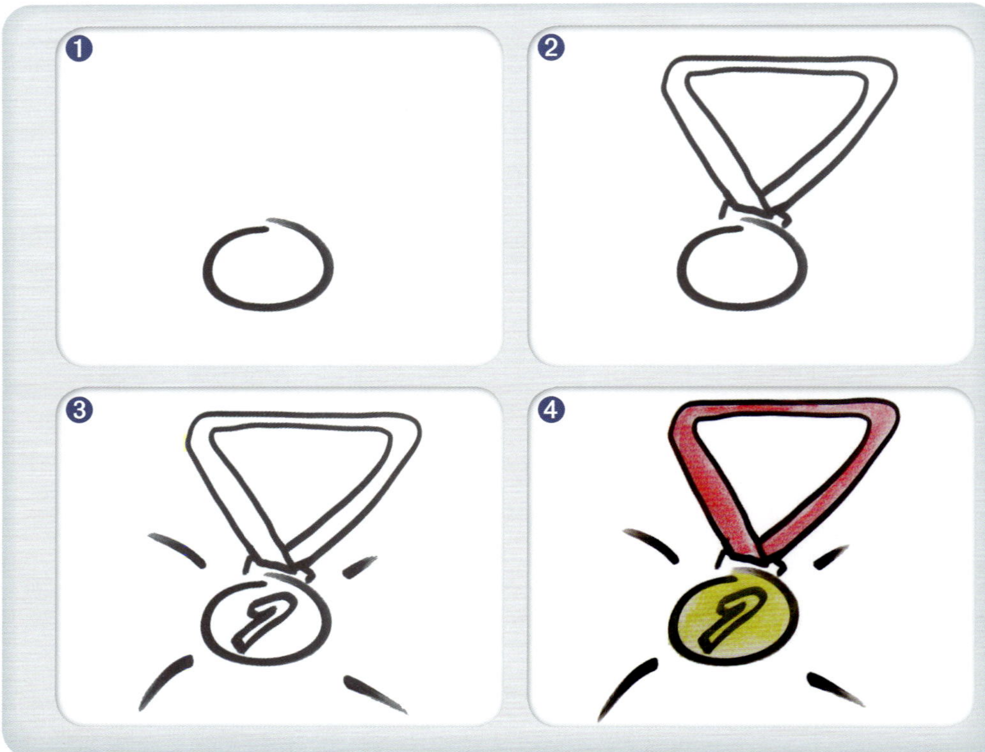

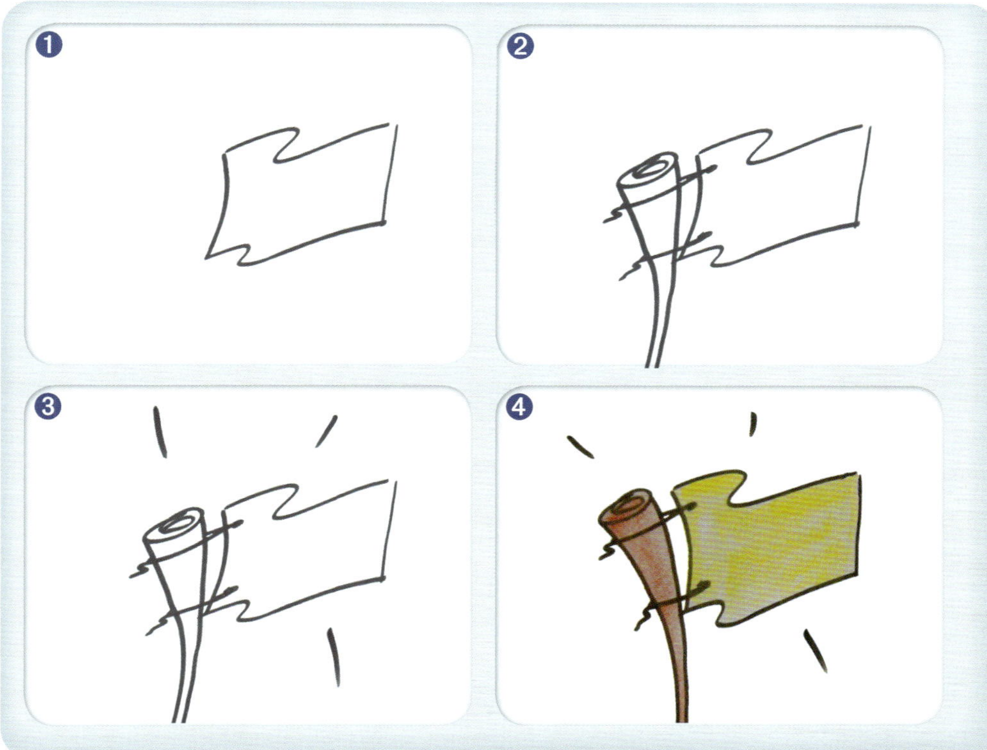

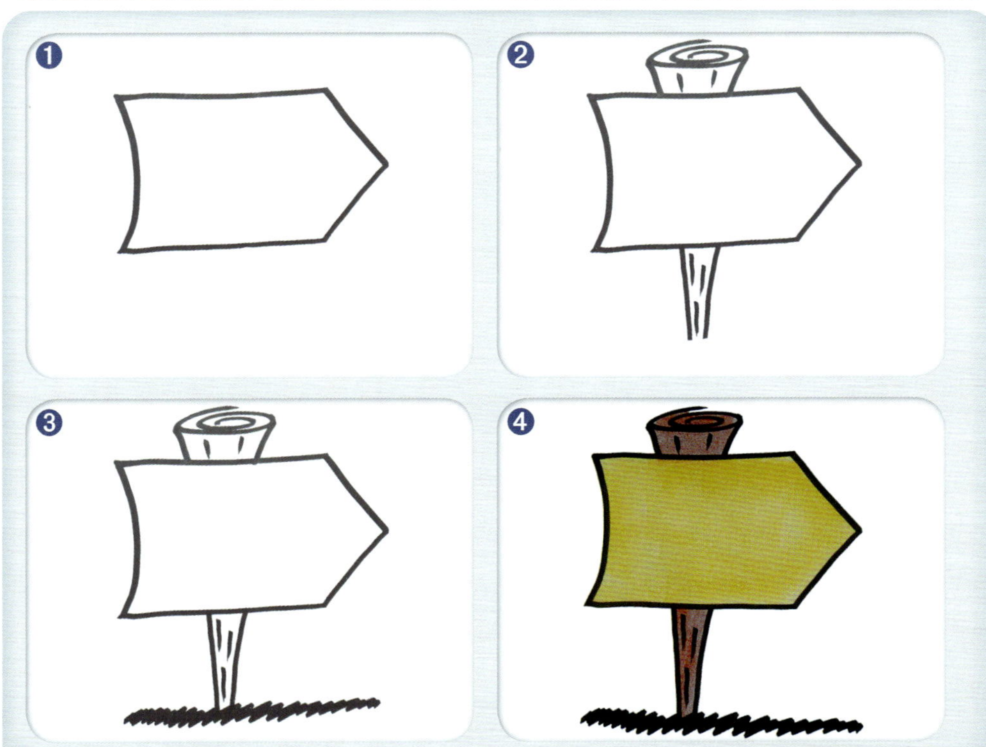

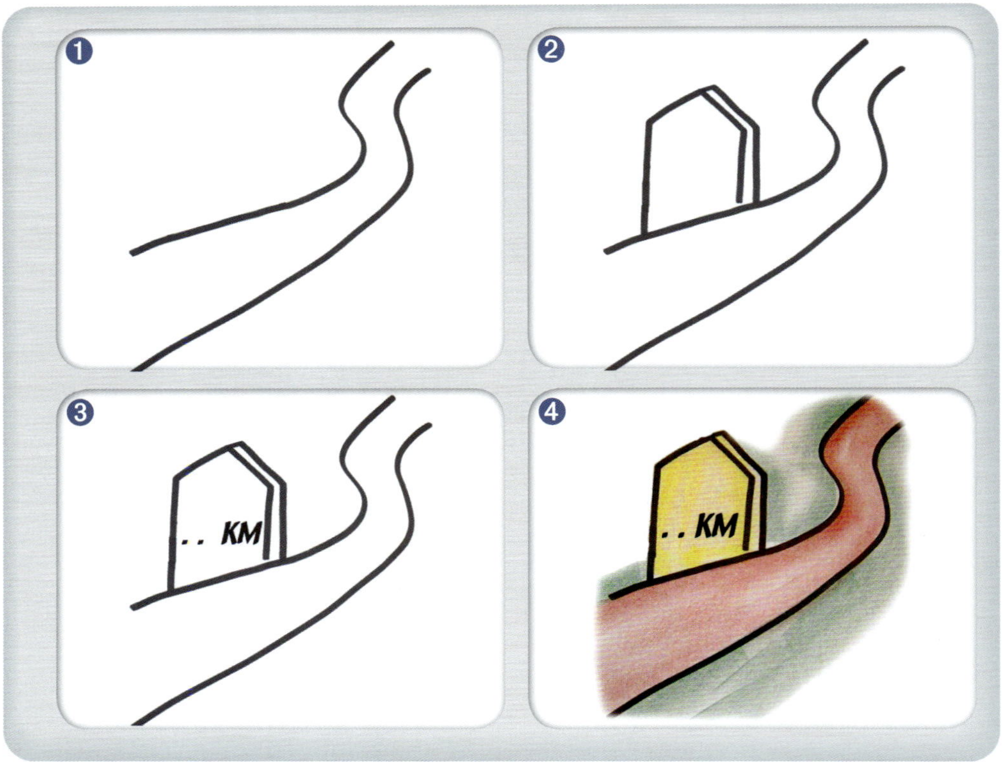
1
2
3
.. KM
4
.. KM

1
2
3
4

1
2
3
4

1
2
3
4

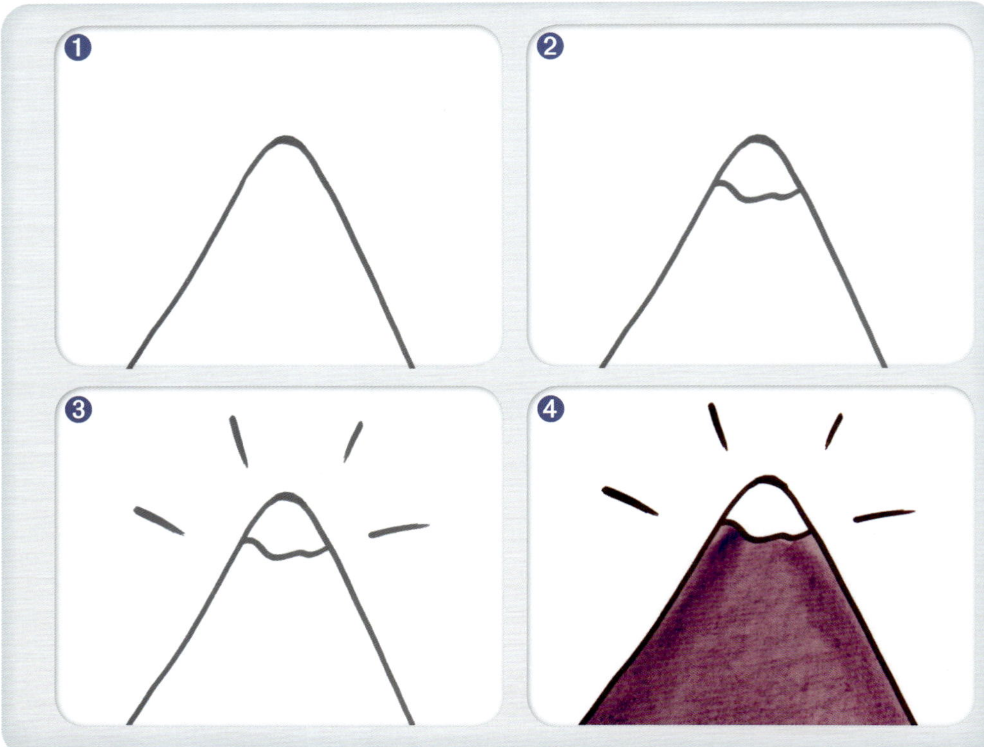
1
2
3
4

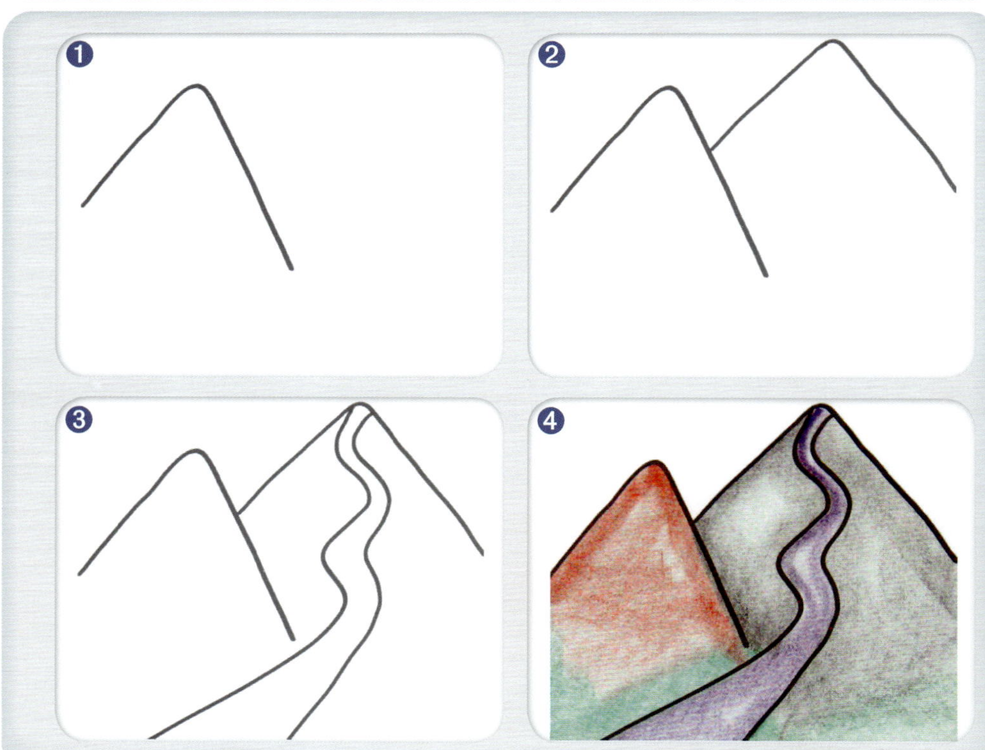
1
2
3
4

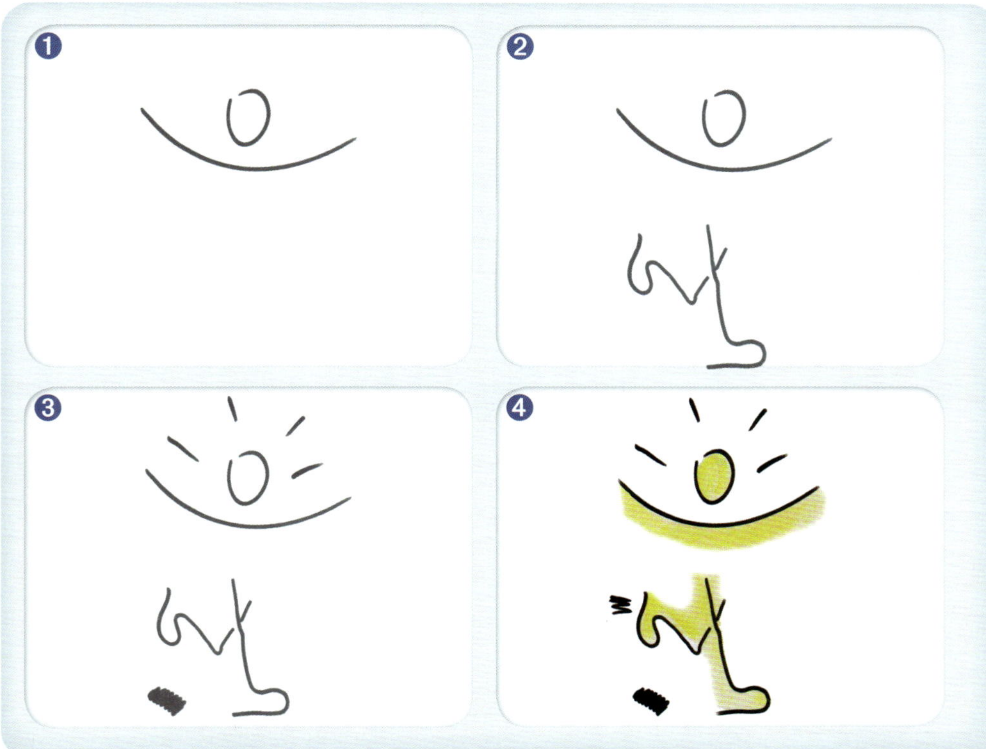
1
2
3
4

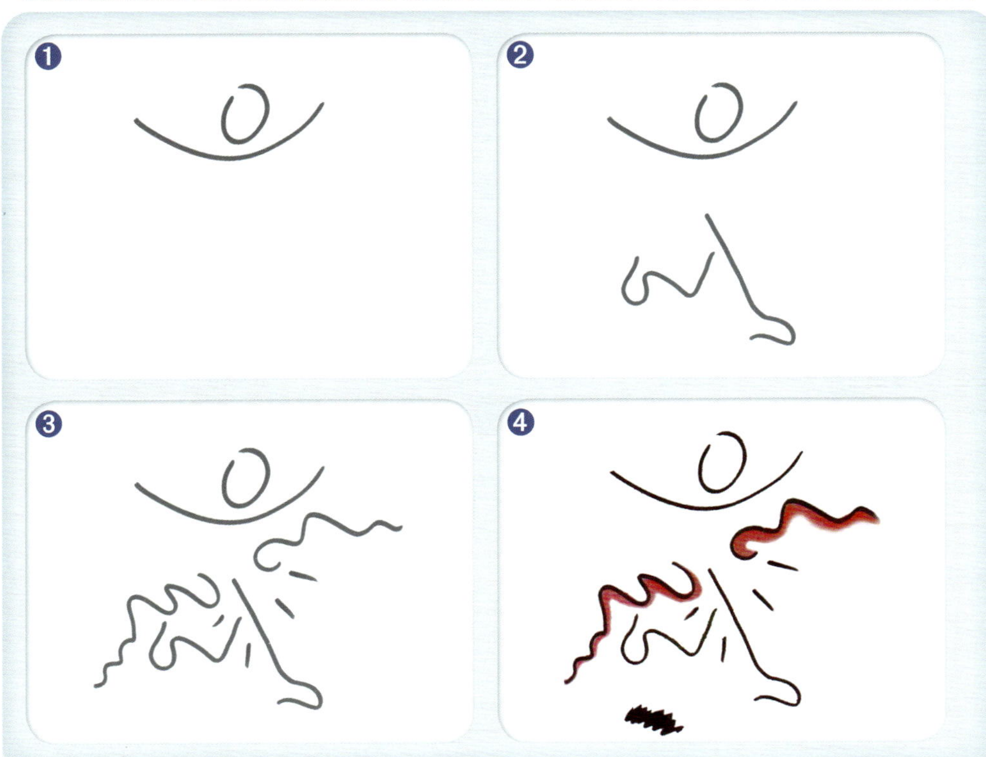
1
2
3
4

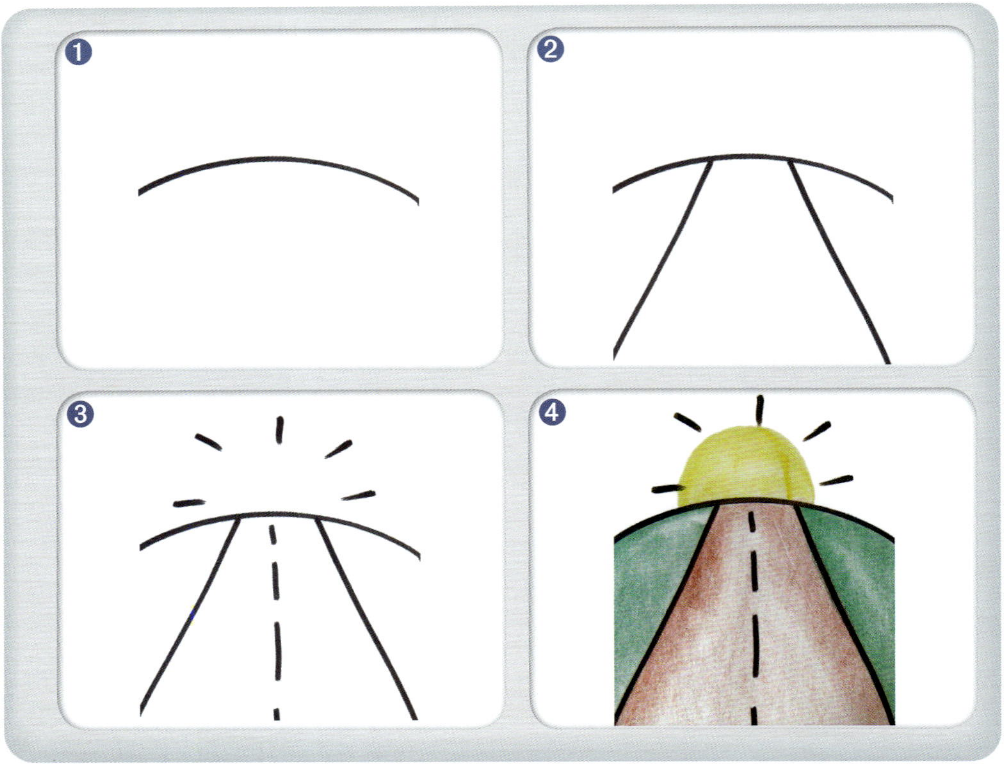
1
2
3
4

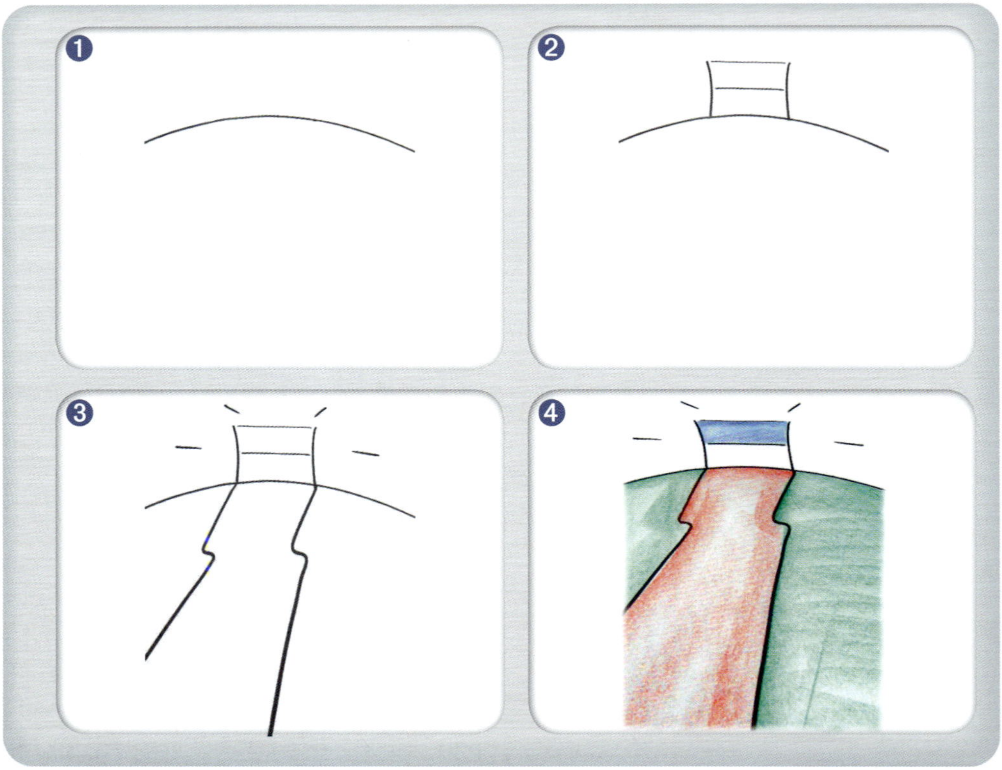
1
2
3
4

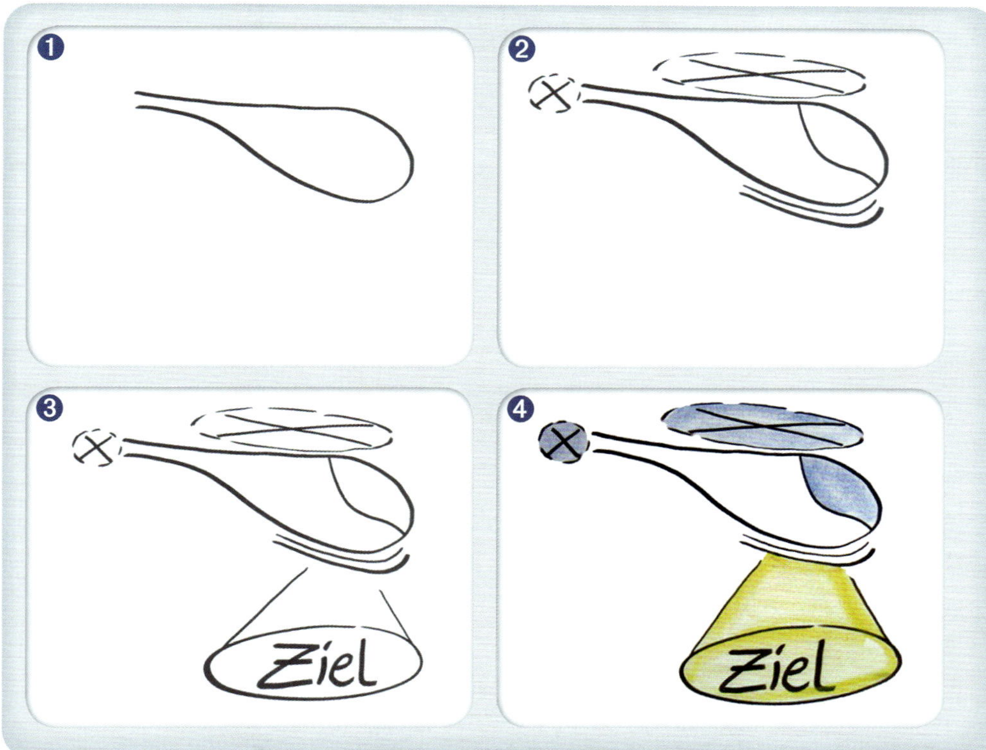
1
2
3
Ziel
4
Ziel

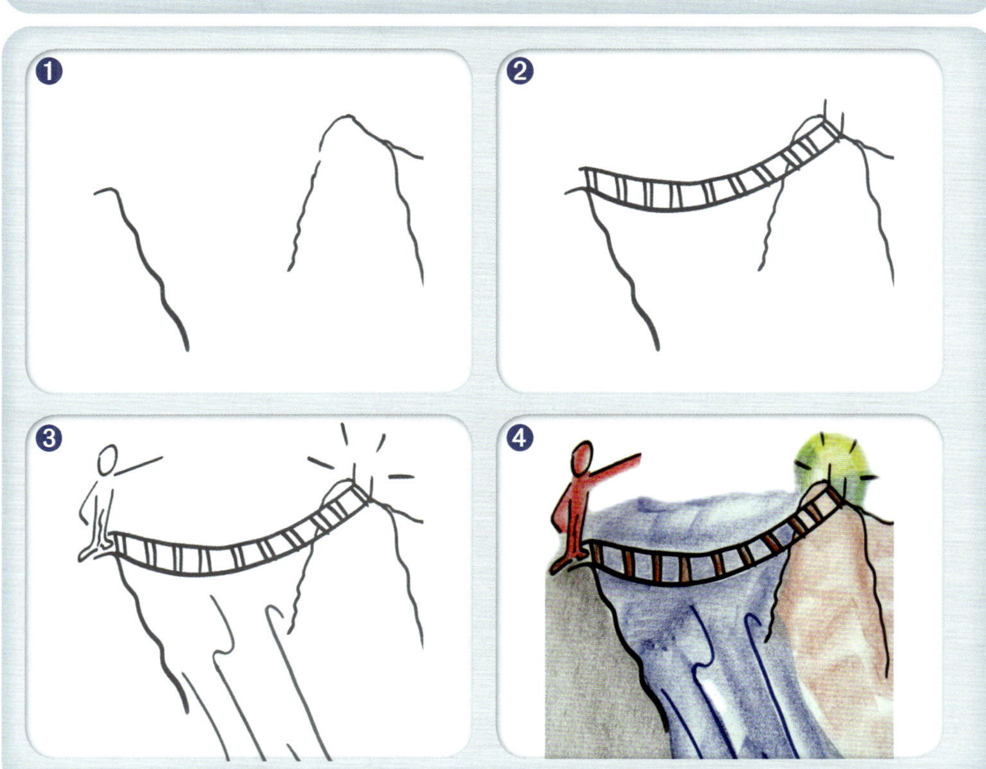
1
2
3
4

1
2
3
4

1
2
3
4

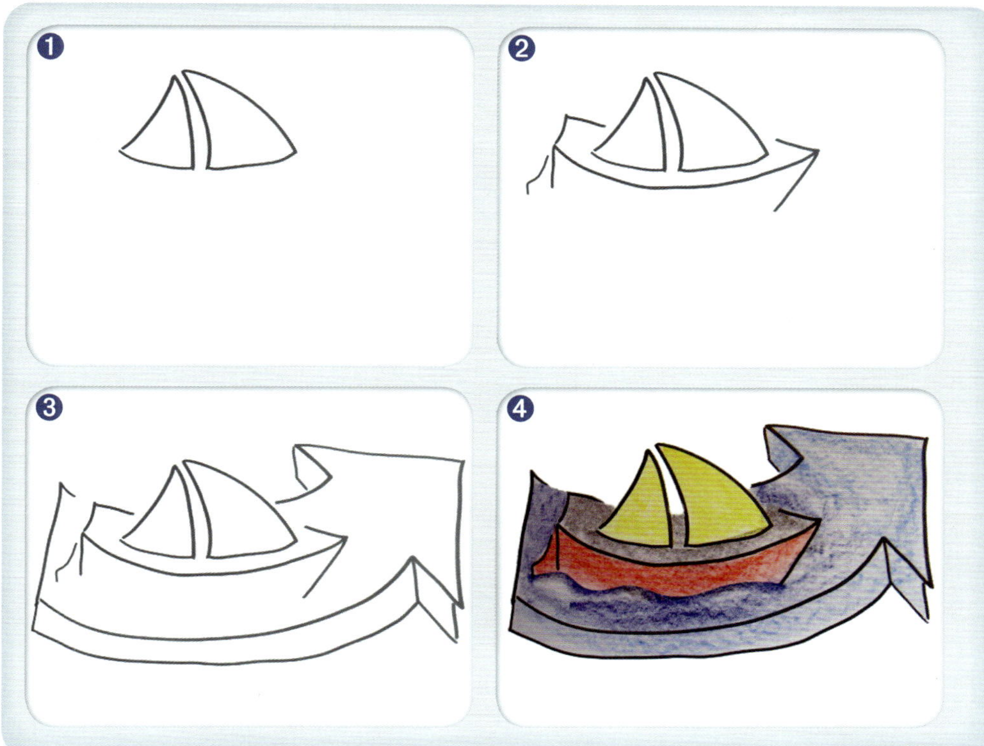

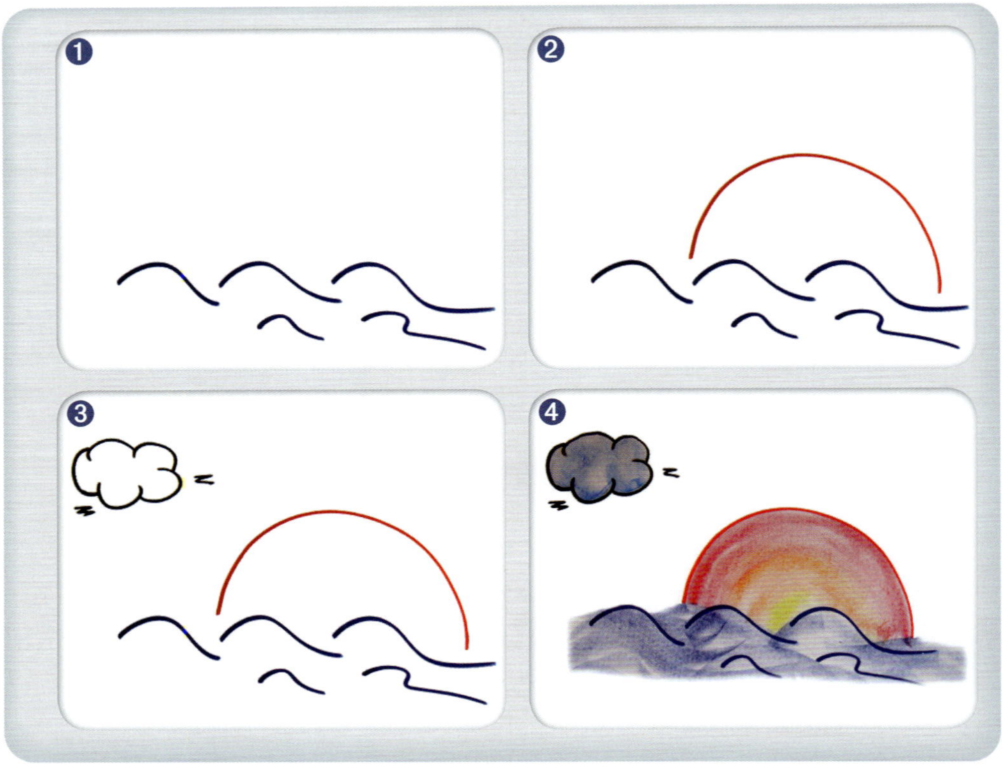

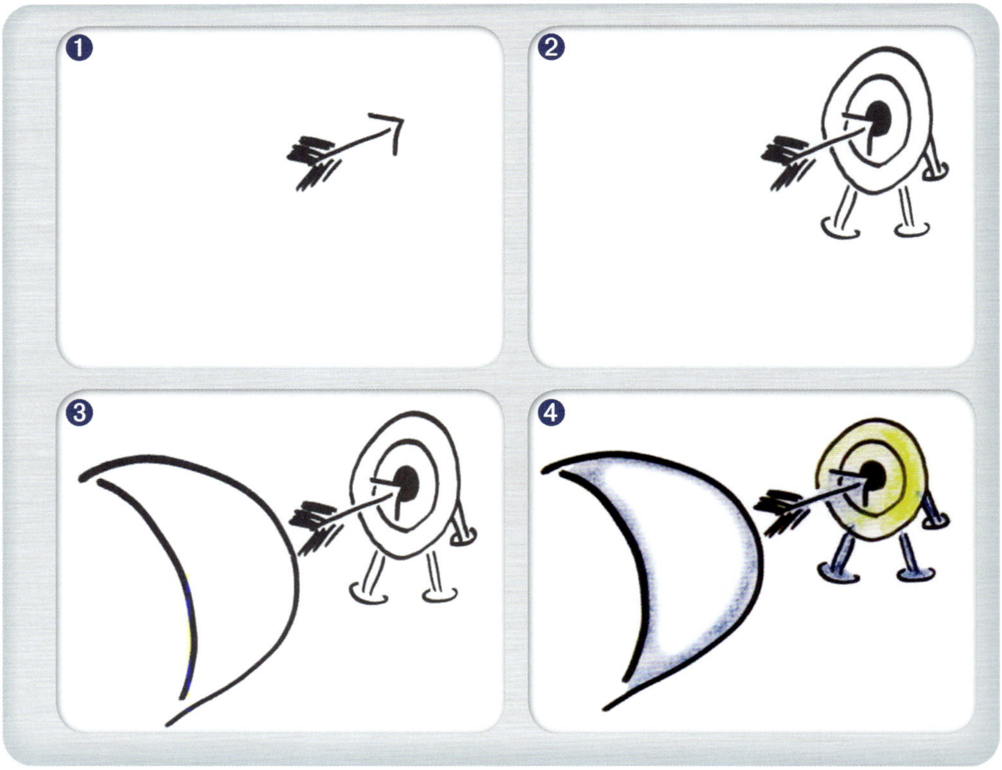

Mit Visualisierung zum Verkaufserfolg

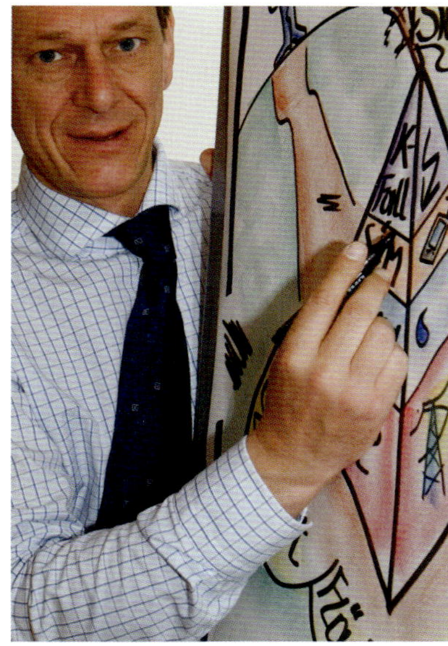

Es gibt vielerlei Gründe dafür, die Methode Pencil Selling im Verkauf einzusetzen. Die am häufigsten genannten sind:

- Visualisierte Lösungen bringen vor allem einen Zeitgewinn. Denn visualisierte Lösungen sind einerseits schnell erklärt und reduzieren zudem auch noch viele Verständnisfragen.
- Der Kunde und Gesprächspartner wird viel stärker in die Verkaufshandlung involviert und kann sich sowie seine Vorstellungen aktiv in das Verkaufsgespräch einbringen.
- Pencil Selling ermöglicht eine gleichwertige und partnerorientierte Verkaufsform, indem alle involvierten Personen gleichzeitig eine Lösung erarbeiten.
- Mit der Visualisierung nimmt der Kunde bereits den ersten Teil seines neuen Produktes mit nach Hause.

Best practice

Viele von Ihnen kennen ja die teilweise sehr aufwendig gestalteten Unternehmensdarstellungen. „Aufwendig“ ist allerdings nicht mit „gelungen“ gleichzustellen. Ein Unternehmen im Bereich der Lohnfertigung zeigt uns ein einfaches Praxisbeispiel, wie folgender Text während einer mündlichen Ausführung bildhaft im Sinne von Pencil Selling auf ein Blatt Papier visualisiert werden kann.

Beispiel Unternehmensdarstellung

- Unternehmensstart im Jahre 1996
- Damals als Einzelunternehmer, heute mit einem Team von 20 Mitarbeiter/-innen
- Viele namhafte Mittel- und Großunternehmen zählen heute zum zufriedenen Kundenkreis
- Derzeitiger Jahresumsatz beträgt zwei Millionen Euro
- Vor einem Jahr entstand ein Neubau des Produktionsbereiches
- Im Mittelpunkt steht eine hohe Produktqualität

Beispiel Unfallversicherung

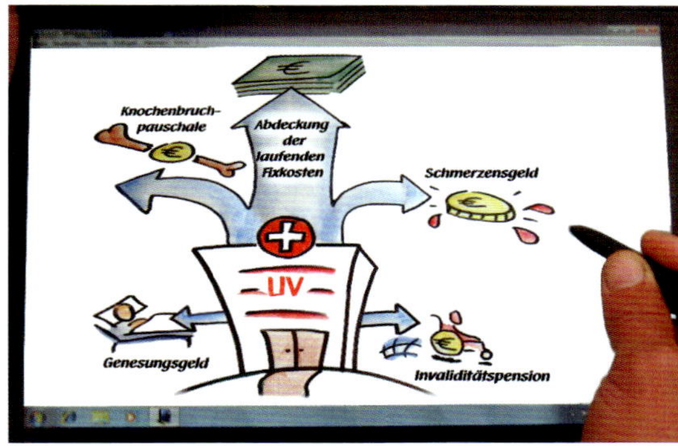

Viele von uns haben bereits die eine oder andere Präsentation einer Versicherung miterlebt. Viele Zahlen, Statistiken und Argumente flimmern über den Bildschirm eines Laptops. Eine Frage stellt sich zum Schluss immer: „Was hat das alles mit mir zu tun?" Diese Art des Verkaufens ist für den Einsatz von Pencil Selling ideal. Hier als Beispiel eine bildhafte Übersetzung der wichtigsten Argumente, die für den Abschluss einer privaten Unfallversicherung sprechen.

Textlich hingegen würde es wie folgt aussehen:

- Absicherung einer bleibenden Invalidität infolge eines Unfalls.
- Ein Unfall erfordert unter Umständen kostspielige Umbaumaßnahmen (z. B. Auto, Haus).
- Lebenslange Unfallrente schon ab 50 % Invalidität möglich, unabhängig von der Höhe des Verdienstes.
- Die gesetzliche Unfallversicherung leistet nur bei Beeinträchtigung der Leistungsfähigkeit, bei der eine Minderung der Erwerbsfähigkeit vorliegt. Die private Unfallversicherung schon bei 1 % Invalidität, unabhängig der Leistungsfähigkeit.
- Die gesetzliche Unfallversicherung bietet nur Versicherungsschutz bei Unfällen an der Arbeitsstätte oder auf dem direkten Weg dorthin.
- Die private Unfallversicherung bietet Schutz rund um die Uhr.
- Die Leistungen aus der gesetzlichen Unfallversicherung werden auf Leistungen aus der gesetzlichen Pensionsversicherung angerechnet.
- Leistungen aus privater Unfallversicherung werden zusätzlich zu den Leistungen aus der gesetzlichen Unfallversicherung gezahlt.
- Zusatzvereinbarungen wie Krankenhaustagegeld, Bergungskosten, kosmetische Operationen, Beitragsbefreiung bei Berufsunfähigkeit etc sind möglich.

Beispiel Kapitalanlage

Geldanleihen jeglicher Art sind naturgemäß in Zahlen korrekt darstellbar. Die Frage ist, ob die Zahlen für sich sprechen, oder der Kunde für seine Kaufentscheidung weitere Informationen benötigt. Bildhaft dargestellte Anlageformen fördern das rasche Verständnis von Kunden ungleich mehr.

Da bereits mehrere Bankinstitute regelmäßig bei mir Schulungen buchen und das Erlernte erfolgreich in die Praxis umsetzen, sind ansprechende Visualisierungen zunehmend an der Tagesordnung. Das hier gezeigte Beispiel (beachten Sie das farbliche Ampelsystem auf der Gewinn-Achse) zeigt drei unterschiedliche Anlage- bzw. Sparformen im direkten Vergleich. Solche Darstellungen werden unmittelbar während eines Kundengesprächs erstellt, konkrete Zahlen und Bezeichnungen werden hinzugefügt. All dies führt letztendlich zum positiven Abschluss des Beratungsgesprächs.

Beispiel Sicherheit in Rechenzentren

Ein Paradebeispiel für die gelungene Verbindung von Pencil Selling mit dem Einsatz von modernen Medien (Tablet-PC) liefert ein Unternehmen, welches auf die physikalische Sicherheit beim Bau von Rechenzentren spezialisiert ist. Bei Akquise, Präsentation und Beratung bedient man sich hier der zusätzlichen Visualisierung unter Einsatz verschiedener Medien.

Es beginnt bereits bei der Herausgabe von schriftlichen Ratgebern, Leitfäden und Foldern, wo komplexe Details auf verständliche Art und Weise dargestellt sind. Dadurch wird neben der Verständlichkeit auch das Kundeninteresse geweckt. Diese Visualisierungen werden auch als vorbereitete Grafiken in vielen elektronischen Präsentationen eingesetzt. Somit ergibt sich ein Mix aus einer vorhandenen (selbstvisualisierten) Symboldatenbank und der Möglichkeit, Inhalte live zu visualisieren. Dem technischen Kontext entsprechend kommen hier die Tablet-PCs zum Einsatz. Die nebenstehende Abbildung zeigt das visualisierte Ergebnis einer kundenorientierten Beratung zur Klärung bestimmter Detailfragen. Dazu werden in vorbereiteten PowerPoint-Präsentationen optionale Platzhalter berücksichtigt, um ergänzend zu den textlichen Ausführungen problemspezifische Visualisierungen mit dem Kunden erstellen zu können.

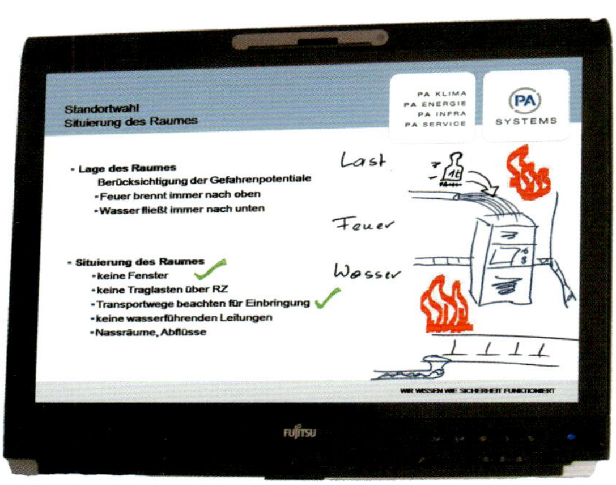

Dass diese nicht immer dem Anspruch einer perfekten Zeichenkunst genügen müssen, sondern dass es vordergründig darum geht, Lösungen für den Kunden zu erarbeiten und dabei auch Zeit zu sparen, ver-

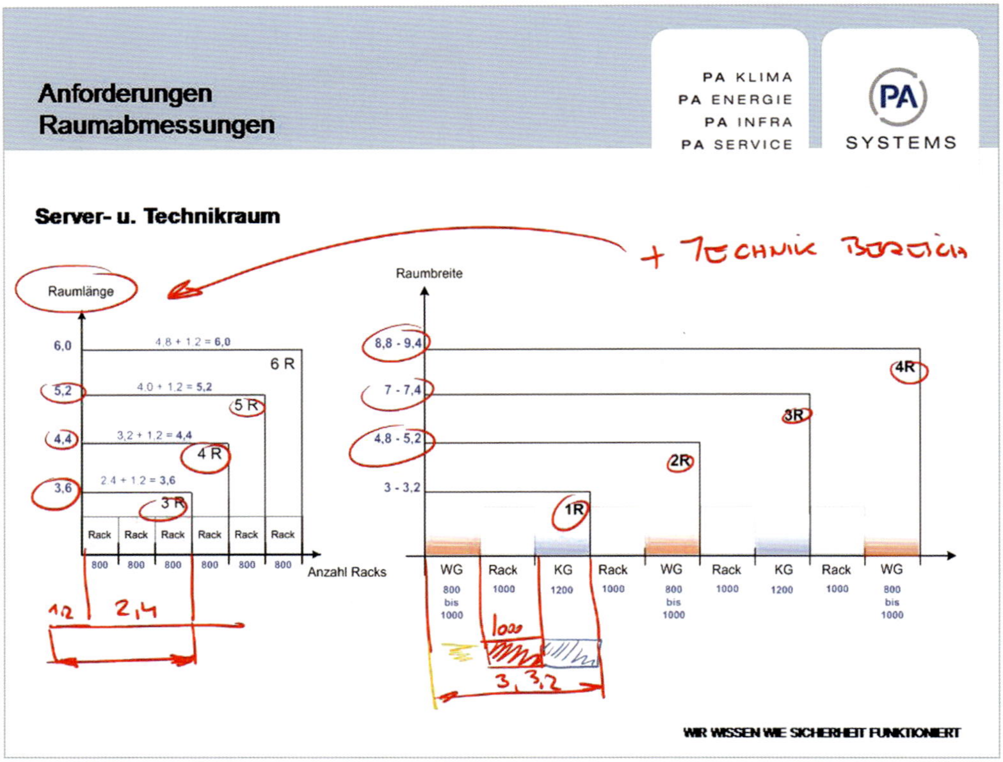

steht sich von selbst. Wer die Erklärung der hier abgebildeten Folie einmal selbst miterlebt hat, wird sie, auch wenn er es wollte, nicht mehr vergessen können. Visualisierung gepaart mit einer abgestimmten Rhetorik bewirkt Aufmerksamkeit und Nachhaltigkeit!

Beispiel Dienstleistung

Bislang haben wir einige Produktpräsentationen betrachtet. Wie aber sieht es bei Dienstleistungen aus? Ganz einfach, genauso! Ich zeige Ihnen am besten anhand meiner eigenen Seminarausschreibung, wie eine visualisierte Dienstleistung aussehen kann. Hier die Textversion der Seminarbeschreibung „Pencil Selling“: Mal ehrlich, beneiden Sie nicht gelegentlich jene Verkäufer/-innen, welche Produkte vorzeigen, dem Kunden in die Hand drücken oder vor ihm auf den Tisch legen können? Diese konkreten Dinge, die sich selbst erklären und nicht so kompliziert sind wie so manche abstrakte Dienstleistung? Wie wäre es, wenn Sie etwas Ähnliches machen, nur noch viel besser? Eine nette Idee, meinen Sie, geht aber nicht. Doch, sage ich!

Lassen Sie sich zeigen, wie Sie Ihre Angebote live, also während des Verkaufsgesprächs sichtbar machen können und wie Sie damit erfolgreicher werden.

Ziel: Erlernen Sie die Methode Pencil Selling. Mithilfe dieser Kompetenz lassen sich Gedanken, Inhalte und Lösungen während eines Verkaufsgesprächs in ansprechende Visualisierungen umsetzen.

Ihr Nutzen: Kunden werden aufmerksamer, können komplexere Inhalte besser verstehen und Ihr Verkaufserfolg lässt nicht auf sich warten.

Seminarinhalte

- Die Methode Pencil Selling und effiziente Einsatzmöglichkeiten
- Visuelle Kommunikation, Symbole, Pfeil- und Strukturbilder
- Berufsspezifische Visualisierungen
- Einen lebhaften und dynamischen Zeichenstil entfalten
- Gesprächsinhalte in wenigen Sekunden visualisieren
- Visualisieren in Verkaufs- und Beratungssituationen
- Entwicklung eines persönlichen visuellen Wörterbuches um eigene Produkte und Lösungen anschaulich darzustellen

Hier zusammengefasst – die Grundsätze von Pencil Selling

Für eine erfolgreiche Umsetzung wurden bisher die wichtigsten Grundsätze von Pencil Selling genannt. Diese und noch einige mehr sind hier abschließend noch einmal zusammengefasst und sollen Sie bei der Anwendung in der täglichen Praxis unterstützen:

- Die visuelle Sprache ist immer ehrlicher als das gesprochene Wort. Vermitteln Sie daher ihre Argumente und Aussagen kompetent, indem Sie die Kernaussage visualisieren.
- Bewegung ist die Ursache für Aufmerksamkeit. Wenn live visualisiert wird, bewirkt das immer eine hohe Aufmerksamkeit, weil die Augen des Kunden der Bewegung folgen.
- Starke Striche assoziieren Sicherheit, dünne Striche vermitteln Unsicherheit.
- Zeigen Sie, was Sie zu sagen haben. Abstrakte Produkte und Dienstleistungen sind daher hervorragend für Pencil Selling geeignet.
- Geometrische Formen sollen großzügig gewählt und skizziert werden. Je großflächiger die Visualisierung, desto wirkungsvoller die Aussage.
- Querformat statt Hochformat gilt sowohl bei der Verwendung von einem Notizblock als auch bei einem Tablet-PC. Ausnahmen bilden hochformatige Medien wie das Flipchart oder wenn es der Darstellung dienlich ist.
- Verwenden Sie pro Darstellung eine eigene Seite.
- Farbe ist Information. Ein falscher Farbeinsatz bewirkt eine inkongruente Aussage.
- Visualisierung und Rhetorik müssen aufeinander abgestimmt sein.

- Darstellungen sind aus der Sicht des Kunden zu formulieren und zu zeichnen. Der Kunde bzw. sein Unternehmen muss immer im Zentrum stehen.
- Zeichnen Sie einfach und schnörkellos.
- Der vorhandene Blickkontakt zum Kunden ist wesentlich. Oft kann festgestellt werden, dass ein Verkäufer für sich etwas zeichnet und dabei kaum bemerkt, dass sein Kunde sich langweilt und die Aufmerksamkeit ganz woanders ist.
- Bei ein bis zwei Personen kann sehr gut am Tisch sitzend visualisiert werden.
- Verwenden Sie bei mehr als zwei Personen großflächige Medien wie beispielsweise ein Flipchart, ein Smartboard oder einen Beamer.
- Um flüssig und ohne große Überlegungen visualisieren zu können, ist eine umfassende Vorbereitung notwendig. Symbole, Figuren und Kombinationen müssen daher genau überlegt und ihre Wirkung getestet werden.
- Die dargestellten Einzelinformationen sollten zum Abschluss ein Gesamtbild ergeben.

Schlussbetrachtung

Wer heutzutage im Verkauf nicht Wert auf eine höhere Qualität in der Präsentation legt, wird in der Zukunft Mühe haben, seine Produkte und Dienstleistungen gut zu verkaufen. Mithilfe der Methode Pencil Selling beginnt der Wert eines Produktes und einer Dienstleistung nicht erst bei deren Nutzung, er entsteht für die Kunden bereits beim ersten Kontakt mit dem Verkaufspersonal.

Eine hohe Fachkompetenz gepaart mit einer begeisternden Methodenkompetenz unterstützt beide Seiten in der Nutzenargumentation, Verständlichkeit und Darstellung. Auf diese Art und Weise gelingt auch Ihnen die Abgrenzung gegenüber dem Wettbewerb bedeutend rascher, einfacher und effizienter.

Danksagung

Ein Jahr vor Erscheinen dieses Buches flatterte mir sprichwörtlich ein E-Mail aus Tirol ins Haus. Darin bekam ich die Anregung, Pencil Selling zu thematisieren und möglicherweise in Form eines Buches interessierten Menschen zugänglich zu machen. Ich bedanke mich daher für diesen wertvollen Impuls sehr herzlich bei Frau Mag.[a] Andrea Köck, einer exzellenten Rhetoriktrainerin. Es zeigt, dass Menschen, die in Netzwerken agieren und es verstehen, gemeinsam erfolgreich zu sein, besser bedient sind als die ewigen „Konkurrenzdenker“.

Ein von ganzem Herzen kommendes „Danke“ an meine Familie, welche mich bei meinen Vorhaben immer wieder tatkräftig unterstützt. Als eine meiner wichtigsten Quellen für Kreativität und positive Energie ermutigen mich meine tolle Frau und unsere beiden Kinder immer wieder, neue Ideen und Möglichkeiten umzusetzen.

Weitere Literaturempfehlungen

Kreative Flipchartgestaltung
Kreativ und mit Freude Wissen vermitteln

Preis: € 17,80

ISBN 978-3-85499-759-7
Trauner Verlag

Flipcharts for Business
Professionelles Visualisieren
für Besprechungen, Präsentationen und Moderationen

Preis: € 35,00

ISBN 978-3-85499-402-2
Trauner Verlag

Seminarinformationen

Anmeldung und Info:
www.alfons-stadlbauer.at,
www.flipchartgestaltung.at
oder unter der Telefonnummer +43 0699 11 397 670